Margot Badran und Miriam Cooke (Hg.)

Rowohlt Lesebuch der «Neuen Frau»

Araberinnen über sich selbst

Aus dem Englischen von
Miriam Mandelkow

rororo

Rowohlt

Deutsche Erstausgabe
Veröffentlicht im Rowohlt Taschenbuch Verlag GmbH
Reinbek bei Hamburg, Mai 1992

Die Originalausgabe erschien 1990 unter dem Titel «Opening the Gate – A Century of Arab Feminist Writing» by Virago Press, London

Umschlagfoto Mauritius / Ace
Satz Garamond (Linotronic 500)
Gesamtherstellung Clausen & Bosse, Leck
Printed in Germany
1000-ISBN 3 499 13106 4

Inhalt

Aber ich war der Gelehrsamkeit unfähig, und ich hatte nicht den Wunsch oder die Bereitschaft, mich in den Beschäftigungen von Frauen zu vervollkommnen. Ich pflegte ihr [der Mutter] zu entfliehen, wie die Beute vor dem Netz flieht, und geradewegs in die Versammlungen von Schriftstellern zu eilen, ohne jedes Peinlichkeitsgefühl. Ich war sicher, dieser Gruppe von Menschen anzugehören wäre der schönste und vollkommenste Segen.

Aisha al-Taimuriya, *The Results of Circumstances,* Kairo 1888

Ich war unfähig zu dichten; meine innere Stimme war schwach aus Protest gegen alles, was mich zum Schweigen gebracht hatte. Man erwartete von mir, daß ich politische Lyrik schrieb, während die korrupten Gesetze und Bräuche darauf bestanden, daß ich abgeschieden hinter einer Mauer blieb, ohne die Möglichkeit, an den Versamlungen von Männern teilzunehmen, ohne die ständigen Debatten anzuhören, ohne am öffentlichen Leben teilzunehmen.

Fadwa Tuqan, *Difficult Journey, Mountaineous Journey,* Nablus 1984

Ich bin weiblich... also bin ich nichts. Ich nehme meinen Stift und schreibe... im Dunkel der Nacht schreibe ich... damit ich nicht sehe, was ich schreibe... und Angst bekomme. Ich nehme den ersten Zug... verlange eine einfache Fahrkarte... und sitze da in der Hoffnung, daß er mich an keinen Ort und zu keiner Wahrheit trägt... Frag mich nicht nach meinem Namen... meinem Ziel... wann ich zurückkomme und wohin ich reise... denn ich weiß es nicht.

Noura al-Saad, Doha, Katar 1982

Einleitung

Wir begegneten uns in den siebziger Jahren in Oxford, wo wir über die Geschichte und Literatur des Mittleren Ostens forschten. Als Historikerin beschäftigte sich Margot Badran mit Huda Sharaawi, der feministischen Pionierin Ägyptens, und mit der Frauenbewegung, die sie anführte; dann mit dem Feminismus in anderen arabischen Ländern. Als Literaturwissenschaftlerin und Arabistin forschte Miriam Cooke über Schriftstellerinnen im Libanon während des Zweiten Weltkriegs und entdeckte eine feministische Schule, die durch diesen Umbruch entstanden war. Unsere Alltagserfahrungen in der arabischen Welt, unsere Kontakte und Debatten mit arabischen Frauen wie Männern haben, neben unseren Studien, unser feministisches Denken über rein akademische Interessen hinaus geprägt.

1984 beschlossen wir, gemeinsam eine Sammlung weiblicher Stimmen herauszugeben, Stimmen, die unser eigenes Denken beeinflußt und uns oft in Distanz zu der feministischen Theorie, wie sie im Westen betrieben wird, gebracht hatten. Wir hoffen damit, zur Dokumentierung des feministischen Ausdruckswillens von Frauen auf der ganzen Welt beizutragen – ob er nun in früheren Zeiten unbekannt war, verlorengegangen oder vergessen worden sein mag. Individuelle Stimmen waren uns wichtiger als der Versuch, die gesamte arabische Welt gleichmäßig zu repräsentieren; deswegen lag uns nichts daran, das Übergewicht ägyptischer und libanesischer Autorinnen zu korrigieren – ein Übergewicht, das mit der Bedeutung zusammenhängt, die Autorinnen dieser Länder früh für die Renaissance der arabischen Kultur besaßen.

Diese Anthologie ist die erste Sammlung von feministischen Texten arabischer Frauen, entstanden in einer Spanne von 125 Jahren – Wiederentdeckung einer Debatte, die angeblich nie existiert hat.

Ein dem Wort «Feminismus» naher Begriff tauchte in der arabischen Welt 1909 auf, als Malak Hifni Nasif unter dem Autorennamen Bahithat al-Badiya, «Sucherin in der Wüste», Artikel und Reden in einem Buch mit dem Titel *Al-Nisaiyat* veröffentlichte, was «etwas von oder über Frauen» bedeutet. Der Inhalt erwies sich als feministisch: Die Autorin trat für bessere Lebensbedingungen von Frauen ein, für Bildungs- und Arbeitschancen und die Rückgewinnung von verlorenen Freiheiten, die der Islam ihrer Ansicht nach durchaus gewährt. Ab 1923 gebrauchten Frauen, die der Egyptian Feminist Union angehörten, den Begriff *nisai* klar wie «feministisch».

Doch schon viel früher äußerten sich Araberinnen in einer Weise, die man als feministisch bezeichnen kann; gedruckt erstmals um 1860 in der Lyrik einer Dichterin. Daß sich Araberinnen der Mittel- und Oberschicht ausdrücklich zum Feminismus bekannten, fällt mit der Gründung der Egyptian Feminist Union und der öffentlichen Entschleierung zweier Oberschichtfrauen 1923 zusammen. Damit wurde symbolisch und pragmatisch eine ganze Lebensweise verworfen, die darauf beruhte, daß Frauen verborgen und stumm blieben.

In dieser Anthologie wird deutlich, daß die frühe feministische Bewußtwerdung zum größten Teil der «weiteren Welt» vorenthalten und auf die Welt der Frauen beschränkt blieb, während die Trennung der Geschlechter weiter praktiziert wurde. In ihrem Werk über die Geschichte der ägyptischen Frauenbewegung unterscheidet Margot Badran zwischen sichtbaren und unsichtbaren Feminismen. Es gibt historische Phasen, in denen patriarchalische Kräfte öffentliche Frauenbewegungen unterdrücken – in Ägypten zum Beispiel von etwa 1955 bis Anfang der siebziger Jahre. Es gibt auch im privaten Leben Zeiten, in denen die Autoritäten in der Familie – gewöhnlich die Ehemänner – Frauen zum Stillschweigen zwingen. Feministisches Denken verschwindet nicht notwendigerweise dadurch, daß es verborgen wird.

In diesem Buch gehen wir von einem weiten, den Äußerungen und Aktivitäten arabischer Frauen entsprechenden Feminismus-

Begriff aus, der eines oder mehrere der folgenden Elemente verlangt: das Bewußtsein von Frauen, daß sie ihres Geschlechts wegen systematisch in eine unvorteilhafte Position gedrängt werden; ein gewisser Widerstand gegen aufgezwungene Verhaltens- und Denkweisen; sowie der Versuch von Frauen, ihre Erfahrungen selbst zu interpretieren und von daher ihre Lage oder ihr Leben zu verbessern.

Einige Texte in diesem Buch belegen, daß die feministischen Debatten in der arabischen Welt keineswegs erst 1899 mit dem Erscheinen des Buchs *Die Befreiung der Frau* begannen, dessen Verfasser der ägyptische Jurist Qasim Amin war. Männer und Frauen begründeten zwei deutlich verschiedene feministische Argumentationsweisen: Männer setzten sich infolge ihres Kontakts mit der europäischen Gesellschaft, in der Frauen im allgemeinen öffentlich in Erscheinung traten, für Frauen ein. Der Feminismus der Frauen selbst war anfänglich ein Phänomen der Oberschicht und erwuchs aus zunehmender Bildung und der Beobachtung der eigenen Lebensweise in Zeiten starken Wandels. Moslemische Frauen argumentierten, daß der Islam der Frau Rechte garantiere, welche ihnen aufgrund von «Gebräuchen und Traditionen» im Namen der Religion wieder entzogen worden seien. Durch die korrekte Auslegung und Befolgung des Islam könnten Frauen Grundrechte zurückgewinnen, zum Nutzen ihrer Familien und der Gesellschaft.

Sowohl im Westen als auch in der arabischen Welt sind arabische feministische Strömungen stark mißverstanden worden. Manche Araber haben den Feminismus als etwas Westliches angegriffen – als die kulturelle Waffe des Imperialismus oder Neoimperialismus, mit der die vorhandenen Gesellschaften aus dem Gleichgewicht gebracht und die bestehende kulturelle Identität zerstört werden sollen: als antiislamisch (die religiösen Grundlagen von Familie und Gesellschaft untergrabend) und elitär (und daher für die Mehrheit irrelevant).

Manche arabischen Frauen haben erklärt, der arabische Feminismus sei zugleich eine in der arabischen Welt entwickelte Erscheinung wie auch Teil eines weltweiten Phänomens; andere meinten, er sei ein Import aus dem Westen, der gleichwohl eine dem westlichen Feminismus nicht parallele Richtung nimmt; wieder andere sahen darin eine unabhängig entstandene Strömung. Im Westen wurde unter anderm behauptet, ein einheimisch arabischer Feminismus sei unmöglich, weil man den Islam als eine die Frauen unterdrückende Religion deutete. Margot Badrans Arbeiten über die Geschichte der feministischen Bewegung in Ägypten zwischen 1920 und 1950 sowie Eliz Sansarians Studie zum Feminismus im Iran zeigen, daß die Frauenbewegungen in diesen beiden Ländern auf Islam und Nationalismus begründet sind. Sie dokumentieren auch die unterschiedliche Rolle des Staats: die ägyptische Regierung duldete eine unabhängige Frauenbewegung, während die iranische Regierung von Mitte der dreißiger bis Ende der siebziger Jahre das Vorrücken der Frauen dirigierte.

In der arabischen Welt entwickelte sich von etwa 1860 bis 1920 ein «unsichtbarer Feminismus», dessen Ergebnisse wir in Büchern von Frauen der Mittel- und Oberschicht finden, die in den Harems sowie in Frauenzeitschriften und gewissen Journalen für Männer zirkulierten. Diese feministische Phase war in Ägypten besonders ausgeprägt.

In einer zweiten Phase, etwa 1920 bis 1970, entstanden öffentliche, organisierte Frauenbewegungen nacheinander in Ägypten, im Libanon, in Syrien, dem Irak und Sudan. In den fünfziger und sechziger Jahren begannen die Regierungen immer stärker auf die unabhängigen Frauenbewegungen Einfluß zu nehmen und schränkten die Ausdrucksfreiheit von Frauen ein, ohne sie ganz unterdrücken zu können. Im eigenen Interesse stellten die Staaten Programme für den Fortschritt der Frau auf.

In der dritten Phase, 1970 bis heute, wurden in einigen Ländern erneut feministische Stimmen laut; andere arabische Länder erlebten gleichzeitig das erste Aufwallen feministischer Tendenzen, in gewisser Weise verstärkt durch das «Jahrzehnt der Frauen» (1975–1985), ausgerufen von der UNO. Hemmend wirkte sich auf die öffentliche Diskussion der Frauenfrage das Erstarken fundamentalistisch-islamischer Kräfte aus.

Indem die in dieser Anthologie vertretenen Frauen die traditionelle «Weisheit» der patriarchalischen Autoritäten in Frage stellen, schaffen sie eine neue, ihr sich wandelndes Leben widerspiegelnde Ideologie; sie verwerfen auferlegte Denkmuster und durchbrechen Mauern des Schweigens. Indem sie ihre Sätze unterzeichnen, setzen sie der Namenlosigkeit ein Ende – ein radikaler Akt für Frauen aus Gesellschaften, in denen die Stimmen von Frauen nicht zu hören sein und ihre Namen nicht ausgesprochen werden sollten. Manchmal galten die Stimmen von Frauen sogar als *awra* (etwas, was schamhaft verborgen werden muß, gewöhnlich auf die Genitalien bezogen). Dem patriarchalischen Frauenmodell wird ein neues entgegengestellt: die Frau, die eigene Ziele, Sehnsüchte, Bedürfnisse kennt.

Die Autorinnen dieser Sammlung, Frauen des 19. und 20. Jh.s, haben die arabisch-islamische Kultur gemeinsam sowie die arabische Sprache, obwohl aus Gründen der kolonialen Vergangenheit und der Klassenzugehörigkeit nicht alle arabisch schreiben. Arabische Frauen leben heute in mehr als 20 souveränen Staaten, in besetzten Gebieten, im Exil oder als Emigrantinnen; sie stammen aus einem Gebiet, das sich von Marokko im Westen bis zum Irak und der Arabischen Halbinsel im Osten erstreckt. Die Mehrzahl der arabischen Länder gehörte bis Anfang des 20. Jh.s zum Osmanischen Reich, mit dessen Niedergang sich der europäische Kolonialismus ausbreitete. Ägypten gewann als erstes Land früh im 19. Jh. faktische Unabhängigkeit, nur um 1882 von den Engländern okkupiert zu werden. Der arabische Osten, oder der Maschriq, blieb außer Ägypten bis nach dem Ersten Weltkrieg unter der Herrschaft des Osmanischen Reichs. In den zwanziger Jahren wurde das Gebiet in die Staaten Libanon, Syrien, Palästina und Transjordanien aufgeteilt, unter französischem oder britischem Mandat. Der Sudan geriet Ende des 19. Jh.s unter englisch-ägyptische Kontrolle. Im Maghreb oder arabischen Westen wurden Algerien 1830 und Tunesien 1881 französische Kolonien; Marokko wurde Anfang des 20. Jh.s von den Franzosen und Libyen von den Italienern besetzt. In den sechziger Jahren hatten die meisten arabischen Länder Kolonialherrschaft und die Überreste westlicher Okkupation abgeworfen. Die Ausnahme war Palästina, das 1948 von dem neuen Staat Israel übernommen wurde.

Während die Briten die einheimischen Kulturen und Religionen mehr oder weniger intakt ließen, betrieben Franzosen und Italiener in ihren Kolonien eine aggressive kulturelle und religiöse Angleichungspolitik. Im arabischen Osten sorgten neue arabische Eliten und politische Kräfte für Säkularisierung; sie entwanden die Erziehungssysteme den religiösen Vertretern des Islams und beschränkten deren juristische Befugnisse vornehmlich auf das Familienrecht. Im Verlauf des 19. Jh.s gründeten christliche Missionare französische, englische und amerikanische Schulen, zunächst in Ägypten, Libanon und Palästina. Gegen Ende des 19. Jh.s waren neue staatliche Erziehungssysteme nach europäischem Muster, aber mit Arabisch als Unterrichtssprache, eingeführt. Arabisch blieb die Sprache der Mehrheit in den Städten und auf dem Land. Um die Jahrhundertwende wurde in Ägypten Französisch statt Türkisch zur Sprache der Oberschicht; anderswo im Maschriq sprachen die Eliten bis in die zwanziger Jahre hinein Türkisch. Obwohl dann Englisch und Französisch zu den gesprochenen Sprachen der führenden Schichten wurden, blieb Arabisch die offizielle Sprache; die Gebildeten beherrschten zumeist zwei oder mehr Sprachen. Mit der Unabhängigkeit und der Verbreitung kostenloser Schulbildung wurde das Arabische um die Mitte dieses Jahrhunderts als Schrift- und Umgangssprache immer wichtiger.

Ganz anders war die Situation im Maghreb, wo die Kolonialmächte destruktiv in die einheimische Kultur eindrangen und die Bildungssysteme bestimmten. Französisch und Italienisch ersetzten Arabisch (oder Türkisch) als Sprachen in Schule und Regierung, sie wurden in allen Schichten zu den Alltagssprachen. Mancherorts überlagerte die Gesetzgebung der Kolonialherrn das islamische Recht, einschließlich des Familienrechts; Französisch und Italienisch blieben auch nach der Unabhängigkeit weit verbreitet – alle maghrebinischen Autorinnen dieses Bandes schreiben Französisch.

Die modernen Bildungssysteme wurden auf Frauen und Männer verschieden angewandt. Während die ausländischen Missionsschulen schon vor 1850 in Ägypten und dem Libanon Mädchen und Jungen mehr oder minder gleichzeitig aufnahmen, standen die später gegründeten staatlichen Schulen Jungen rascher offen. Männliche Hauslehrer unterrichteten Mädchen der ägyptischen Oberschicht in Arabisch, Türkisch und Persisch. Vor der Jahrhundertwende noch unterrichteten europäische Gouvernanten Französisch und sogar Englisch, aber erst im 20. Jh. entstanden staatliche höhere Schulen für Mädchen – in Ägypten 1925, in Saudiarabien erst Mitte der fünfziger Jahre. Universitätsexamen konnten Frauen in Ägypten 1929 ablegen, auf der Arabischen Halbinsel erst ab den sechziger Jahren.

Diese neuen Bildungsmöglichkeiten störten die patriarchalischen Muster der Kontrolle über Frauen. Im 19. Jh. lebten arabische Frauen der städtischen Mittel- und Oberschicht im Haremssystem, das die Trennung der Geschlechter und die Beschränkung der Frauen auf das Haus vorschrieb. Falls Frauen überhaupt das Haus verließen, stellte der Gesichtsschleier den Abstand zwischen den Geschlechtern her. In Ländern, in denen, wie im Maghreb, die eigene Kultur durch die Kolonialherrschaft bedroht war, wurde es zu einer Form der kulturellen oder nationalen Verteidigung, wenn Frauen an Verschleierung und häuslicher Abgeschiedenheit festhielten.

Das Haremssystem und der Gesichtsschleier kamen bei ägyptischen Frauen der Ober- und Mittelschicht ab 1920 außer Gebrauch, im übrigen Maschriq ab Ende der dreißiger Jahre und im Sudan und Maghreb infolge der nationalen Befreiung in den fünfziger und sechziger Jahren. Auf der Arabischen Halbinsel, mit Ausnahme Saudiarabiens, setzte der Wandel in den siebziger und verstärkt in den achtziger Jahren ein.

In der arabischen Welt entstand ein Feminismus von Frauen in einem vorkolonialistischen Kontext, nach dem Aufkommen des

Kapitalismus und des modernen Staats. In Ägypten ging ein feministischer Bewußtwerdungsprozeß der Verbreitung eines nationalistischen Bewußtseins voraus. Von Anfang an gründeten Frauen ihren Feminismus zunächst auf den Islam, später auf Nationalismus. Der islamische Modernismus, in Ägypten im 19. Jh. von Scheich Muhammed Abduh eingeführt, versöhnte den Islam mit modernistischen Tendenzen. Unter Berufung auf *ijtihad* – «selbständiges Nachforschen» – deuteten Moslems den Koran neu so, daß der Islam jedem nachdenklichen, gebildeten und willigen Individuum direkt zugänglich ist. Frauen entdeckten, daß sogenannte islamische Bräuche wie Verschleierung, Isolation und Beschränkung aufs Haus, die städtischen Frauen auferlegt worden waren, nicht vom Islam gefordert wird, wie man sie hatte glauben lassen. Im Gegenteil fanden Frauen heraus, daß der Islam jedem Moslem, gleich welchen Geschlechts, Grundrechte garantiert.

Nach der Unabhängigkeit organisierten ägyptische Frauen unter Führung der Egyptian Feminist Union eine öffentliche Frauenbewegung. Ende der dreißiger Jahre, während des arabischen Aufstands in Palästina, wurden im Maschriq Frauen, die zuvor hauptsächlich in Wohltätigkeitsvereinen und literarischen Gesellschaften tätig gewesen waren, als Nationalistinnen und Feministinnen militant; 1944 bildeten sie die Arab Feminist Union. Für Palästinenserinnen gewann zur Zeit des britischen Mandats und nach der Gründung Israels angesichts des drohenden und dann tatsächlichen Verlusts ihres Landes der Nationalismus Vorrang. Im Sudan nahmen Frauen in den fünfziger Jahren am nationalen Unabhängigkeitskampf teil und hielten danach eine organisierte Frauenbewegung aufrecht. Während der algerischen Revolution 1954–62 waren die meisten teilnehmenden Frauen sehr jung; erst sehr viel später wurden manche von ihnen zu Feministinnen. Ab den späten siebziger Jahren entwickelten sich Palästinenserinnen zunehmend gleichzeitig zu Nationalistinnen und Feministinnen. Inzwischen nutzten Frauen auf der Arabischen Halbinsel die neuen Bildungsmöglichkeiten, und die Politik, die Anzahl der ausländischen Arbeitskräfte zu reduzieren, trug ihnen neue Arbeitsplätze ein. In Kuweit, wo die Frauen mehr Möglichkeiten haben, sich zu organisieren und kontroverse Ansichten freier äußern können, ist der Feminismus am sichtbarsten, und in Saudiarabien, wo den Frauen mehr Zwänge auferlegt werden, am unsichtbarsten.

Mitte der achtziger Jahre entstand im Rahmen der Arab Women's Solidarity Association (AWSA) unter dem Vorsitz von Nawal al-Saadawi in Kairo eine neue panarabische Frauenbewegung. Zahlreiche arabische Feministinnen trafen sich 1985 in Nairobi beim regierungsunabhängigen UNO-Kongreß zum Abschluß des Jahrzehnts der Frauen. AWSA hat nun Büros in vielen arabischen Staaten und in Europa, in manchen arabischen Ländern bestehen «unsichtbare» AWSA-Gruppen. Die neue panarabische Frauenbewegung zielt darauf ab, überall in der arabischen Welt konservative oder reaktionäre Strömungen zu bekämpfen, die Frauen von den Arbeitsplätzen zurück ins Haus treiben wollen und sogar die winzigen familienrechtlichen Verbesserungen rückgängig machen wollen. Der neue konservativ-patriarchalische Schub, gegen den die meisten progressiven Männer nicht vorgehen, wird von islamischen Konservativen getragen; sein Symbol ist der Schleier.

Vor Mitte des 19. Jh.s gab es keine (bekannten) Veröffentlichungen von Frauen, aber sehr wohl eine lebhafte mündliche Tradition. Mancherorts waren arabische Frauen die Hüterinnen des Wissens: In der Westsahara vertrauten die Nomaden ihren Frauen den Schlüssel zu der Truhe an, die den Koran und andere heilige Schriften enthielt. Großmütter gaben in den Geschichten, die sie ihren Enkeln erzählten, die Stammesweisheit weiter. In den letzten Jahrzehnten haben Forscher die vom Vergessen bedrohten Volkserzählungen mündlicher Tradition zu sammeln begonnen.

Die Mehrzahl der arabischen Frauen vor der Moderne konnte, wie praktisch überall, nicht lesen und schreiben; als Autorinnen sind sie uns nicht namentlich überliefert, obwohl sie als Dichterinnen und Erzählerinnen die Volkstraditionen mittrugen. In den

Eliten gab es immer, als Ausnahmen, des Lesens und Schreibens mächtige, manchmal hochbegabte Frauen; bereits im vorislamischen Arabien wetteiferten Frauen mit Männern bei öffentlichen Debatten, und die Elegien von al-Khansa vom Stamm Mudar zählen zu den Meisterwerken arabischer Dichtkunst. Im frühen islamischen Arabien verfaßte Aisha, eine Frau des Propheten Mohammed, religiöse Interpretationen; im 8. Jh. dichtete die Mystikerin Rabia al-Adawiya esoterische Verse. Zu den Hofdichtern des mittelalterlichen Hofs von Bagdad zählten Frauen. Im späten 18. Jh. pries der ägyptische Historiker al-Jabarti die Frauen von Kairo wegen ihrer Bildung. Gegen Ende des 19. Jh.s hatten intellektuelle Araberinnen wie Zainab Fawwaz und Maryam al-Nahhas (die Mutter von Hind Nawfal, der Gründerin der ersten Frauenzeitschrift) neuartige biographische Lexika und Kompendien über ihre Ahninnen erstellt.

Im 19. Jh. begannen Frauen von der Verbreitung der Bildung zu profitieren. Obwohl ihre Beiträge zumeist nicht öffentlich erschienen, nahmen Frauen in Maschriq an der sogenannten *nahda*, der kulturellen Renaissance, teil. Schon um 1860 korrespondierten Frauen miteinander und durchbrachen so die patriarchalischen Barrieren, die ihre Sozialbeziehungen auf die Verwandtschaft begrenzen wollten. Um die Jahrhundertwende sandte Bahithat al-Badiya Briefe und Verse an May Ziyada aus Fayyum, einer Oase östlich von Kairo, die sie anschließend in Zeitungen veröffentlichte. Um 1890 unterhielt Eugenie Le Brun Rushdi, eine Französin, die einen Ägypter der Oberschicht geheiratet hatte und zum Islam konvertiert war, in Ägypten einen Salon, in dem sich Frauen der Oberschicht trafen und ihre Lage analysierten. 1914 sorgte Huda Shaarawi, unterstützt von Prinzessinnen der ägyptischen Königsfamilie, für die Gründung der Intellectual Association of Egyptian Women.

Schon in diesem frühen Stadium wußten Schriftstellerinnen voneinander und schätzten das revolutionäre Potential des Schreibens: Wenn Frauen schreiben, betreten sie das Gebiet von Macht und Wissen. Als Warda al Yaziji 1924 starb, schrieb eine Gruppe libanesischer Frauen ihren Nachruf – das erste Mal, daß Frauen eine andere Frau öffentlich anerkannten.

Der arabische Journalismus begann im 19. Jh. in Ägypten. Bereits um 1880 schrieben Frauen für von Männern gegründete Journale. 1892 gründete die in Kairo lebende Syrerin Hind Nawfal die erste arabische Frauenzeitschrift *Al-Fatah*. Viele andere folgten, darunter 1925 das erste kämpferisch-feministische Blatt *l'Egyptienne*.

Ab Ende des 19. Jh.s fanden Frauen in beschränktem Maße auch Zugang zu Buchverlagen. Trotz einer kleinen Anzahl liberaler Männer, die für die Emanzipation der Frau eintraten, blieb das weibliche Lesen und Schreiben ein erzürnendes Thema für das Patriarchat, das annahm, Frauen, die lesen und schreiben können, würden der Unmoral anheimfallen, sich aufsässige Ideen aneignen und auf gefährliche Weise kommunizieren, was zu unschicklichem Verhalten führen würde. Die patriarchalischen Eliten hegten Vorurteile sowohl gegen bestimmte Schichten wie gegen das weibliche Geschlecht; sie betrachteten das Schreiben-und-Lesen-Können auch als unpassend und als *politisch* gefährlich bei Männern der Unterschicht, allerdings nicht als *moralisch* gefährlich wie bei Frauen jeder Herkunft.

Zwar lasen fortschrittliche Reformer die Werke von Frauen, aber die Mehrheit der Männer praktizierte verächtliches Ignorieren – wie konnten Frauen wichtige Texte schreiben, wo sie in der Gesellschaft keine wichtige Rolle spielten? Im besten Fall galten sie als harmlos und irrelevant. Im schlimmsten Fall – so, als Autorinnen wie Nawal al-Saadawi die Unterdrückung der Frau mit sozialer Unterdrückung in Verbindung zu bringen begannen – sah man im Schreiben von Frauen eine Bedrohung patriarchalischer Interessen. Männliche Sozialisten waren über neue Verbündete nicht erfreut.

Dennoch schrieben Frauen weiter. Die Ägypterin Alifa Rifaat berichtete von einem Ehemann, der es nicht ertragen konnte, die Sätze seiner Frau gedruckt zu sehen; um schreiben zu können, schloß sie sich im Badezimmer ein. Nawal al-Saadawi ließ sich von zwei Männern scheiden, die ihren literarischen Zielen feindlich gesinnt waren, gab aber nicht auf.

Romane, Lyrik und Kurzgeschichten waren, nach Zeitungsartikeln, die bevorzugten Formen. Intime und kritische Überlegungen lassen sich sicherer in einer Form ausdrücken, die anscheinend die Aufmerksamkeit eher auf sich lenkt als auf die Autorin und ihre Botschaft.

Aisha al-Taimuriya und Warda al-Yaziji schrieben und vertrieben Ende des 19. Jh.s Gedichte und Erzählungen. Sie wuchsen in liberalen Familien auf und hatten Väter, die sich den Bestrebungen ihrer Frauen widersetzten, stickende Damen statt schreibende Personen heranzuziehen. Diese Väter engagierten spezielle Lehrer und ermutigten ihre Töchter in ihren literarischen Neigungen. In dieser Umgebung konnten die Mädchen einen eigenständigen Blick auf ihre Gesellschaft entwickeln und zum Ausdruck bringen, bis sie verheiratet wurden und man von ihnen erwartete, daß sie sich anpaßten. Al-Taimuriyas Lyrik galt lange als traditionell und «geschlechtslos», doch aus ihrem Gedicht *Hilyat-al-tiraz* (Gestickte Ornamente, 1909) spricht Wut:

Ich fordere mein Schicksal heraus, meine Zeit
ich fordere den Blick des Menschen heraus
Ich werde lächerliche Regeln und Leute verhöhnen
So wird es ausgehen; ich werde meine Augen
mit reinem Licht füllen und in einem Meer ungebundenen
Fühlens schwimmen
Ich habe die Tradition und meine absurde Lage
herausgefordert
und bin hinausgegangen über das, was Zeit und Ort gestatten.

Obwohl in der ersten Hälfte des 20. Jh.s öffentliche Frauenbewegungen erstarkten, wurden erst in den sechziger und siebziger Jahren literarisch-feministische Stimmen laut. 1958 erregte der Roman einer Libanesin erstmals Aufsehen: *Ich lebe* (Ana Ahya) von Laila Baalbaki. Wie viele andere Romane arabischer Frauen wurde auch dieser beschrieben als autobiographischer Bericht einer Frau der Mittelschicht über ihre Revolte gegen gesellschaftliche Konventionen. Das Etikett «Autobiographie» wurde lange als geläufiges Argument zur Herabsetzung der Literatur von Frauen gebraucht – sie haben nur eine Geschichte, ihre eigene. Doch die Botschaft der Verweigerung war so stark, daß eine ganze Welle von feministischer Literatur davon ausging.

Auch wenn das Schreiben von Frauen nicht geradlinig voranschreitet, kam es in den siebziger und achtziger Jahren insgesamt zu kühneren literarischen Angriffen auf patriarchalische Institutionen und Traditionen. Wenngleich in ihren regionalen Erfahrungen wurzelnd, erkennen diese Autorinnen, daß der feministische Kampf eine universale Seite hat. Nawal al-Saadawi hat Erzählungen bei einer Kampagne mit dem Ziel genutzt, das Bewußtsein für die Probleme von Frauen in der gesamten arabischen Welt zu verstärken.

Daß arabische Frauen ihre eigenen Tagebücher und Memoiren schreiben und veröffentlichen, ist überwiegend ein Phänomen des 20. Jh.s Das persönliche und familiäre Leben galt als privat – man durfte öffentlich nicht davon sprechen. Das erste feministische Erinnerungsbuch wurde Mitte der vierziger Jahre von Huda Shaarawi diktiert; offen berichtete sie darin über ihr Leben als Mädchen und Frau und analysierte ihre geschlechtsspezifische Erfahrung (der englische Titel lautet: *Harem Years: The Memoirs of an Egyptian Feminist*). Nawal al-Saadawi und Farida al-Naqqash – die sich nicht als Feministin bezeichnet – haben Gefängnis-Memoiren geschrieben.

Feministische Schriften von arabischen Frauen haben so universale Fragen wie Bildung und Arbeit, Rechte in der Ehe und Wahlrecht behandelt, aber auch weniger universale wie den Ausbruch aus der Geschlechtertrennung. Wie Frauen in vielen andern Ländern der Dritten Welt – und im Gegensatz zu westlichen Frauen – mußten Araberinnen sich feministische Ausdrucksformen in Agrargesellschaften erkämpfen, die erst in letzter Zeit die moderne

Verstädterung durchleben, und in Gesellschaften, in denen die Religion ein wichtiges, das Alltagsleben regulierendes Element und eine Quelle der Identität geblieben ist. Gemeinhin haben diese arabischen Gesellschaften (und die anderer Länder der Dritten Welt) die Erfahrung europäischer Kolonialherrschaft und/oder westlich-imperialistischer Hegemonie gemacht, während sich die Feminismen von arabischen Frauen zu artikulieren begannen. Diese Frauen liefen immer Gefahr, als antinationalistisch oder antireligiös geschmäht zu werden; sie mußten kompliziertere Schlachten durchstehen als westliche Feministinnen.

Heute bedrohen islamische Kräfte in arabischen Ländern die Äußerungsmöglichkeiten von Frauen in einer Weise, die sich Außenstehende kaum vorzustellen vermögen. Wir beginnen den Preis für diese Äußerungsmöglichkeiten vielleicht zu ahnen, wenn wir sehen, daß nicht nur Nawal al-Saadawi, sondern auch eine gemäßtigte Feministin wie Amina Said rund um die Uhr von staatlichen Wächtern beschützt worden sind.

Was sind arabische Feminismen? Nicht überall sind die Bedeutungen gleich, soviel wissen wir, aber worin sie sich genau unterscheiden, beginnen wir erst zu entdecken. Wenn eine Frau an eine andere schreibt und deren poetische Ausdrucksweise rühmt, wie al-Yaziji an Warda al-Turk schrieb, mag man fragen: Was ist daran feministisch? Doch wenn wir uns an die Umstände erinnern, unter denen diese Frauen lebten, die im besten Fall anderen weiblichen Familienmitgliedern Besuche abstatten konnten, zu einer Zeit, in der die meisten Frauen nicht schrieben, weil der Akt des Schreibens als aufreizend und moralisch bedrohend erachtet wurde, dann erhält ein solcher Schriftwechsel eine ganz besondere Bedeutung. Wenn wir die Äußerungen arabischer Frauen analysieren, entdecken wir feministische Momente an Stellen, wo wir sie vorher nie vermutet hätten.

Etel Adnan

(*1925)

Etel Adnan ist in Beirut (Libanon) geboren. Ihr Vater war syrischer Moslem, ihre Mutter griechische Christin. «Beirut und Damaskus», sagte sie einmal in einem Interview mit Margot Badran, «die Landschaften meiner Kindheit, repräsentierten zwei Pole, zwei Kulturen, zwei verschiedene Welten, und ich mochte beide.»

Bis zum Alter von sechzehn Jahren besuchte Adnan eine Klosterschule. Als der Krieg ihre Schullaufbahn unterbrach, arbeitete sie für die französische Informationsabteilung. Drei Jahre später nahm sie ihre Ausbildung an der gerade eröffneten École Supérieure des Lettres wieder auf. Nachdem sie drei Jahre an der Ahliya-Schule für Mädchen unterrichtet hatte, ging sie 1950 nach Paris, um an der Sorbonne Philosophie zu studieren, und setzte das Studium fünf Jahre später an den amerikanischen Universitäten Berkeley und Harvard fort. Von 1959 bis 1972 lehrte sie Philosophie am Dominican College in San Rafael, Kalifornien.

Adnan ist Dichterin, Schriftstellerin und Malerin. Nach eigenen Angaben gelingt es ihr nur beim Malen, sich auf arabisch auszudrücken, daher sind ihre geschriebenen Werke nicht nur häufig mit Illustrationen versehen, es finden sich auch Schnörkel und visuelle Einsprengsel im Text selbst. In *L'Apocalypse Arabe* (1980) ist jeder Abschnitt des Gedichts mit Zeichen versehen, die dem oft dichten Text ein ganzes Bedeutungssystem hinzufügen: STOP, schreibt sie, aber der Pfeil deutet voran, immer weiter... 1972 arbeitete sie als Redakteurin der Beiruter Tageszeitung *L'Orient-Le Jour*. 1976 verließ sie den Libanon. Heute pendelt sie zwischen Paris und Sausalito, Kalifornien, hin und her.

Seit der Veröffentlichung ihres ersten Gedichtbandes *Moonshots* im Jahre 1966 hat Adnan acht Bücher auf englisch und französisch geschrieben, darunter zwei Prosawerke: *Sitt Marie Rose* (1978) und ihr «Essay in der Tradition von Siddharta» *Journey to*

Mount Tamalpais (1986). Ihre Gedichtsammlungen beinhalten *Five Senses for One Death* (1971), *Jebu et l'Express Beyrouth-Enfer* (1973), *L'Apocalypse Arabe* (1980), *Pablo Neruda is a Banana Tree* (1982), *From A to Z* (1982), *The Indian Never Had a Horse* (1985).

«Wie ich Schriftstellerin im Libanon wurde» ist eine programmatische Rede, die Adnan auf der ersten Versammlung der Association of Middle Eastern Women's Studies 1986 in Boston hielt im Rahmen der jährlich tagenden American Middle Eastern Studies Association. In dieser Rede beleuchtet sie ihren Werdegang als Künstlerin.

Wie ich Schriftstellerin im Libanon wurde

1986

Der älteste Gegenstand, den ich im Gedächtnis behalten habe – das erste Objekt meiner privaten archäologischen Sammlung –, ist ein runder Steinbrunnen, niedrig und, wie ich heute annehme, aus weichem Kalkstein. Und dieser Brunnen war leer.

Ich weiß nicht, ob ich in dem Haus mit dem Garten und dem Brunnen wohnte, oder ob ich es mit meiner Mutter zusammen besucht habe. Aber ich sehe es vor mir mit einzigartiger, quälender Deutlichkeit.

Ich erinnere mich sehr gut an das Haus, in dem ich das kleine Mädchen sehe, das ich einst war, es war ein großes altes Haus mit riesigen Fenstern, Spitzengardinen, einem grüngestrichenen Blumenständer mit Farnen oder anderen immergrünen Pflanzen in Töpfen und einem Garten mit einer hohen Mauer, die das Grundstück von der Straße abgrenzte. Es stand in Beirut. Ich erinnere mich, daß es überall hell und kühl war und daß mein Bett im

Schlafzimmer meiner Eltern stand und die Küche eine Tür hatte, die zu einer anderen Seite des Gartens führte. Ich erinnere mich genauso deutlich an Blumen wie an meine Mutter und ihre Katze. Bijou war unsere Katze, und sie kriegte regelmäßig Junge.

Ich war ein Einzelkind, und es kam mir vor, als lebte ich an einem verzauberten Ort. Das gefiel mir. Ich hatte viel Raum zum Laufen, ich hatte verschiedene Orte, wo ich mich einnisten konnte. Es gab vier Zimmer mit jeweils unterschiedlichem Charakter, und in jedem dieser Zimmer konnte ich ein anderer Mensch sein. Eins war sonnig, mein Vater rasierte sich dort immer. Es war voller Sonnenlicht. Die Sonne war wie etwas Greifbares, das durch die Fenster drang. Sie hatte Substanz. Sie sprang einem aus den Spiegeln der hohen Schränke entgegen. Das Schlafzimmer war kühler. Das Licht war dort gleichmäßiger über das Jahr verteilt. Das dritte Zimmer war hübsch möbliert, aber ich hielt mich nicht oft darin auf. Das vierte war überflüssig, es hatte ein Fenster zum Wohnzimmer. Es war dunkel, fast schwarz, und für die Katze reserviert, wenn sie ihre Jungen bekam. Niemand brauchte dieses Zimmer.

Es war mir sehr bewußt, daß ich ein Mädchen war. Es hatte etwas Nettes, ein Mädchen zu sein, etwas Warmes und Angenehmes. Auch etwas Aufregendes. Mir war bewußt, daß ich meiner Mutter ähnlicher war als meinem Vater. Aber da ich keine anderen Kinder zum Vergleich um mich hatte, die vielleicht anders behandelt worden wären, fühlte ich mich eher wie etwas Lebendiges, ein «Wesen», ein Mensch, als unbedingt wie ein Mädchen. Und ich ging nicht zur Schule, bis ich fünf Jahre alt war.

Ein Erlebnis hängt damit zusammen, das ich klar vor Augen habe: ein kleiner Junge war einmal bei uns zu Besuch. Er war halb Franzose mütterlicherseits, und sein Name war Pierrot. Sein Vater war französischer Staatsbürger aus Indochina. Der kleine Junge war ein Waisenkind, seine französische Mutter war in Beirut gestorben. Er kam zu uns, um seine Internatsferien bei uns zu verbringen. Ich erinnere mich, daß wir eines Tages, wahrscheinlich vormittags, zwischen einer Couch und der Wand mit den Fenstern spielten. Pierrot bot an, sich auszuziehen, wenn ich das gleiche täte, damit wir sehen könnten, ‹wie wir gemacht sind›. Also haben wir tatsächlich einen Teil unserer Kleidung ausgezogen, und ich glaube, wir hörten meine Mutter im Haus umherlaufen und zogen uns wieder an. Das war alles. Ich weiß nicht, ob meine Erinnerung zuverlässig ist, aber mir scheint, ich betrachtete das Erlebnis als etwas neu Gelerntes, etwas, das ich mit einer gewissen Betäubung wahrnahm, mit dem Gefühl der Reinen, die etwas sieht. Aber ich habe es nicht vergessen. Der Augenblick bleibt klar und einzigartig. Und mit beinahe sechzig Jahren stelle ich fest, daß er in ein Gedicht eingeflossen ist, das ich kürzlich schrieb: «Eine Lindenallee, und Gewitter...» Hier ist es:

Deshalb suchte ich die Gesellschaft von
Erzengeln und Ameisen
sowie eines Siebenjährigen
der seither gestorben ist
ohne Spuren zu hinterlassen
eines Tages wurde im Radio gesagt
zwei Kugeln hätten ihn getroffen
in den Kopf
das war in Saigon, an dem Tag, an dem
der Krieg zu Ende ging

Ich habe Pierrot vor langer Zeit, noch während meiner Kindheit, aus den Augen verloren; es kam der Vietnam-Krieg, und ich steckte all meine Energie in die Friedensbewegung und schrieb meine ersten Gedichte in amerikanischer Sprache und auf amerikanischem Boden, und schließlich, irgendwann im Jahre 1985, schrieb ich ein langes Gedicht über meine Kindheit, über Pierrot und seine indochinesische Abstammung und die Vietkong... all das kam zusammen durch das Geheimnis der Dichtung und in diesem Geheimnis.

Wie gesagt schickten mich meine Eltern zur Schule, als ich fünf war. Meine Mutter war Griechin aus Smyrna, mein Vater war Syrer aus Damaskus und kam aus einer Familie, in der die Männer in der Armee des Osmanischen Reichs dienten. Während des Ersten Weltkriegs war er Kommandeur von Smyrna, und obwohl er bereits verheiratet war und einen Sohn und zwei Töchter hatte, heiratete er meine Mutter, die ungefähr zwanzig Jahre jünger war als er. Seine erste Familie war in Damaskus geblieben. Nach Ende des Krieges ließ er sich in Beirut nieder, wo ich 1925 geboren wurde.

Der Libanon wurde als Staat von den Franzosen gegründet, die die Mandatsmacht über Syrien und Libanon innehatten. Sie erweiterten die schon existierenden französischen Schulen des Landes und kümmerten sich verstärkt um die Einrichtung neuer Schulen. So schafften sie im Libanon (und drängten es dem Land auf) ein Erziehungssystem, das vollkommen dem französischen Vorbild entsprach und nichts mit der Geschichte und geographischen Umgebung der Schulkinder zu tun hatte.

Also begann ich mit fünf Jahren Französisch zu sprechen und schließlich nur noch Französisch, da Arabisch in diesen französischen Schulen eine verbotene Sprache war. Sie wurden ausnahmslos von Mitgliedern der französischen katholischen Kirche geführt. Und Arabisch war verboten. Die libanesischen Kinder sprachen es zu Hause. Da meine Mutter kein Arabisch konnte, wurde Französisch allmählich zu unserer Sprache: Wir redeten immer weniger Türkisch oder Griechisch und immer öfter Französisch.

Diese Schulen waren entweder für Jungen oder Mädchen. Gemischte Schulen wurden in den fünfziger Jahren im Libanon eingeführt.

Die französischen Nonnen waren streng. Sie benahmen sich wie Kolonialistinnen und Missionarinnen: Sie hatten die Absicht, uns sowohl die Vorzüge französischer Zivilisation als auch die Unfehlbarkeit der Kirche in religiösen Fragen näherzubringen. Sie erzeugten eine autoritäre, dogmatische Atmosphäre, die so durchgreifend war, daß sehr wenige Schülerinnen in diesem System jemals ihre Erziehung hinterfragten. Dogmatismus hat die Eigenschaft, sich so vollständig der geistigen Kapazität eines Menschen zu bemächtigen, daß das, was er als richtig verkauft, so «natürlich» wird wie Himmel und Erde: und schließlich ist es das einzige, was der Verstand wahrnimmt, das gedankliche Werkzeug. Es wird zur Selbstverständlichkeit.

Also wuchs ich in dem Glauben auf, daß die Welt französisch sei. Und daß nichts von Bedeutung, nichts von dem, was ‹in Büchern› stand oder Autorität hatte (die Nonnen), etwas mit unserer Umgebung zu tun hatte. So was nennt man Entfremdung.

Ich mochte die Schule, weil ich dort mit anderen Kindern spielen konnte, und die Pause war meine Lieblingszeit. Wir hatten fünfzehn Minuten um zehn Uhr morgens und fünfzehn Minuten um zwei Uhr nachmittags. Ein viereckiger Platz mit einem Pavillon und einem leeren Brunnen in der Mitte war unser Schulhof, und für mich war er ein verzauberter Garten, der noch heute in meinen Träumen auftaucht.

Es war mir sehr bewußt, daß ich ein kleines Mädchen war, wegen der Sorgfalt, mit der sich meine Mutter meinen Kleidern widmete: Kleine Seidentücher wurden vom Schneider in kunstvolle Kleidchen für besondere Gelegenheiten verwandelt, die in makellosem Zustand ein oder zwei Jahre später an die ‹Armen› weitergereicht wurden. Ich vermisse sie immer noch und werde das Gefühl nicht los, daß ich sie nie richtig getragen habe.

Eines Tages wurde ich von den Nonnen beim Herumklettern auf dem Schulhofzaun erwischt. Es war ein niedriger Zaun aus schmalen, gestrichenen Eisenstäben, und es war einfach, sich aufs Geländer zu stemmen und zur anderen Seite durchzuschlüpfen. Aber die Nonnen erwischten mich dabei und schimpften mich einen «Wildfang», was auf französisch «garçon manqué» heißt («etwas, das ein Junge hätte werden sollen»)! Dadurch wurde die Vorstellung, ein Junge zu sein, in der Sache erstrebenswert und als Verlangen schändlich. Es war tatsächlich so, daß die Nonnen von der Sünde besessen, wie sie waren – der französische Katholizismus hat eine calvinistische Ader –, sich alle Mühe gaben, unsere Unbefangenheit zu zerstören. Ich könnte behaupten, daß meine frühen kreativen Erzeugnisse die erfundenen Bekenntnisse nichtexistierender Sünden bei der Beichte waren. Die Priester verlangten immer nach mehr und unterstellten uns damit, daß wir ihnen Sünden vorenthielten; also erfand ich welche (alle anderen Kinder taten das gleiche, wie ich später erfuhr), wie Süßigkeiten klauen, meine Mutter belügen, die Gefühle von Jesus verletzen, indem ich während der Messe plauderte, und böse Gedanken... nicht ahnend, daß der Priester mit bösen Gedanken sexuelle Tagträume gemeint hatte. Ich betrachte heute diese frühen Erfindungen als eine Art des Geschichtenerzählens, kleine Augenblicke von Phantasiereichtum.

Ich wurde früh darauf hingewiesen, daß kleine Mädchen in «Gefahr» seien. Meine Mutter ließ mich nirgendwo allein hingehen und erlaubte mir nur, mit Kindern aus zwei Familien zu spielen, von denen eine in unserer Straße wohnte, die andere zwei Häuserblocks weiter. Sie gab mir immer Ratschläge. Sie waren einfach: Geh nicht hinter den Tresen beim Lebensmittelhändler, nimm keine Süßigkeiten von Fremden an, bleib immer draußen, immer sichtbar. Einmal sagte sie: Geh nicht hinter den Tresen, denn der Ladenbesitzer kann ein Messer ziehen und dich in den Bauch stechen. Es schaudert mich noch bei dieser Vorstellung, aber damals war ich nur verwirrt und habe mich gefragt, warum der alte Mann mit der Mütze über den Ohren, der ewig hinter riesigen Linsen- und Reissäcken in seinem winzigen Laden saß, jemals so etwas hätte tun sollen. Er redete kaum mit mir.

Die Ermahnungen wurden ernster, als ich heranwuchs. Und als ich nach dem Schulabschluß den Wunsch äußerte, zum Studium nach Paris zu gehen, sagte meine Mutter nur: «Dort werden dich die Männer verschlingen.» Sie schaffte es, mit ein paar Sätzen hier und da ein Weltbild zu errichten, das ich später in Filmen wie *Jack the Knife* kennenlernte, wo Männer wie das Chaos aus der griechischen Mythologie sind, der Urschlund, ein nicht enden wollender Schwindel. Im Rückblick auf diese Jahre frage ich mich auch, ob meine Mutter nicht darunter litt, daß ich ihr einziges Kind war und sie keinen Sohn hatte.

Es muß Juni gewesen sein, als die Schule aus war und der Sommer offiziell eingeläutet wurde; war ich zehn oder neun, als sie ein Stück schwarzen Satin kaufte und mir ein Kostüm auf der Nähmaschine nähte: bauschige und extrem kurze Hosen aus glänzendem schwarzem Satin und eine weiße Satinbluse mit langen Ärmeln? Sie schneiderte mir auch einen fließenden, langen Schlips. Sie nahm mich mit zum Friseur in unserem Viertel, dessen Laden nach Seife und *eau de cologne* roch, und sagte ihm, er solle mir das Haar kurz schneiden, «à la garçon»› – eine Frisur, die, wie ich später herausfand, in den französischen Modezeitschriften damals sehr beliebt und in Mode war. Ich hatte einen Haarschnitt wie Rimbaud auf einem der berühmten Fotos von ihm, die auf den Umschlägen einiger seiner Gedichtbände zu sehen sind. Es gab ein Foto von mir aus diesem Sommer im Familienalbum, einem wertvollen Buch mit Fotografien vom Ersten Weltkrieg bis zu den vierziger Jahren. Dieses Album hatte ich einer befreundeten armenischen Familie anvertraut – die drei Schwestern, die in Beirut wohnten, waren während des Bürgerkriegs im Libanon geflohen und hatten die Sachen, die ich über Jahrzehnte bei ihnen untergestellt hatte, vernichtet oder weitergereicht. Sie glaubten, sie würden mich nie mehr ausfindig machen, aber zufällig traf ich eine von ihnen, nach Jahren der Abwesenheit, auf einer Straße in Beirut, einen Tag nachdem sie die wichtigsten Dokumente vernichtet hatten, die ich von meinen Eltern geerbt hatte.

Wie ein Junge gekleidet zu sein machte mich sehr glücklich. Ich fühlte mich als etwas Besonderes: Kein anderes Mädchen, das ich kannte, war so gekleidet. (Übrigens auch kein Junge.) Das Kostüm konnte ich im Kino oder im Theater tragen. Ich fand mich sehr hübsch darin, und wenn nicht hübsch, dann zweifellos von einem gewissen Zauber umgeben. Tatsächlich hat es wohl meine Selbsteinschätzung unterstrichen, weder bloß ein Mädchen noch ein Junge zu sein, sondern ein besonderes Wesen mit den wunderbaren Eigenschaften beider.

In der Tat häuften sich meine Eigenheiten. Ich war das einzige Einzelkind in der Schule, die einzige unter den Kindern, die von den allseits präsenten Nonnen als «Eingeborene» betrachtet wurde. Ich kannte ein paar Mädchen, die wie ich weder Brüder noch Schwestern hatten, aber sie waren Französinnen, und von den Franzosen erwartete man, daß sie, im Gegensatz zu den großen libanesischen Familien, wenig Kinder hatten. Es war ein Zeichen von Vornehmheit, mit wenigen Menschen das Zuhause zu teilen. Es gab auch französische Familien mit zehn oder elf Kindern, aber die waren sehr «katholisch», gingen ununterbrochen in die Kirche und sahen irgendwie ärmer aus, «gewöhnlicher». Sie paßten nicht ins Bild der erhabenen und reservierten Franzosen.

Ich war außerdem das einzige Kind von gemischter Herkunft: mein Vater war Moslem und meine Mutter Christin. Solch eine Mischehe war etwas sehr Ungewöhnliches. Sie erregte Aufmerksamkeit und forderte oft zu seltsamen Bemerkungen heraus: Es herrschte eine unausgesprochene Feindseligkeit. Meine Mutter wurde von einigen verachtet, weil sie einen Moslem geheiratet hatte. Andere bemitleideten sie: «Eine hübsche Frau wie du, mit einem Türken verheiratet», pflegten manche Nachbarinnen zu sagen. Für die meisten Leute war mein Vater, obwohl er Araber war, ein Türke, weil er dem Osmanischen Reich diente. Einen moslemischen Türken zu heiraten war irgendwie schlimmer, als mit einem Araber verheiratet zu sein, zumindest in den Augen der maronitischen Christen, die im neuen Libanon zunehmend an Einfluß gewannen. Meine Mutter wurde damit gut fertig, doch ab und zu überkamen sie Schuldgefühle; dann wandte sie sich zu einer brennenden Öllampe und der Ikone in der Ecke unseres Schlafzimmers und fragte die griechische Jungfrau Maria, manchmal weinend, auf griechisch: «Oh, Panaya, hab ich etwas Falsches getan, indem ich ihn heiratete? Wirst du mir vergeben?!»

Ich sog dieses Schuldgefühl in mich auf, oder zumindest das Gefühl, daß es in unserer Familie irgend etwas Außergewöhnliches gab, das ich als Privileg, aber auch als Schande empfand: Bei jeder Anspielung auf die religiöse Zusammensetzung meiner Familie wurde ich gleichzeitig rebellisch und besorgt.

Die Frage nach Religion und Religionen hat mich mein Leben

lang verfolgt. Am Ende meiner Kindergartenzeit riefen die französischen Nonnen meine Mutter zu sich und sagten zu ihr, sinngemäß: «Das Kind ist schon sechs und nicht getauft. Ist Ihnen klar, daß es in die Hölle kommt, wenn ihm etwas zustößt.»

Meiner Mutter war es wohl peinlich, daß sie diese Frage nicht mit meinem moslemischen Vater geklärt hatte. Sie war Griechin, eine Frau in einem neuen Land und einer neuen Kultur, und sie respektierte die Autoritäten. Die Schwestern erzählten ihr, daß ich getauft werden wolle, weil ich den kleinen Jesus so sehr liebte. Mein Vater, der zwanzig Jahre älter war als seine Frau und außerdem ein ziemlich resignierter Mann, überließ ihr die Entscheidung. Sie beschloß, da ich auf eine französische Schule ging und die Schwestern sich so beharrlich um mich bemühten, daß sie die Taufe arrangieren sollten. Da Kinder normalerweise kurz nach der Geburt getauft werden, fühlte ich mich herausgehoben und war stolz, die Zeremonie bewußt miterlebt zu haben. Sie fand in der französischen Kirche in Beirut statt, der Ritus wurde auf Latein vollzogen. In den Augen der Schwestern wurde ich praktisch zu einem französischen Kind, und jahrelang lag ich ihnen besonders am Herzen. Ich war etwas, für das sie sich angestrengt und das sie erobert hatten.

Ich war mir meines neuen Privilegs sehr bewußt, aber eine innere Gespaltenheit setzte sich in meinem Herzen fest. Mein Vater und ich fuhren sehr regelmäßig nach Damaskus, wo meine Tante Fahima mit ihrem Mann und ihren beiden Söhnen lebte. Mein Vater liebte Damaskus, die Stadt seiner Kindheit, von ganzem Herzen. Er war anders, wenn er dort war: entspannt, geheimnisvoll, romantisch. Und ich war glücklich dort, in einem Haus, in dem Arabisch und Türkisch gesprochen wurde und nicht Französisch. Es war eine andere Welt mit moslemischen Festen; dort wurde das Essen auf riesigen Kupfertabletts angerichtet, die auf die Läufer gestellt wurden, und Schalen mit Süßigkeiten wurden vom Markt mitgebracht, die Jungen auf dem Kopf hereintrugen.

Damaskus war der Osten mit seiner Pracht, seinen Besonderheiten, seinen verstohlenen Unterhaltungen, seiner Geschichte und Erhabenheit. Dort war ich ein Kind von städtischen Arabern mit türkischem Erbe und Kultur, von Arabern, die sich fragten, ob das Osmanische Reich wirklich schlechter war als die neue Kolonialmacht. Beirut war für mich Alltag und Verwirrung, Damaskus dagegen Zauber und Erholung. In Beirut war ich eine kleine Christin. In Damaskus stand ich an der Schwelle zur islamischen Welt.

So lernte ich, mich zwischen zwei Welten zu bewegen, ein wenig abseits zu stehen und doch dazuzugehören, mit Auffassungen von Wahrheit konfrontiert zu werden, die relativ waren und sich änderten wie die Stunden des Tages und der Wechsel der Jahreszeiten.

Ich war letzten Endes nicht religiös, denn ich sah den Diskurs der Nonnen als eine Art Falle an, wie eine Versuchung, der ich widerstand, eine Anfechtung der Welt meines Vaters; eines Vaters, der mir immer schwächer erschienen war als meine Mutter, doch immer würdevoll. In meiner Jugend betrachtete ich ihn als eine tragische Figur.

Die Welt einer Schriftstellerin, sogar die fiktivste, und vor allem die Welt einer Dichterin entspringt nie bloß der Phantasie. Die Energie, die dem schriftstellerischen Werk seinen Ausdruck gibt, und der Inhalt des Werkes entspringen der Lebenserfahrung und vielleicht sogar gewissen Erinnerungen, die wir in unseren Genen tragen. Ich kann die Erlebnisse, die mein tägliches Leben bestimmen, nicht von dem trennen, was ich schreibe oder male.

Es besteht eine dialektische Beziehung zwischen dem Leben und dem Werk eines Menschen. Letzteres wird ganz offensichtlich vom Erstgenannten beeinflußt, aber das Werk nimmt auch Einfluß auf das Leben. Es ist eine zweigleisige Angelegenheit, ein mysteriöser Prozeß, bei dem das, was wir Leben nennen, und das, was wir Schöpfung nennen, verschmelzen und doch nicht verschmelzen, sich gegenseitig nähren.

So lange ich denken kann, habe ich das Schreiben geliebt, als Tat und als Tätigkeit. In der Grundschule wurden uns Wörter vorgegeben, um die herum wir einen Satz bilden sollten. Ich schrieb immer sehr lange Sätze und freute mich an der Feder, der Tinte, dem Papier und an den Wörtern, die eins nach dem anderen mit einem runden Gefühl herauskamen, eine Wohltat für Körper und Geist. Später lernten wir, Aufsätze zu schreiben. Wir mußten ein paar Seiten über ein vorgegebenes Thema schreiben. Meine Aufsätze wurden oft von der Lehrerin ausgewählt und der Klasse als Vorbild vorgelesen. Einmal wurde ich der Mogelei beschuldigt; die Lehrerin sagte, ich hätte meinen Aufsatz irgendwo abgeschrieben, denn sie konnte nicht glauben, daß ich den Text, den ich abgegeben hatte, selbst geschrieben hatte. Ich schrieb auch regelmäßig die Hausaufgaben für meine Klassenkameradinnen. Die Genugtuung, die ich dabei empfand, kleine Geschichten zu erfinden, eine Art Triumph zu erzielen, eine Art Sieg zu erringen, von den Schülerinnen um Sätze und Wörter gebeten zu werden, während ich nicht gerade die Beste im Laufen oder Volleyball war, gab mir schon früh im Leben das Gefühl, daß das Schreiben meine kleine Domäne war, eine Welt, in der ich keine Angst, keine Spannungen, keine Probleme hatte.

Ich spreche vom Schreiben und nicht vom Lesen, weil es in den Haushalten Beiruts der zwanziger und dreißiger Jahre keine Regale voll französischer Bücher gab, mit Kinder- oder Erwachsenenbüchern. In manchen gab es überhaupt keine Bücherregale. Bücher waren rar, galten als teuer und befanden sich in den Bibliotheken von Gelehrten. In einem Haushalt, den man als durchschnittlich bezeichnete, gab es nur ein paar Bücher, gewöhnlich einige religiöse und poetische Werke auf arabisch. Da meine Eltern beide mehrmals umgezogen waren, gab es bei uns nur den Koran meines Vaters, ein griechisches Neues Testament von meiner Mutter, ein türkisch-deutsches Wörterbuch, das mein Vater noch von der Militärakademie in Istanbul hatte, und ein paar griechische Romane über Kleopatra, ägyptische Wüstenheilige und Liebesgeschichten... Bücher, die meine Mutter irgendwann ihrer Nichte vorgelesen hatte, als die für eine Weile bei uns wohnte.

Folglich interessierte ich mich mehr fürs Schreiben als fürs Lesen, ein Prinzip, das den anderen Prinzipien in meinem Leben entsprach: Als Einzelkind mußte ich mir meine eigenen Spiele ausdenken, Spielkameraden und Geschichten erfinden. Diese Phantasiewelt muß so real gewesen sein, daß ich mir noch im Vor-Kindergartenalter vorstellte, das kleine Kind, das ich sah, wenn ich in den Schrankspiegel schaute, wäre eine kleine Freundin, die mich besuchte.

Die Jahre, die das Schriftsteller- oder Dichterdasein am nachhaltigsten formen, sind die Jahre der Jugend. Dies ist die Zeit, in der unser Verstand und unsere Sinne auffällig wachsen, aber in verschiedene Richtungen, und sich scheinbar unabhängig voneinander entwickeln. Daher sind dies die Jahre heftiger Emotionen und geistiger Desorientierung. Wir sind dann wie junge Bäume, deren Zweige in unterschiedliche Richtungen wachsen und den Stamm durch den gegensätzlichen Sog auseinanderzureißen scheinen.

Ein junges Mädchen im Beirut der späten dreißiger Jahre wurde als gefährdete Spezies angesehen, die es vor künftigen Raubtieren zu bewahren galt. Mütter waren sentimental ihnen gegenüber, denn sie blickten in die nicht allzu ferne Zukunft, in der ein junger Mann am Horizont auftauchen und ihre Töchter heiraten würde. Ein kleines Mädchen war eine Tochter, ein Schulmädchen und eine künftige Ehefrau. Sie wurde nie als eigenständiges Wesen betrachtet, deren Leben anders verlaufen könnte, als es der gesellschaftlichen Norm entsprach.

Vergewaltigung wurde nie öffentlich diskutiert oder in den Zeitungen oder im Klassenraum erwähnt, aber die Mütter dachten ständig daran und sorgten dafür, daß ihre Töchter nicht in Höfen, Gärten oder auf der Straße mit Jungen spielten, die Freunde ihrer Söhne waren. Die Aufteilung der Welt in ein männliches und ein weibliches Universum wurde vollzogen, wenn die Kinder sieben Jahre alt waren, mit dem Beginn dessen, was die katholische Kirche Alter der Vernunft nennt, eine Aufspaltung, die es auch in der islamischen Welt gibt.

Da ich keinen Bruder zu Hause hatte, traf ich mit Jungen meines Alters erst zusammen, als ich aufs College ging. Ich war auf einer

Mädchenschule und besuchte mit meiner Mutter Familien, bei denen nur Mädchen mit uns zusammensaßen. Aber ich ging schon in jungen Jahren ins Kino, so früh, daß die Nonnen meine Mutter zu sich riefen und ihr erzählten, meine Phantasie ginge mit mir durch, weil ich ins Kino ginge. Bei mir zu Hause brannte es! Filme waren damals hauptsächlich etwas für Erwachsene, und die Kinder in meiner Schule wunderten sich darüber, daß ich mit meinen Eltern ins Kino ging. Vielleicht, weil ich ein Einzelkind war und meine Eltern mich normalerweise überall mit hinnahmen – mein Vater nach Damaskus, meine Mutter zu Einladungen und ins Kino.

Mein Bild von Männern, von Liebe, vom Leben in der Welt draußen, von der Welt überhaupt, wurde in einzigartiger Weise vom Kino der dreißiger und frühen vierziger Jahre geprägt. Und dies war nicht das einheimische, sondern das Kino Hollywoods und Frankreichs. Immer wenn ich ins Kino ging, kam ich in einem Fieberzustand wieder heraus. Mir schwirrte der Kopf, und mein Herz schlug schneller. Ich schuf mir ein verborgenes Leben mit Männern und Frauen, die ungleich attraktiver waren als die Heiligen, deren Leben uns im Religionsunterricht umständlich dargelegt wurde. Mit zehn war ich bereits in Marlene Dietrich, Greta Garbo und Gary Cooper verliebt, als ich mich zugleich in das kleine Mädchen verliebte, das in der Schule neben mir saß. Meine erste Leidenschaft. Eine Liebe, die darin bestand, in der Pause Fangen zu spielen, den Atem anzuhalten, wenn dieses kleine Wesen mich ansah, und Briefmarken zu tauschen. Mein Vater hatte eine Briefmarkensammlung, die bis zum Ende des 19. Jahrhunderts zurückreichte. Ich schenkte sie dem kleinen Mädchen. Erst zwei, drei Jahre später entdeckte mein Vater das Verschwinden seiner Sammlung. Er fragte mich, ob ich sie genommen hätte, und ich glaube, ich sagte ja, und daß ich sie verschenkt hätte. Er schüttelte den Kopf und betrachtete es bestimmt als eine weitere Niederlage in seinem Leben; er erwähnte diese Angelegenheit nie wieder.

Das Kino gab mir die Möglichkeit, ein zweites Leben jenseits der wachsamen Blicke meiner Mutter zu führen: Was in meiner

Erinnerung am schwierigsten zu bewältigen war in meiner Kindheit – und ich bin sicher, daß das für die gesamte Kultur zutrifft – war die Tatsache, daß wir kein eigenes Leben hatten, keine Privatsphäre, weder körperlich noch moralisch. Die Menschen in der arabischen Welt, und sicherlich anderswo in der Dritten Welt, werden nie wirklich allein gelassen, sie leben unter der ständigen Beobachtung durch ihre Mitmenschen. Das trifft auch auf Griechenland, Italien und Spanien zu, zumindest auf die unteren Schichten.

Private Gedanken zu entwickeln war meine erste Rebellion, meine erste Emanzipation. Das Privatleben kam viel viel später. Daher assoziiere ich normalerweise Freiheit mit Denken, was mich dazu veranlaßte, politische Rebellion als Stärkung der eigenen Identität aufzufassen.

Mit vierzehn sah ich mich zu Hause mit einem neuen Problem konfrontiert: durch die Tatsache, daß ich in einer Sprache lernte und arbeitete, die meinen Eltern mehr oder weniger fremd war, entstand eine Distanz zwischen uns. Ich beschäftigte mich mit Gebieten, die ihnen unbekannt waren, und fühlte mich entfremdet. Ich entfernte mich mehr und mehr von ihnen und bewegte mich in Bedeutungszusammenhängen, an denen sie nicht teilhaben konnten. Ich wurde allmählich zu einer Fremden im eigenen Haus.

Mein Vater respektierte Bildung soweit, daß er sich in Erziehungsangelegenheiten nicht einmischte. Er hat wohl gewußt, daß es keinen Sinn hatte, gegen eine unvermeidliche nationale Situation anzukämpfen. Er war zu sehr vom Militär geprägt, um nicht verstehen zu können, daß militärische Niederlagen eine Vielzahl von Konsequenzen mit sich bringen, die jeden Aspekt des Lebens berühren. Meine Mutter hatte ein recht vereinfachendes Weltbild. Sie sah nur, daß ich mich immer stärker von ihr fortentwikkelte, und das hat sicherlich ihre Einsamkeit und das Gefühl der Isolation verstärkt. Damals verstand ich nicht, was vorging. Ich wußte lediglich, daß ich Spannungen unterworfen war, die allmählich in Feindseligkeit umschlugen: Ich fing an, sie zu hassen, weil ihre Anschauungen, ihre Autorität und das, was wohl ihre Verzweiflung war, unerträglich für mich wurden.

Sie fing an, ebendie Erziehung zu hassen, um die sie sich für mich bemüht hatte. Sie haßte die Bücher und meine Freundinnen und fing an, mich zu tyrannisieren, indem sie das Licht ausmachte, wenn ich las, oder indem sie mir befahl, früh ins Bett zu gehen, um sicher zu sein, daß ich nicht in irgendein Buch oder eine Zeitschrift versank, die sie als Feinde und Eindringlinge betrachtete.

Als ich fünfzehn wurde, war der Zweite Weltkrieg in vollem Gange, und ich wurde von der Schule genommen. Meine Mutter verkündete, daß die Preise enorm gestiegen seien und daß die Familie zu arm sei, um sich eine Privatschule leisten zu können, und staatliche Schulen gab es so gut wie gar nicht in Beirut.

Aber es war nicht so einfach, wie man mir weismachen wollte. Ich muß an dieser Stelle hinzufügen, daß meine Mutter ein paar Jahre, bevor ich die Schule unterbrach, einen kleinen Jungen in ihre Obhut genommen hatte, den Sohn ihrer Nichte, die uns immer besucht hatte. Die junge Frau hatte sich verliebt und erwartete ein Kind. Sie war nicht verheiratet und geriet in Panik. Meine Mutter überredete sie, das Kind zu behalten, und versprach ihr, für es zu sorgen. Sie übernahm seine Erziehung.

Als ich sechzehn wurde, war Krieg, die Präsenz der französischen Armee im Libanon verstärkte sich, und die Franzosen, mit den Engländern verbündet, brauchten einheimische Hilfe bei ihren Kriegsanstrengungen. Beirut wurde eine florierende Stadt. Die Zahl der Büros vermehrte sich um ein Vielfaches, und junge Mädchen fanden Arbeit als Sekretärinnen im militärischen wie im zivilen Sektor der Kriegswirtschaft. Die erste Generation arabischer Mädchen, die mit Männern zusammen im gleichen Büro arbeiteten, war geboren. Die Inflation und freie Arbeitsstellen überzeugten die Familien davon, daß ihre Mädchen arbeiten sollten. Diese neue Lebensweise erschütterte die Gesellschaft, und es fand eine kleine Revolution statt, eine gesellschaftliche Revolution, die sich unbemerkt vollzog. Mädchen mußten immer noch direkt nach der Arbeit nach Hause kommen, aber man sah sie sich heimlich davonstehlen, damit sie ein paar Stunden mit Freunden in den Kaffeehäusern und Teestuben verbringen konnten, die in Beirut wie durch Zauberei über Nacht aus dem Boden geschossen waren.

In dieser Stadt, die gesellschaftlich explodierte, aber auf subtile Weise, auf eine Weise, über die niemand sprach, verhielten sich alle, als hätte sich das Leben nicht verändert. Meine Mutter beschloß, ich solle eine Arbeit annehmen, die sie in der französischen Informationsabteilung gefunden hatte, eine Arbeit, die zunächst darin bestand, Akten zu ordnen und die Post entgegenzunehmen, die die Postboten oder die britischen Soldaten, die Kuriere genannt wurden, regelmäßig in großen Ledersäcken hereinbrachten, die an ihren Motorrädern hingen. Es war der Beginn eines Abenteuers, in das ich aus Versehen hineingeraten war. Ich befand mich mitten in einer aufregenden Zeit, praktisch vor meinen Augen wurde Geschichte gemacht. Zusammen mit britischen Offizieren und Beamten verfolgte ich auf Landkarten die Vorstöße und Rückzüge der Armeen. Schwarze Stecknadeln für die Deutschen, rote für die Russen, blaue für die Alliierten wechselten täglich ihren Standort, wie die Soldaten, die sie repräsentierten.

Der Chef der Abteilung, für die ich arbeitete, schätzte mich, und obwohl mein Gehalt am niedrigsten war, vielleicht gerade etwas höher als das der Laufburschen, fing ich an, selbst Briefe zu tippen und manchmal zu beantworten. Die Nachrichten wurden im Büro geschrieben und an die Tageszeitungen geschickt. Ich bekam mit, wie politischer Einfluß ausgeübt wird und wie sehr Propaganda Teil der Kriegführung ist. Ich verfügte über keine Theorien, ich vermochte keine umfassenden Schlüsse zu ziehen, ich hatte keine politische Erziehung genossen, keine College-Ausbildung, aber ich beobachtete die Ereignisse in ihrem Rohzustand, und auf meine bescheidene Art und Weise nahm ich teil an einem kosmischen Abenteuer. Der Zauber dieser Jahre verfolgt mich noch heute. Dies ist der Stoff, aus dem Literatur gemacht wird, und sei es auf höchst indirektem Wege.

Etwas jedoch nagte an mir: das Gefühl, die Schule zu früh verlassen zu haben, etwas unvollendet gelassen zu haben, eine Welt, die ihren ganz eigenen Reiz für mich hatte und von der ich ausgeschlossen war. Eines Morgens im Oktober (das Schuljahr fängt im Libanon Anfang Oktober an) saß ich in meinem Büro und weinte, und der ‹Boss›, ein Schriftsteller und ehemaliger Lehrer, sah mich weinen und rief mich zu sich in sein Büro, um den Grund für meinen Kummer zu erfahren. Ich erzählte ihm, daß es der erste Schultag sei, daß ich vor drei Jahren die Schule verlassen hätte und daß ich verzweifelt sei. Er sagte, ich solle mir keine Sorgen machen, er wolle sehen, was sich machen ließe. Ich dachte mir nichts dabei; ich wußte nicht, daß es überhaupt möglich war, irgend etwas zu machen.

Jean Gaulmier, der später seine akademische Laufbahn an der Sorbonne in Paris fortsetzte, richtete nun meine Arbeitszeit so ein, daß ich morgens bis elf Uhr frei hatte. Dafür mußte ich bis abends arbeiten und verließ das Büro um acht oder neun; der Chauffeur des Büros hatte Anweisung, mich dann nach Hause zu fahren. Es herrschte Krieg, manchmal bestand Ausgangssperre, und es war undenkbar, daß junge Damen nachts allein durch die Straßen spazierten.

Mein Leben änderte sich erneut. Ich schrieb mich für das französische *baccalaureat* ein, einen Abschluß, der etwa dem Abitur entspricht. Ich übersprang mit Sondererlaubnis ein ganzes Jahr und ging zu den Kursen, die als die wichtigsten für das *baccalaureat* gelten. Die anderen Fächer bewältigte ich mit einer Serie von Nachhilfestunden, einige sonntags, andere während kurzer Ferien.

Ich bestand die Abschlußprüfung für das erste Jahr mit Auszeichnung, die Prüfung für das zweite Jahr ebenso. Ich war die einzige, die diese beiden Prüfungen jemals bestanden hatte, ohne regelmäßig zur Schule zu gehen, und die gleichzeitig ganztags einer anregenden und anspruchsvollen Arbeit nachging. Das *baccalaureat* ist eine staatliche Prüfung, und nach Vollendung des zweiten Teils ist man automatisch berechtigt, sich an einer Universität eigener Wahl einzuschreiben.

Ich war natürlich glücklich in dem Bewußtsein, ein doppeltes oder dreifaches Leben zu führen: Ich lebte in drei voneinander unabhängigen Welten, von denen die familiäre immer weniger Einfluß auf mich hatte. Aber ich verlor den Kontakt zu meinen Eltern: Ich war nur noch zum Schlafen zu Hause, und Jahre später begriff ich, wie schlimm das seelisch für sie war. Mein Vater alterte schnell, meine Mutter auch, und mein Zuhause war kein glücklicher und aufregender Ort mehr. In meiner jugendlichen Rücksichtslosigkeit hatte ich nur einen Traum: so bald wie möglich von dort wegzukommen. Meine Eltern spürten das und müssen sich betrogen und verlassen gefühlt haben.

Ich habe schon erwähnt, daß ich als Kind das Schreiben liebte. Der Akt des Schreibens, die Aneinanderreihung von Sätzen, die wärmende Wirkung von Wörtern, die Freude, in allen Schulfächern neue Wörter zu lernen, Geographiewörter, Geschichtswörter, Chemiewörter, all das gehörte zur Entdeckung einer unsichtbaren Welt, die manchmal realer war als mein Schlafzimmer oder die Straßen von Beirut.

Als ich neunzehn war und studieren konnte, überlegte ich mir, daß ich die Mathematik am meisten mochte, und die Architektur. Es gab damals im Libanon keine Hochschule für Architektur, und die Ingenieurschule bildete die Baumeister aus. Ich verkündete eines Tages zu Hause, ich wolle Ingenieurin werden: Das verursachte einen weiteren Skandal. Meine Mutter war entsetzt, da es sie in ihrer Überzeugung bestätigte, ich weiche von der Norm ab. Sie sagte, es sei ein Männerberuf, und sie sagte das in einer Weise, die mein Vorhaben als Schande erscheinen ließ. Meine Forderung sei unmoralisch, und sie sagte, selbst wenn ich ein Stipendium erhielte, würde sie mir nicht erlauben, die Arbeit aufzugeben. «Wir brauchen das Geld», sagte sie. Und als ich einwarf, daß die Schulausbildung ihres kleinen Neffen sie viel Geld koste, antwortete sie, er sei ein Junge, und Männer verdienten es, daß man für ihre Erziehung Opfer bringe. Also kam ich in dieser Angelegenheit nicht weiter. Ich wußte, daß es keine Berufungsinstanz für mich gab.

Zufällig richtete die Französische Universität zu jener Zeit gerade einen Fachbereich Literatur ein: ein unabhängiges Institut für

Literatur und Linguistik, das sich École Supérieure des Lettres de Beyrouth nannte. Die Studiengebühren waren sehr gering und, was für mich am wichtigsten war, die Kurse fanden am Nachmittag oder frühen Abend statt. Der Krieg war zu Ende, die Kriegsabteilungen waren geschlossen, und ich fand einen Job, der es mir ermöglichte, Geld nach Hause zu bringen und gleichzeitig wieder Kurse zu besuchen.

Die École des Lettres wurde von einem außergewöhnlichen Franzosen gegründet, der jahrelang oberster Leiter aller französischen Schulen im Libanon und in Syrien war. Er war vom französischen Außenministerium auf diese Position berufen worden und hatte die Macht und das Ansehen eines Spitzendiplomaten. Wie wir erfuhren, gefiel es ihm nicht, daß die Jesuiten die Kontrolle über die Französische Universität in Beirut besaßen und wollte ein eigenes Institut für Literatur, Linguistik und Philosophie einrichten, einen Ort der Lehre, der sich nicht an einer religiösen Ideologie orientierte. Sein Name war Gabriel Bounoure. Er war Essayist und ein bedeutender französischer Literaturkritiker, der seine Artikel zu Literatur und Poesie an das einflußreiche Literaturmagazin *NRF* schickte. Zusätzlich zu seiner Regierungstätigkeit wurde er Direktor der École des Lettres und versammelte in Beirut ein kleines, aber erlesenes Kollegium von Professoren um sich. Er gab seine wenigen Seminare zu merkwürdigen Zeiten, während der Ferien oder nach seinen Bürostunden. Ich gehörte zu den zehn, zwölf ersten Studenten der École. Gabriel Bounoures Seminare waren wie die mystischen Begegnungen, von denen man in Schriften der Sufis aus der islamischen Vergangenheit liest, oder bei den deutschen Romantikern, bei Novalis oder bei Hermann Hesse. Dies war kein gewöhnlicher Hochschulunterricht, sondern eine Initiation in die Geistesgeschichte, am Beispiel der Werke Pascals und Descartes oder der Gedichte Baudelaires, Gérard de Nervals und Rimbauds. Ich betrat die Welt der Literatur durch die große Pforte, ich entdeckte den goldenen Schnitt des Geistes. Drei, vier Jahre lang nahm ich an einem Experiment teil, um das mich selbst Plato beneidet hätte.

An diesem Ort und zu dieser Zeit gelangte ich zu der Überzeugung, daß Dichtung der Sinn des Lebens sei, Dichtung als Gegen-Beruf, als Ausdruck persönlicher und gedanklicher Freiheit, als ewige Rebellion. Dichtung wurde zu einer Revolution, einer ständigen Reise. Bei ein paar Freunden hatte ich das Gefühl, sie teilten dieses Leben, ein Leben, das sämtliche Verbindungen zum Elternhaus und zum Land abschnitt. Man kann sagen, ich erlebte das Gefühl, zu wissen, was Engel sein könnten. Die Stadt veränderte sich in meiner Vorstellung. Sie wurde zu einer verzauberten kleinen Stadt mit dem Duft von Orangenbäumen in einigen Straßen; Film und Musik verschmolzen mit meinen Gedanken. Ich wohnte zu Hause, sah aber meine Eltern nicht mehr oder nur wie durch einen Schleier. Ich glaube, dieser Zustand ist gemeint, wenn man von Entrückung spricht.

Gabriel Bounoure behandelte uns wie bevorzugte Kinder der Aufklärung. Wir waren gleichberechtigt in unserem Eifer und unserer Intensität. Körper und Geist waren eins. Rimbaud und Baudelaire wurden uns vertrauter als irgend jemand anders, den wir kannten oder hätten kennenlernen können. Sie ließen sich in Beirut nieder. Gemeinsam mit Rilke. Und Gérard de Nerval, der im späten neunzehnten Jahrhundert eine *Reise in den Orient* geschrieben hatte, kam zurück, von uns zu neuem Leben erweckt. Gabriel Bounoure nannte ihn Gérard, und Gérard war einer von uns. Aus den zehn oder zwölf Studenten der École des Lettres wurden in ein paar Jahren dreißig oder vierzig, aber die Intensität nahm nicht ab, sondern sie wurden angesteckt von dem Fieber und traten in das Paradies ein.

Natürlich hatte das Weltbild, das ich während der Jahre auf der École des Lettres hatte, nichts zu tun mit den Alltagsproblemen, mit denen man normalerweise konfrontiert wird. Es war ein rein geistiges Weltbild. Meine Mutter fing an, sich über meine Zukunft Sorgen zu machen. Sie wollte mich unbedingt verheiraten, wollte mich in Umständen sehen, die ihr vertraut waren. Die Spannungen zu Hause wurden unerträglich. Mein Vater spielte überhaupt keine Rolle mehr: Er war zu alt und zu krank.

Als ich sagte, ich wäre am Heiraten nicht interessiert, wurde ich der Abenteuerlust und Verantwortungslosigkeit bezichtigt. Manchmal deutete man mir an, ich sei in Gefahr, den Verstand zu verlieren.

Eins war richtig, und das ging mir sehr viel später auf: Ich hatte keine Ahnung, auf welcher materiellen Grundlage sich mein Leben abspielen sollte. Ich fand nur noch niedrige und schlecht bezahlte Jobs.

Ich kann nicht behaupten, daß ich damals schon eine literarische Karriere in Betracht zog. Ich sah mich nicht als Schriftstellerin, nicht einmal als Lyrikerin, sondern vielmehr als Menschen, für den Dichtung und das dichterische Leben das einzig wesentliche sind. Es gab keine französischen Literaturzeitschriften in der Stadt, daher kam es mir nie in den Sinn, etwas zu veröffentlichen. Ich wußte nicht, wie man in der literarischen Welt Erfolg erzielte. Das bedauerte ich nicht; mein ganzes Leben lang war ich der Überzeugung, daß Dichtung und Literatur zerbrechlich, persönlich seien, daß sie Ruhe und Abstand benötigten.

Eines Tages schrieb ich einen Aufsatz für ein Seminar. Ich fand ihn gut. Aus irgendeinem Grund verpaßte ich den Abgabetermin; ich glaube, Gabriel Bounoure war eine so große Persönlichkeit für mich, daß ich zögerte, ihm mein erstes literarisches Produkt zu überreichen, zu dem er mir den Auftrag gegeben hatte. Ein Freund von mir, ein junger Mann, ebenfalls Student an der École des Lettres, wollte den Aufsatz gerne lesen. Er las ihn, er gefiel ihm, und er beschloß, ihn seinem besten Freund zu geben, der *Le Jour* herausgab, eine französische Tageszeitung mit regelmäßiger Literaturbeilage. Sein Freund mochte den Aufsatz sehr und veröffentlichte ihn. Es war meine erste Veröffentlichung. Ein Artikel über den französischen Schriftsteller, Reisenden und Maler des neunzehnten Jahrhunderts, Eugène Fromentin.

Gabriel Bounoure fand also meinen Aufsatz nicht unter den anderen aus seinem Seminar, sondern las ihn eines Morgens in der Zeitung, die man ihm auf den Schreibtisch gelegt hatte. Er ließ mich durch seinen Sekretär zu sich rufen und gratulierte mir. Er sagte, ich hätte eine außergewöhnliche literarische Begabung, und fragte mich, warum ich mich nicht bei der französischen Regierung um ein Stipendium für die Sorbonne beworben hätte. Ich sagte ihm, ich sei ein Einzelkind, und meine Mutter sei schwierig und ich könne ihr eine solche Entscheidung nicht zumuten. Er sagte: Bitten Sie sie doch, mich aufzusuchen und mit mir zu reden. Er dachte, er könne sie überreden, mich gehen zu lassen.

Als ich meiner Mutter erzählte, daß Monsieur Bounoure mit ihr darüber reden wolle, mich nach Paris zu schicken, wurde sie blaß und nervös und fing an zu zittern. Sie sagte, Bounoure sei ein unmoralischer Mann, der uns aufrühren und uns von unseren Elternhäusern trennen würde. Dann fügte sie hinzu, sie kenne einen befreundeten Arzt, der Handgranaten gegen Einbrecher und Attentäter in seiner Wohnung bereithielte. Sie drohte damit, sich eine davon zu holen und das Institut in die Luft zu jagen. Am nächsten Tag warnte ich Monsieur Bounoures Privatsekretär vor dem gefährlichen Besuch meiner Mutter. Er lachte nur darüber. Aber ich meinte es todernst und hatte eine Weile etwas Angst.

Die Vorstellung, nach Paris zu gehen, setzte sich in meinem Kopf fest. Ich wußte, es war nur eine Frage der Zeit, wann ich in diese bedeutende Stadt aufbrechen würde. Immerhin waren wir von Kindesbeinen an so erzogen worden, Frankreich als Mittelpunkt der Welt zu betrachten, wenn nicht als die Welt überhaupt. Meine beste Freundin Lydia, eine Russin, deren Eltern wegen der Revolution ausgewandert waren, ebenfalls Einzelkind und ein paar Jahre älter als ich, ein Mädchen, das immer mit Engeln und Geistern gleichgesetzt wurde, weil sie in noch höheren Sphären schwebte als ich, war schon in Paris. Lydia hatte mich mit Rilke und Gauguin (durch Reproduktionen) vertraut gemacht. Und mit klassischer Musik. Jetzt war sie mir zum Ursprung unserer Träume vorausgegangen.

Damals erschien mir Paris als ein mythischer Ort, in dem Rimbaud und Verlaine immer noch in Cafés saßen und sich stritten. Ich glaubte, jeder Pariser sei ein Dichter. Das Bild, das sich meine Mutter von Paris machte, war nicht weniger einseitig: Für sie war

Paris die Hölle selbst, das Zentrum weißer Frauensklaverei, das Chaos, in dem Kinder, die ihr Zuhause verlassen hatten, für immer verschwanden. Wir lebten offensichtlich in unvereinbaren Welten.

1947 starb mein Vater. Das Haus wirkte verlassen. Etwas war für immer verschwunden. Dann war auch Lydia verschwunden. Der Krieg mit all seinen Aufregungen (Beirut bekam damals nichts von den Katastrophen des Krieges mit, nur seine romantischen Aspekte) gehörte der Vergangenheit an. Beim Tee im Hause von Freunden der Familie lernte ich einen alten Herrn kennen, einen Biologielehrer, der mir erzählte, daß er an einer Schule unterrichte, die eine Französischlehrerin suche. Ich nahm die Stelle ein paar Wochen später an. Ich unterrichtete französische Literatur an einem Gymnasium, das in seiner Art einzigartig war. Die Schulleiterin der Al-Ahliya-Mädchenschule war libanesische Protestantin, eine Frau, mit der ich während der zwei Jahre, die ich an ihrer Schule unterrichtete, in engem Kontakt stand. Sie war eine bewundernswerte Frau, hatte an der Amerikanischen Universität von Beirut studiert und an einer Universität in den Vereinigten Staaten in Pädagogik promoviert. Ich unterrichtete zum ersten Mal und bewegte mich zum ersten Mal im angelsächsisch orientierten Milieu des Libanon. Ich hatte keine Ahnung, was ich mit meinem Leben anfangen würde. Ich lebte von einem Tag zum anderen. Meine größte Leidenschaft war das Meer. Ich konnte schwimmen, seit ich fünf war; nur wenige Mädchen meiner Generation durften schwimmen. Es waren hauptsächlich europäische Kinder, die am Strand herumlagen. Ich liebte das Meer nicht nur, weil ich so gerne schwamm, sondern um seiner selbst willen. Seine Farben und seine Bewegungen hypnotisierten mich jedesmal. Eines Tages fing ich an, ein Gedicht über das Meer zu schreiben; es wurde ein langes Gedicht, das ich *Le Livre de la Mer* nannte, «Das Buch des Meeres». Es ist ein Gedicht über das Meer und über die Sonne und über ihre kosmische Vermählung. Die einzige Vermählung, die mich interessierte.

Ende 1949 nahm ich das Stipendium nach Frankreich an, das mir zwei Jahre zuvor angeboten worden war. Die École des Lettres hatte nicht genug Lehrpersonal, um alle Kurse anzubieten, die für einen Universitätsabschluß notwendig sind, also mußte ich mein Studium in Frankreich zu Ende führen. Meine Mutter war am Boden zerstört. Ich konnte nicht viel von ihr verlangen. Ich wurde enterbt und fühlte mich grausam und allein. Aber im Oktober saß ich im Flugzeug, mit ein bißchen Kleidung und dem noch unvollendeten Gedicht über das Meer im Koffer. Ich hatte noch einen sehr langen Weg vor mir.

Samira Azzam

(ca. 1928–1967)

Samira Azzam ist in Jaffa (Palästina) geboren. 1948 zog ihre Familie an das West Bank. Wie andere junge Palästinenserinnen dieser Zeit beschloß Samira Azzam, sich unabhängig zu machen, und zog 1950 nach Beirut. Dort wurde sie Cheflektorin bei Franklin House, einem unabhängigen Verlag, für den Schriftsteller wie Taufiq Saigh und Badr Shakir al-Sayyab amerikanische Romane, Literatur- und Kunstkritik ins Arabische übersetzten. Sie half Palästinensern, die nach Beirut kamen, Arbeit zu finden. Kamal Boullata erinnert sich: «Ich weiß noch, sie fand für jeden eine Arbeit. Sie verschaffte mir zwei Stellen als Designer, als ich 1965 nach Beirut kam. Sie war eine starke, selbstbewußte Frau, aber gleichzeitig sehr sanft und mit viel Sinn für Humor. Sie war sehr belesen und engagierte sich sehr für libanesische und palästinensische Kultur. Sie veröffentlichte ihre Kurzgeschichten in verschiedenen Zeitschriften, unter anderem in *Al-Adab*. Sie war mit dem palästinensischen Schriftsteller Ghassan al-Kanafani befreundet. Im Juni 1967 verließ sie Beirut. Sie wollte zurück nach Palästina, aber sie konnte nicht bleiben. Am 7. Juni traf sie an der Allenby Bridge ein. Dort erfuhr sie vom Fall Jerusalems. Sie erlitt einen Herzanfall und starb auf der Brücke.»

Zu Samira Azzams Kurzgeschichtenbänden gehören *Al-Saa wa a-Insan* (Zeit und Menschheit, späte 50er Jahre) und *Al-Id min al-Nafidha al-Gharbiya* (Das Fest durchs westliche Fenster, 1971 postum veröffentlicht), dem «Behütet» entnommen ist. In dieser Geschichte geht es um einen Vater, der ungeduldig die Geburt seines Sohnes erwartet.

Samira Azzam

Behütet

1967

Immer wenn er sah, wie seine schwangere Frau sich schwerfällig durchs Haus bewegte und ihr geschwollener Körper auf dem Sofa ruhte, während sie über das Muttersein nachdachte, fing sein Herz an zu pochen. Er fragte sich, wie das Neugeborene werden würde. Ein Mädchen? Gut. Dann sollte es die großen Augen und die blasse Haut seiner Mutter haben. Ein Junge? Wie schön! Dann sollte der Kleine auf wackligen Beinen durchs Haus wandern...

Er erwartete nicht, daß das Neugeborene sehr helle Haut haben würde, er kannte die genetischen Gesetze, aber er durfte sich einen schönen Namen aussuchen, der zur Persönlichkeit seines Sohnes oder seiner Tochter paßte, keinen gewöhnlichen oder nichtssagenden Namen, einen Namen, der zu seinem Sohn paßte... zu seinem und niemandes anderen Sohn. Er dachte an die Namen, die Leute ihren Söhnen gaben, und fand sie nicht sehr originell... Nabil? Samir? Wasim? Diese Namen waren so gewöhnlich, daß scheinbar jedes Kind Samir, Wasim oder Nabil genannt wurde...

Waren beschreibende Namen nicht peinlich? War es nicht komisch, wenn ein häßlicher Junge Der Schöne hieß oder ein Feigling einen Namen hatte, der kühn oder tapfer bedeutet? Nein. Das ging nicht. Geduldig suchte er nach einem Namen, der nicht mit dem Aussehen und der Persönlichkeit seines Sohnes in Konflikt kommen konnte.

Als er des Suchens müde war, blätterte er in einem Wörterbuch und schrieb sich mögliche Namen heraus. Es wurde eine lange Liste... Als ihm das Wörterbuch nicht zufriedenstellte, bat er seine Freunde um eine Liste mit Vorschlägen. Er wollte einen wirklich originellen Namen.

Himmel! Was für eine Mühe! Keiner der Millionen Namen interessierte ihn, und sie schienen seinem ungeborenen Kind auch nicht angemessen. Seine Tasche füllte sich mit Namenslisten. Um den Prozeß zu vereinfachen, warf er die Namen raus, die er nicht wollte, und fing an, den Rest alphabetisch zu ordnen. Die mit A standen auf einer Liste und die mit R auf einer anderen, Jungennamen und Mädchennamen getrennt.

Die Namen, die ihm am ehesten zusagten, waren rot markiert... Wenn das Neugeborene kam, würde der Name für ihn oder sie bereit sein. Er beschloß, daß der Name keine Buchstaben enthalten solle, die für einen Ausländer schwer auszusprechen waren; sein Sohn würde intelligent sein und reisen und im Ausland studieren wollen. Es gibt nichts Schlimmeres als einen falsch ausgesprochenen Namen. Ja, seine Buchstaben sollten locker auf der Zunge liegen, fließend wie Wasser... nicht verdreht.

Aber warum machte er sich solche Sorgen um den Namen? Sollte seine Frau ihm nicht wichtiger sein? Die unerträglichen Geburtswehen, die sie auszuhalten hatte, lassen sich nicht beschreiben. War ihm ihr Wohlergehen nicht wichtiger als diese Namen?... Die Listen sind bereit... Sie liegen vor ihm ausgebreitet auf dem Schreibtisch. Er wartet. Sobald er etwas hört, wird er zu ihr eilen und ihr den Namen nennen. Dann wird sie ihm das Baby reichen und ihn aus diesem Dilemma und von diesem Warten erlösen.

Unruhig steht er auf und fängt an, auf und ab zu gehen. Er setzt sich. Schließlich klingelt das Telefon, und sein Herzschlag setzt für einen Moment aus, seine Hand zittert, während sie nach dem Hörer greift. Er reißt sich zusammen und hört die Stimme seiner Mutter am anderen Ende brüllen: «Herzlichen Glückwunsch, Abu Salih (Vater von Salih).»

Salih... Salih! Wie hatte er das vergessen können? Wieso hatte er übersehen, daß sein erster Sohn den Namen seines Vaters tragen muß... Wie dumm von ihm. Er lacht... und lacht laut. Er nimmt die lange Namensliste und wirft sie in den Papierkorb.

Ulfa Idelbi

(*1912)

Ulfa Idelbi ist in Damaskus (Syrien) geboren. Sie war das einzige Mädchen unter fünf Geschwistern. Sie las gern, und mit ihrem Vater zusammen las sie die arabischen Klassiker und Werke von Taha Husayn, Smikhail Nuaimi, Gibran Khalil Gibran, Shakespeare, Tschechow und Maupassant. Mit siebzehn wurde sie verheiratet, bevor sie ihr Abitur machen konnte. In den fünfziger Jahren veranstaltete der BBC einen Wettbewerb für Kurzgeschichten aus der arabischen Welt. Idelbi sandte eine Geschichte ein und gewann den dritten Preis. Sie hat vier Kurzgeschichtenbände veröffentlicht, darunter *Pisas Shamiyya* (Damaszener Geschichten), 1960 und *Wadaan ya Dimashq* (Auf Wiedersehen, Damaskus), 1963, drei Sammlungen literarischer Aufsätze, darunter *Nazra fi Adabina al-Shabi* (Eine Untersuchung unserer populären Literatur), 1974, und einen Roman, *Dimash, ya Dasmat al-Huzn* (Damaskus, Lächeln des Kummers), 1981.

«Siebzig Jahre später» stammt aus der Sammlung *Wa Yadhak al-Shaitan* (Wenn der Teufel lacht), Damaskus 1970. Wie die meisten ihrer Werke stellt diese Geschichte eine Gesellschaft im Umbruch vor, erzählt aus der Perspektive einer älteren Frau aus der Oberschicht.

Siebzig Jahre später

1970

Die Wohltätigkeitsorganisation veranstaltete zu Beginn jedes Jahres einen Ball, um zu Spenden zu animieren. Es war üblich, daß auf dem Ball eine ‹Überraschung› angekündigt wurde, um die Leute anzuregen, die Organisation zu unterstützen.

In diesem Jahr war die Überraschung erlesen und unterhaltsam. Zwanzig junge Mädchen sollten ein Kleid tragen, das ihren Großmüttern in ihrem Alter gehört hatte. Das war nicht allzu schwierig, da viele ältere Frauen ihre Kleider als Andenken aufbewahrten. Aus den Gästen wurde ein Komitee gebildet, das das hübscheste Gewand am hübschesten Mädchen wählen sollte, dem die Organisation dann einen wertvollen Preis überreichen würde.

Als der Augenblick des Wettbewerbs gekommen war, führten die zwanzig Mädchen ihre antiken Kleider den Gästen vor. Es herrschte Fröhlichkeit und Gelächter. Einige junge Männer machten Witze und machten sich über die Kleider lustig, die mit den Jahren verblichen oder schadhaft geworden waren. Eins der jungen Mädchen trug ein Gewand, das aussah, als sei es nie getragen worden. Es war so unberührt, daß das Publikum es mit Bewunderung betrachtete. Es war ein prächtiges Kleid, im Stil europäischer Prinzessinnen des neunzehnten Jahrhunderts aus kostbarem silbernem Samt, bestickt mit leuchtenden goldenen Blumen. Die Stickerei war prachtvoll. Es war ein festliches Kleid, das den reizenden Hals und die runden Schultern frei ließ. Die Ärmel verjüngten sich zu den Handgelenken hin, was den Armen eine anmutig gerundete Form gab. Ein breiter goldener Gürtel betonte die zierliche Taille. Vorn berührte das Kleid kaum den Boden, und hinten lief es in einer breiten bestickten Schleppe aus, wie ein Pfauenschwanz. All dies ließ die Trägerin wie eine Prinzessin erscheinen, die in einem weitläufigen Palast umherschreitet. Kaum war das Komitee gebildet, erhielt die Trägerin dieses Kleids den ersten Preis, und das Publikum applaudierte begeistert.

Die Mutter der Siegerin saß mit ihren Freundinnen an einem der Tische und betrachtete ihre Tochter mit Stolz und Zärtlichkeit, die mit Kummer und Schmerz gemischt zu sein schienen. Eine ihrer Freundinnen fragte: «Warum sitzt du stumm und traurig da, als seist du nicht die Mutter der Siegerin? Warum bist du den Tränen nah? Das sind doch bestimmt Freudentränen?» Die Mutter der Preisträgerin lächelte und antwortete: «Die Freude ist der Anlaß meiner Tränen. Aber das Kleid hat auch eine sehr schmerzliche Erinnerung wachgerufen. Es erinnert mich an meine Mutter, der es gehört hat. Ich wünschte, sie wäre am Leben und könnte sehen, wie ihr geliebtes, verbotenes Gewand endlich in aller Öffentlichkeit, bei einem wichtigen gesellschaftlichen Ereignis wie diesem, mehr bewundert wird als alle anderen Kleider.»

Eine andere Freundin sagte: «Das Kleid muß eine merkwürdige Geschichte haben. Erzähl sie uns.»

Die Mutter antwortete: «Eine sehr traurige Geschichte, aber ich werde sie euch erzählen, damit ihr wißt, wie sehr unsere Großmütter und unsere armen Mütter Gefangene von Bräuchen und Gewohnheiten waren, die wir uns heute nicht mehr vorstellen können.

Meine Mutter war das einzige Kind von Eltern, die sie mit Liebe und Aufmerksamkeit überschütteten. Mit vierzehn wurde sie mit meinem Vater verheiratet und zog vom Haus ihres Vaters und ihrem glücklichen Leben dort in das Haus ihres Ehemannes. Es war damals üblich, daß die junge Braut bei ihren Schwiegereltern wohnte. Die Familie ihres Mannes war groß. Neben seinen Eltern wohnten dort noch drei unverheiratete Schwestern und vier Brüder mit ihren Frauen und vielen Kindern. Ihre Schwiegermutter, meine Großmutter, war für den gesamten Haushalt zuständig. Sie löste alle Probleme mit großem Geschick und Erfahrung. Sie war fest entschlossen, ihre Töchter, Schwiegertöchter und Enkelkinder absolut gleich, gerecht und einsichtig zu behandeln. Bei Sommer- und bei Winteranfang stattete sie jedes Familienmitglied, auch ihre Schwiegertöchter, mit neuer Garderobe aus. Die jungen Frauen mußten ihre Wahl akzeptieren, ob sie ihnen gefiel oder nicht. Sie legte außerdem für jede der jungen Frauen einen Tag fest, an dem sie für Sauberkeit und Ordnung im Haus zu sorgen hatten. Die Söhne arbeiteten im väterlichen Geschäft. Der Vater allein hatte das Recht, über das Vermögen der Familie zu entscheiden. Er war für die gesamte Familie verantwortlich, wie es damals in Damaskus üblich war.

Die Familienangelegenheiten liefen so reibungslos, wie es unter den Umständen nur möglich war. Natürlich mangelte es nicht an Problemen und Schwierigkeiten, wie zum Beispiel, wenn zwischen den jungen Frauen Eifersüchteleien ausbrachen. Die wurden jedoch bald geklärt, wenn die Schwiegermutter ihre Autorität, Erfahrung und Zuwendung spürbar werden ließ. Ein weiterer Brauch der Zeit sah vor, daß die Schwiegertochter das Haus ausschließlich in Begleitung der Schwiegermutter verlassen durfte, und auch das nur zu Hochzeiten und Beerdigungen. Zusätzlich durfte sie mit ihren Kindern einmal im Monat drei ganze Tage ihre eigene Familie besuchen, eine willkommene Erholung vom Leben bei den Schwiegereltern.

Zwei Jahre nach ihrer Hochzeit wurde meine arme Mutter jedoch dieser Freude beraubt, als ihre Eltern nach Istanbul zogen, wohin der Vater versetzt wurde. Meine Mutter konnte lesen und schreiben, bei Frauen von damals eine Seltenheit. In ihren Briefen erzählte sie ihren Eltern, wie traurig es sie mache, von ihnen getrennt zu sein, und wie furchtbar einsam. Sie teilte ihnen alles mit, was sie beschäftigte, all ihre Freuden und ihren Kummer.

Eines Tages schrieb sie ihnen, die älteste Schwester ihres Mannes sei verlobt, und eine große Hochzeit werde vorbereitet. Ihre Eltern, denen die Trennung von ihrem einzigen Kind beständig auf der Seele lag, überlegten: Was können wir ihr schicken, um ihr eine Freude zu bereiten und ihre Einsamkeit zu lindern?

Sie dachten lange darüber nach und entschieden sich schließlich für das Kleid, das ihr heute abend seht. Es muß das begehrteste und schönste Kleid von ganz Istanbul gewesen sein, der Stadt, die damals das Zentrum von Kultiviertheit und Eleganz im Orient war. Der Vater meiner Mutter zahlte fünfzig goldene Pfund dafür. Er war kein reicher Mann, und er mußte sich Geld leihen, um seinen Wunsch erfüllen zu können, seine Tochter zu ehren. Er dachte, ihr Ansehen würde steigen, wenn ihr Kleid zum Gesprächsthema sämtlicher Frauen in der Stadt würde.

Meine Mutter beschrieb uns manchmal die Freude, die sie empfand, als sie dieses unerwartete, großzügige Geschenk erhielt. Sie rief alle Bewohner des Hauses zusammen, um es ihnen zu zeigen. Sie begann jedoch, sich Sorgen zu machen, als sie Anzeichen von Unmut auf dem Gesicht ihrer Schwiegermutter entdeckte.

Kurz darauf bat ihre Schwiegermutter sie zu sich in ihr Zimmer und sagte: ‹Meine Tochter, auf keinen Fall kannst du dieses Kleid in unserem Haus tragen. Wir haben nicht die Mittel, ähnliches für unsere anderen Töchter und Schwiegertöchter zu besorgen. Du weißt sehr genau, daß es unserem Brauch entspricht, keine von euch über die anderen zu stellen.›

Meine Mutter war bestürzt und sagte eingeschüchtert: ‹Wie soll es mir möglich sein, es nicht zu tragen? Es ist ein Geschenk meines Vaters, und ich habe kein schöneres! ...›

Die andere antwortete: ‹Hab ich dir nicht ein schönes Kleid aus Goldfäden für den Hochzeitsabend gegeben? Ist es nicht aus dem teuersten Material, das dieses Jahr in Damaskus erhältlich ist? Willst du nicht wie die anderen Frauen in dieser Familie sein?›

Zum ersten Mal wagte meine Mutter, sich gegen sie aufzulehnen, und sagte bestimmt: ‹Ich schwöre bei Gott, daß ich kein anderes Kleid tragen werde, egal was du sagst... Und wo soll ich es deiner Meinung nach tragen, wenn nicht am Hochzeitsabend?›

Sie antwortete: ‹Du darfst es in deinem Privatgemach tragen und nur vor deinem Mann.›

Meine Mutter sagte: ‹Aber es ist bestickt, es ist für Bälle und große Anlässe gemacht. Mein Vater hat es mir nicht geschickt, damit ich es in meinem Zimmer trage, das schon für die Schleppe zu klein ist.›

Daraufhin ging ihre Schwiegermutter davon. Sie war wirklich sehr böse. Dies war das erste Mal, daß eine ihrer Schwiegertöchter sich gegen sie aufgelehnt hatte. Sie schritt im Hof auf und ab, während sie darauf wartete, daß ihr Sohn von der Arbeit kam. Sie wollte ihm von dem Problem berichten, bevor er seine Frau sprechen konnte. Sie glaubte, wenn er sie und das Geschenk sah, das sie von ihren Eltern bekommen hatte, könnte er womöglich für seine Frau Partei ergreifen. Sobald er nach Hause kam, rief sie ihn zu sich und eröffnete ihm das Problem; sie sagte: ‹Möchtest du, daß deine Frau zeigt, daß wir von niedrigerem Rang sind als ihre Eltern? Möchtest du, mein Sohn, daß die Leute uns kritisieren und sagen, daß das Kleid deiner Frau teurer war als das deiner Schwester an ihrem Hochzeitstag? Könntest du es dulden, mein Sohn, daß deine Frau die Eifersucht deiner Schwägerinnen herausfordert und deinen Brüdern das Leben erschwert? Ich habe ihr geraten, es nur in euren Privaträumen zu tragen und nur für dich, damit uns unnötige Probleme erspart bleiben, aber sie weigert sich, auf meinen Rat zu hören und sich von mir überzeugen zu lassen, mir, ihrer Schwiegermutter und der Ältesten in der Familie! Sie schwört, daß sie es zur Hochzeit tragen wird, weil es ein Geschenk ihrer Eltern ist... Sie ist arrogant und dickköpfig. Gott möge dir da beistehen! Aber du wirst die Sache schon regeln, ich habe dich als Mann erzogen...›

Mein Vater hatte seiner Mutter noch nie etwas ausgeschlagen, weil er fürchtete, ihren Zorn zu erwecken, aus Gottesfurcht. Er erhob sich rasch, und voller Wut auf seine Frau betrat er ihr Zimmer, als sie gerade hastig das prachtvolle Kleid anzog, um ihn zu überraschen. Ohne das Kleid auch nur eines Blickes zu würdigen, sagte er, um jede Diskussion im Keim zu ersticken: ‹Ich erkläre dich dreimal für geschieden, wenn du jemals dieses Kleid trägst. Ich werde meine Mutter niemals wegen eines Kleides verärgern, das dir deine Eltern geschenkt haben.›

Meine Mutter wurde von Angst ergriffen und war durch diesen Schlag wie von Sinnen, aber sie sagte nichts. Was konnte sie tun angesichts einer Scheidung ohne Berufungsmöglichkeit?

Die junge sechzehnjährige Frau warf sich daraufhin auf das herrliche Kleid, weinte und küßte es leidenschaftlich, bis Mitternacht. Dann erhob sie sich; gezwungenermaßen gestand sie sich ihre Niederlage ein. Sie faltete das Kleid zusammen, legte es auf den Boden einer Kommode, setzte sich davor und weinte und jammerte, als säße sie vor dem Sarg eines geliebten Menschen...

Ihr ganzes Leben wünschte sie, sie hätte es wenigstens einmal tragen können. Sie sagte auch immer zu mir, wenn sie die Geschichte erzählte: ‹Wie oft wünschte ich mir, es in Stücke zu reißen, aber ein teuflischer Gedanke hielt mich zurück. Ich habe mir immer gesagt: Ich werde dieses Kleid an einem sicheren, unerreichbaren Ort aufbewahren, und falls dieser Mann, euer Vater, mir eines Tages unerträglich wird, gibt es einen einfachen Ausweg. Ich brauche nur dieses Kleid zu tragen, und ich werde auf der Stelle geschieden.›»

Eine der Freundinnen sagte: «Wenn mir diese Geschichte, die du erzählt hast, passiert wäre, hätte ich das Kleid sofort getragen.»

Die Erzählerin antwortete: «Meine Mutter lebte siebzig Jahre lang einträchtig mit meinem Vater und brauchte ihn nie herauszufordern, indem sie das Kleid trug. Aber wir sahen oft, wie sie das Kleid aus der Kommode nahm und es lange anstarrte. Sie pflegte es sorgfältig, ließ Sonne und Luft heran, damit es nicht von Motten zerfressen wurde. Sie erzählte außerdem allen, die sie kannte, seine Geschichte mit solchem Schmerz und solcher Leidenschaft, als habe sie sich gerade einen Tag zuvor ereignet. Sie wollte, daß eine von uns drei Töchtern es trüge, aber keine von uns erfüllte ihr den Wunsch. Es war aus der Mode, als wir heranwuchsen, und es gab zu unserer Zeit keine Anlässe dafür.

Deshalb bin ich traurig und weine. Ich wünschte, sie wäre am Leben und könnte wenigstens sehen, wie ihr geliebtes Kleid die Bewunderung erfährt, die es verdient – in einem großen Ballsaal den ersten Preis zu gewinnen, nachdem es siebzig Jahre lang in der Tiefe ihrer Kommode begraben lag...»

Zainaba

(* ca. 1930)

Elizabeth Oram diente von 1985 bis 1987 als Freiwillige im Friedenskorps in Mauretanien, Westafrika. Sie arbeitete ausgiebig mit der maurischen Volksgruppe in ländlichen Gegenden, wo sie Gesundheitsprojekte für die Gemeinschaft organisierte. Sie schreibt:

Während meines Dienstes als Freiwillige in Mauretanien arbeitete ich an der Entwicklung eines Projekts, das den desolaten Gesundheitszustand der Landfrauen in meiner Region in Angriff nehmen sollte. Mit der Hilfe einer dort ansässigen Krankenschwester, Zainaba, richtete ich einen Weiterbildungskurs für traditionelle Hebammen in isolierten Gemeinden ein. Ich hielt es für wichtig, diese Hebammen zu schulen, denn die meisten Frauen in diesen abgelegenen Gebieten ziehen die traditionelle Medizin der Hebammen immer noch der langen Reise in ein städtisches Krankenhaus vor. Durch die Weiterbildung hoffte ich die Kenntnis der Hebammen in bezug auf grundlegende Hygiene und Erste Hilfe zu verbessern, damit sie die Frauen, die zu ihnen kamen, besser behandeln könnten.

Zainaba und ich beschlossen, als Teil dieser Weiterbildung die Frage weiblicher Beschneidung miteinzubeziehen. Wir wußten von Anfang an, wie schwierig es aufgrund der traditionellen Gesinnung der Frauen sein würde, dieses Thema anzusprechen. Aber wir wußten auch, daß für die Gesundheit dieser Landfrauen die weibliche Beschneidung ein überaus wichtiger Faktor war, weil sie weit verbreitet ist und die Komplikationen, die Frauen, so weit von medizinischer Versorgung entfernt, erleiden können, mitunter sehr ernst sind. Zainaba schlug vor, den Hebammen einen Vortrag zu halten, der sie anweisen sollte, wie sie das Beschneidungsverfahren abwandeln und Infektionen vermeiden könnten, indem sie sterile Techniken benutzen.

Obwohl Zainabas Vortrag ein vorwiegend technisches Anliegen verfolgte, ist er auch wichtig als Beispiel für die Entwicklung eines Bewußtseins über weibliche Beschneidung und den Einfluß, den Frauen bei der Fortführung dieses Rituals haben. Um den Stellenwert ihres Vortrags besser verstehen zu können, sind einige Erklärungen zum weiblichen Beschneidungsritual in Mauretanien und den damit verbundenen Überzeugungen nötig.

Von Mauretaniens vier Volksgruppen (Mauren, Pulaaren, Soninke und Wolofs) praktizieren bis auf die Wolofs alle die hundertprozentige Beschneidung. In der maurischen Gruppe gibt es eine weitere Unterteilung in die weißen Mauren, die antiken Eroberer Mauretaniens (die von arabischen Berbern abstammten) und schwarzen Mauren, ihren früheren Sklaven (schwarzafrikanischer Abstammung). Bei den Mauren findet die klitorale Beschneidung sieben Tage nach der Geburt statt, gleichzeitig mit der Taufe. Im allgemeinen scheinen die weißen Mauren die Verstümmelung der Klitoris ihrer Ausschneidung vorzuziehen. Die schwarzen Mauren dagegen praktizieren normalerweise eine schwerere Form der Beschneidung, bei der die gesamte Klitoris und oft auch die kleinen Lippen beseitigt werden. Es ist wichtig zu erwähnen, daß alle Hebammen, die an der Weiterbildung teilnahmen, schwarze Mauren waren und daß Zainabas Vortrag diese schwerere Form der Beschneidung behandelt. Die anderen Volksgruppen (alle schwarzafrikanischer Abstammung) ziehen im allgemeinen auch die Ausschneidung vor.

Wie schwerwiegend die Beschneidung auch sonst ist, viele Kinder leiden unter medizinischen Komplikationen. Es sind dieselben Komplikationen, die bei jeder weiblichen Beschneidung auftreten, aber wegen der Wasserknappheit und der Unerfahrenheit auf dem Gebiet der persönlichen Hygiene werden sie noch verschlimmert. Fieberinfektionen sind keine Seltenheit, aber Scham hält die Familie oft davon ab, das Kind ins Krankenhaus zu bringen, bevor das Fieber sehr hoch ist. Tetanus vom Gebrauch schmutziger Rasierklingen ist immer eine Gefahr. Probleme beim Wasserlassen, die durch eine fahrlässige Operation oder durch wucherndes Narbengewebe verursacht werden, sind ziemlich alltäglich. In diesen Fällen ist das Kind wahrscheinlich von einer Hebamme beschnitten worden, die glaubte (wie viele von ihnen es tun), daß Frauen durch die Vagina urinieren und daß bei der Beschneidung keine Gefahr besteht, andere Organe zu beschädigen. Die Folgen der Beschneidung können bis in die Pubertät und das Erwachsenenalter andauern, oft verursachen sie Schwierigkeiten beim Geschlechtsverkehr und bei Geburten.

Die Überzeugungen im Zusammenhang mit der weiblichen Beschneidung sind tief in der mauretanischen Kultur verwurzelt. Weil das Land bis ins 20. Jahrhundert hinein materiell und kulturell isoliert geblieben ist, haben sich diese Überzeugungen, wie viele andere Traditionen, unverändert stark gehalten; sie wurden nie in Zweifel gezogen. Wenn ich eine maurische Frau gefragt habe, warum sie ihre Tochter beschneiden läßt, war die Antwort fast immer: «Kein Mann würde eine unbeschnittene Frau heiraten.» Sie glauben, daß eine unbeschädigte Klitoris eine Frau übermäßig erregt und sie veranlaßt, unkontrolliert allen Männern hinterherzujagen, sobald der Ehemann ihr den Rücken gekehrt hat. So glauben sie, daß die Gedanken einer unbeschnittenen Frau ständig nur um Sex kreisen und daß sie alles tun würde, um ihre Lust zu befriedigen, eine Verhaltensweise, die für Frauen unakzeptabel ist, zu der jedoch mauretanische Männer auffällig ermuntern.

Viele Frauen glauben auch, daß die Beschneidung notwendig sei, weil sich die Klitoris sonst in einen ausgewachsenen Penis verwandele. Tatsächlich heißt Klitoris auf hassaniya (einem arabischen Dialekt, den die Mauren sprechen) «zaman» oder Penis. Mauren scheinen zu glauben, daß die Klitoris direkt mit Erregung und sexuellem Begehren zu tun hat, und daß diese Gefühle nur den Männern zustehen. Außerdem bedeutet eins der Wörter für weibliche Beschneidung auf hassaniya wörtlich «verschönern». Folglich wird Beschneidung als ein Reinigungs- oder Verschönerungsprozeß betrachtet, bei dem die Frau vollkommen weiblich gemacht wird, indem ihre Klitoris, der «männliche» Teil, entfernt wird.

Frauen erwähnen nur selten, sie glaubten, die Beschneidung sei aus religiösen Gründen wichtig. Und doch meinen viele Männer, daß dies der wichtigste Grund sei, diesen Brauch fortzuführen. Die meisten von ihnen gaben auch zu, daß sie keine unbeschnittene Frau heiraten würden aus Angst, daß sie untreu würde. Alle Frauen, die ich fragte, sagten, daß die Beschneidung Frömmigkeit und Treue einer Frau sichern würde.

Also scheinen die Mauren die Beschneidung vor allem als Entfernung von etwas Unreinem und Fremdem an der Frau anzusehen. Vielleicht wird sie deshalb so früh und nicht erst in der Pubertät vollzogen. Sie wird nicht, wie in so vielen Gesellschaften, als Eintritt des Mädchens in die Welt der Frauen gefeiert. Es gibt keine Geschenke, keine Feste, keine Ermunterungsschreie und kein Siegesgeheule wie bei den Jungen, wenn sie im Alter von sechs oder sieben beschnitten werden.

Angesichts der Tatsache, daß Mauren so fest an die weibliche Beschneidung glauben, stellte Zainabas Vortrag vor den traditionellen Hebammen eine Herausforderung dar. Diese Herausforderung war um so drastischer, als Zainaba Maurin und eine Frau ist. Es war entscheidend, daß sie und nicht ich diesen Vortrag hielt. Als Maurin ist Zainaba Teil der Kultur, die sie verändern will. Sie ist Mohammedanerin und selbst beschnitten. Sie ist genau wie die Hebammen den Ansichten und dem Druck der maurischen Gesellschaft unterworfen. Folglich versucht Zainaba nicht, das weibliche Beschneidungsritual und die damit verbundenen Überzeugungen außer Kraft zu setzen. Statt dessen betont sie die ungeheure Macht, die die Hebammen bei der Beschneidung der Mädchen ausüben, und daß sie diese Macht verantwortlich nutzen müssen. Zainaba weist darauf hin, daß Beschneidung nicht bloß ein einfacher Schnitt ist, sondern einer, der physisch und psychisch über Leben und Tod entscheiden kann.

Während ihres Vortrags macht Zainaba den Hebammen deutlich, daß sie als Frauen völlig darüber verfügen, wie die Beschneidung ausgeführt wird. Es sind Frauen, die den Brauch fortführen, und es sind Frauen, die auch die Verantwortung dafür übernehmen müssen. Sie sind es, die dafür sorgen müssen, daß Kinder nicht brutal beschnitten werden und somit, wie sie sagt, zu ‹wertlosen, leblosen Frauen› werden, die keinen Antrieb und keine Ambitionen haben und unfähig sind, mit dem Mann einem gemeinsamen Ziel entgegenzuarbeiten, wie Gott es vorgesehen hat. So bringt Zainaba den Hebammen nicht nur bei, wie sie sicher und hygienisch beschneiden können, sondern sie bringt ihnen auch etwas über Macht und Verantwortung bei.

Von nun an werde ich mich in meinem Beitrag über die weibliche Beschneidung auf die maurische Kultur beschränken, weil ich zweieinhalb Jahre mit dieser Gruppe zusammengelebt habe und die Bräuche der anderen Volksgruppen in Mauretanien nur oberflächlich kenne.

Vortrag über die weibliche Beschneidung vor den Hebammen von Touil, Mauretanien

1987

Zainaba: Asalaam alaykum. Heute werden wir über Themen sprechen, die uns die Regierung aufgetragen hat, und eines der Themen, die wir behandeln sollen, ist die weibliche Beschneidung[1]. Ich werde zu euch außerdem über die Art und Weise sprechen, wie eine Frau und ein Mann, so Gott will, Babys machen. Der Mann, und bisher habe ich zu euch darüber noch nicht gesprochen, also schämt euch nicht, der Mann hat seinen «Freund» (Penis), der wiederum seinen Samen hat. Die Frau hat ihr «Gepäck» (Sexualorgane): große Lippen, kleine Lippen, Klitoris, Harnröhre, Scheide. Die Scheide hat drei Funktionen: Sie ist ein Durchgang für die Geburt, sie ist ein Durchgang für den Mann, und sie ist ein Durchgang für das Blut während der Periode der Frau. Die Scheide führt zum Gebärmutterhals, und der Gebärmutterhals mündet in die Gebärmutter. Die Gebärmutter hat «Hörner» (Eileiter), und in diesen «Hörnern» befinden sich Eier. Von dem Zeitpunkt an, wo eine Frau geboren wird, sind diese Eier in ihr. Im Alter von elf oder zwölf Jahren, wenn das Mädchen eine Frau wird, bekommt sie ihre Periode. Jeden Monat fällt eines der Eier herunter, und dann fließt das Blut, es sei denn, so Gott will, sie heiratet und schläft mit ihrem Mann. Wenn, so Gott will, dies passiert und einer seiner Samen sich mit ihrem Ei verbindet, bleibt es neun Monate in der Gebärmutter und wächst zu einem männlichen oder weiblichen Kind heran. Ah…

Elizabeth: Wer ist da?[2]

Zainaba: Es ist nur Fatma, mein Mädchen. Und heute möchte ich zu euch über die weibliche Beschneidung sprechen. Der Weg des Propheten, Mohammed Rasul Allah, Friede sei mit ihm…,

Hebammen: Friede sei mit ihm in Ewigkeit.

Zainaba: …erzählt uns, daß Frauen beschnitten werden sollen. Es ist keine Sünde, wenn dies nicht geschieht, aber es ist besser, wenn es getan wird. Auf jeden Fall heißt es, daß sie so ausgeführt werden soll, daß ein Drittel der Klitoris beseitigt wird und zwei Drittel unberührt bleiben. Ein Drittel wird entfernt, zwei Drittel bleiben. (*Mit erregter Stimme*) Wer ein Mädchen regelrecht mit einem Messer attackiert, alles herausschneidet und noch nicht einmal die Stelle übrigläßt, an der sich die Klitoris mal befand, verstößt in jedem Fall direkt gegen die Worte des Propheten, Gott gebe ihm Frieden.

Hebammen: (*Verwirrtes Gerede, «Das wußte ich nicht…», etc.*)

Zainaba: (*Wieder erregt*) Gott schuf die Frau, um mit dem Mann zusammenzusein. Er schuf sie, damit sie seine Frau sei, damit sie sich gegenseitig helfen können. Es ist nicht richtig, wenn nur der Mann Gefühle hat und die Frau nichts fühlt. Das ist eine große Sünde. Immerhin sind ein Mann und seine Frau aus dem gleichen Stamm, oder nicht, und Menschen vom gleichen Stamm sollten immer zusammen arbeiten und einander helfen, oder etwa nicht?

Die Frau hat nur ihre Klitoris – sie allein gibt ihr die Möglichkeit, etwas zu fühlen. Dies ist es, was sie zu einer Frau macht, dies ist es, was sie einen Mann begehren läßt. (*Mit Nachdruck*) Wenn die gesamte Klitoris einer Frau herausgeschnitten wird, macht es sie kalt, faul, ohne Begehren, ohne Interessen, ohne Humor. Es ist, als würde man sie töten, es ist eine Sünde. Darum sagt uns der Prophet, daß nur ein Drittel herausgenommen werden soll und zwei Drittel bleiben sollen. Diejenigen von euch, die die gesamte Klitoris herausschneiden, begehen ganz klar eine Sünde.

Und ihr solltet wissen, daß sich nahe der Klitoris eine Arterie befindet, die direkt zum Herzen führt. Wenn ihr wild mit der Rasierklinge herumschneidet und diese Stelle trefft, wird das keine hübschen Folgen haben. Ihr werdet die Blutung nicht aufhalten können, und auf der Krankenstation wird man nichts für euch tun können. Das Blut wird fließen und fließen, bis das Mädchen leblos wie ein Stück Pappe liegen bleibt und stirbt… (*Erregt*) Vergeßt nicht, da ist eine gefährliche Arterie, da ist eine gefährliche Arterie, da ist eine gefährliche Arterie! Diejenigen von euch, die Beschneidungen vornehmen, schneidet ein Drittel heraus und laßt zwei Drittel übrig! Schneidet ein Drittel, laßt zwei Drittel übrig! Ihr, die ihr beschneidet, diese Frau zum Beispiel (*sie zeigt auf eine der Hebammen*), die jeden Teil der Klitoris herausschneidet, ist gefährlich für eure Töchter! Und diese Frau (*sie zeigt auf eine andere*), die Babys zur Welt bringt und dann brutal ihre kleinen Lippen und die Klitoris herausschneidet – sie ist gefährlich!

Hebammen: (*Nervöses Gelächter*)

Eine der Hebammen: Ich wußte nicht, daß ich einen Teil übrig lassen soll. Jetzt, da du es mir gesagt hast, werde ich nicht alles herausschneiden.

Zainaba: Sh, sh, still! Und vor allem…

Hebammen: (*Mehr nervöses Gelächter*) Ich möchte nichts Sündhaftes tun…

Zainaba: Vor allem gibt es etwas, das sich Tetanus nennt. Ihr wißt, daß alle Kinder und schwangeren Frauen gegen Tetanus geimpft werden sollen. Ihr dürft nicht, wie ihr es normalerweise tut, in das Zelt einer Familie stürzen, wenn sie euch zur Beschneidung ihrer Tochter rufen, und sagen: ‹Gebt mir das Kind, gebt mir die Rasierklinge, und legt das Geld bereit!› Erst mal müßt ihr alles saubermachen. Heute werden wir euch zu Krankenschwestern ausbilden – wir werden euch allen Medizin geben und erklären, wie ihr sie anzuwenden habt. Wenn ihr eine Beschneidung vornehmt, müßt ihr eure Patientin mit Seife waschen, eure Rasierklinge mit Alkohol und, wenn ihr fertig seid, eure Patientin mit einem Desinfektionsmittel behandeln. Verstanden? Alles mit einem Desinfektionsmittel saubermachen. Und vergeßt nicht, bevor ihr überhaupt eure Medizin benutzt, müßt ihr und die Patientin sauber sein. Wenn eure Patientin sauber ist, wird die Medizin von Nutzen sein, wenn nicht, ist sie sinnlos. (*Erregt*) Ich wiederhole, schneidet nicht die ganze Klitoris heraus, schneidet nicht die ganze Klitoris heraus...!

Hebammen: (*Nervöses Gerede*) Ich werde es nicht vergessen...

Zainaba: Schneidet ein Drittel heraus, laßt zwei Drittel übrig. Eine Frau ohne Klitoris ist wie eine Lehmwand, ein Stück Pappe, ohne Funken, ohne Ziele, ohne Verlangen. Sie wird ein Nichts – wie eine Pfütze abgestandenen Wassers. Kalt, leblos, ihre Kinder sind unglücklich, ihr Mann ist unglücklich – sie macht nichts aus ihrem Leben. Es darf nicht alles herausgeschnitten werden! Es soll nicht alles herausgeschnitten werden!

Hebammen: Wir verstehen das jetzt sehr gut...

Zainaba: Auf jeden Fall ist Sauberkeit entscheidend. Ob ihr eine Beschneidung vornehmt oder eine Schnittwunde behandelt oder sonstwas tut, ihr müßt eure Hände waschen, dafür sorgen, daß eure Instrumente sauber sind und nur neue Rasierklingen benutzen. Und wenn ihr absolut keine neue Rasierklinge finden könnt, nehmt die beste, die ihr habt, legt sie in die kleine Metallschale aus eurer Ausrüstung, gießt Alkohol drauf und zündet sie an, um sie zu desinfizieren. (*Sie macht es vor*) Versteht ihr?

Hebammen: Ja, bestimmt.

Zainaba: Die Wichtigkeit von Sauberkeit kann nicht genug betont werden. Wenn ihr sauber seid, wenn eure Hände und euer Auftreten sauber sind, dann seid ihr etwas wert. Wenn ihr schlampig oder schmutzig seid, vernachlässigt ihr eure Pflicht und seid wertlos. Selbst eure Gebete sind wertlos, weil ihr schmutzig seid. Gott liebt Sauberkeit und Ordnung. So jemand wird von den Menschen bewundert werden. Saubere Menschen werden nicht krank. Aber Menschen, die schmutzig sind, wie du (*sie zeigt auf eine der Hebammen*) – ihr Rock ist schmutzig, ihr Kopf und Schleier sind schmutzig – igitt, igitt –, diese Person wird krank werden. Das ist nicht das Benehmen einer Krankenschwester. Also, diejenigen von euch, die schmutzig sind, die stinken – ihr könnt keine Krankenschwestern werden. Ihr solltet keine anderen Menschen behandeln. Euch sollte man keine Verantwortung für irgend etwas übertragen. Jemand, der sauber ist, ist Gott gefällig und ein Beispiel für andere. Vergeßt nicht: Euer Betragen auf der Erde wird dasselbe in der Nachwelt sein.[3] Gott übersieht nichts. Wenn ihr in eure Dörfer zurückkehrt, habt ihr eine Aufgabe. Ihr müßt allen ein Vorbild an Sauberkeit und Gesundheit sein, vor allem den Frauen.

Vergeßt nicht, ihr werdet Krankenschwestern für Menschen sein, nicht für Tiere. Wenn ein Mensch krank ist, wird nicht herumgetrödelt. Wenn ihr ein Kind zur Welt bringt und etwas stimmt damit nicht, oder eine Frau Probleme mit ihrer Schwangerschaft hat, die ihr nicht versteht, steht vor dem Morgengebet auf und bringt sie zur Krankenstation. Wenn ihr wartet, kann die Frau und/oder das Kind in eurer Obhut sterben. Ihr macht euch nur Probleme, wenn ihr versucht, etwas zu behandeln, das über eure Fähigkeiten hinausgeht.

Zum Beispiel, wenn eine Frau einen Abszeß oder eine Entzündung in ihrem Intimbereich hat, schickt sie auf die Krankenstation, damit sie sich dort behandeln läßt. Wenn sie nicht behandelt wird, kann sich das Kind, wenn es geboren wird, eine Art von Bindehautentzündung zuziehen, an der es erblinden kann. Oder zum Beispiel, wenn das Kind Abszesse bekommt, ist es nicht normal. Es könnte das äußere Signal für eine innere Krankheit sein. Oder wenn eine Frau viel weißen Ausfluß hat, auch das ist eine Krankheit, schickt sie ins Krankenhaus. Und, nochmals, die Klitoris darf nicht vollständig herausgeschnitten werden! Versteht ihr?

Hebammen: Oh, ja!

Zainaba: Tut, was die *Sharia* euch vorschreibt – schneidet ein Drittel heraus und laßt zwei Drittel übrig. Eine Frau, die vollständig beschnitten wurde, ist wie eine Wand, faul, leblos, ohne Süße für sich selbst und ihren Mann. Und alle unter euch, die Beschneidungen vornehmen, vergeßt nicht die Wichtigkeit von Hygiene. He! Was ist los, könnt ihr nicht geradesitzen!

Hebammen: Wir sind müde!

Zainaba: Versteht ihr? Ihr dürft nicht alles herausschneiden. Und laßt mich noch eine Sache sagen. Ihr werdet zu Krankenschwestern ausgebildet, und wir versorgen euch mit Medizin: Aspirin, Eisentabletten, Vitamin A, und *vor allem* Medizin, um Wunden zu behandeln. Es ist Regenzeit, Pflanzzeit. Viele Menschen schneiden sich mit ihren Pflanzwerkzeugen. Ihr habt Medizin – behandelt sie. Es ist außerdem die Zeit, in der die Männer, die Jungen beschneiden, von Mali heraufkommen, um große Gruppen von Jungen in euren Dörfern zu beschneiden. Wenn diese Männer kommen, zerstampft nicht eure Affenbrotbaumblätter und den Kameldung, um es auf die Wunde zu tun.[4] Ihr seid Krankenschwestern, behandelt die Wunden der Beschneidung wie alle anderen, mit Desinfektionsmitteln und antibiotischer Salbe. Jungen und Mädchen, die beschnitten wurden, müssen täglich mit Desinfektionsmitteln behandelt werden. Versteht ihr das alles? Könnt ihr es auswendig?

Hebammen: Oh, ja! (*Viel Diskussion*)

Zainaba: Jetzt möchte ich, daß mir jede von euch das weibliche Fortpflanzungssystem beschreibt, damit ich sehen kann, ob ihr alles verstanden habt, was ich euch erzählt habe. Gut, Amina, zähl uns die Teile der Frau auf.

Amina: Wie meinst du das? (*Nervöses Gelächter*)

Zainaba: Das «Gepäck» der Frau.

Amina: (*Diesmal in ernstem Ton*) Gut. *Bismallah*, dies ist ihr Bauchnabel, das ist das erste. Und dies sind ihre Schamlippen und dann die Klitoris, die Scheide und ihre Gebärmutter. Die Scheide ist der Ort, wo der Mann reingeht, wenn sie zusammen schlafen. Wenn sie, so Gott will, mit ihrem Mann schläft, wenn eins der Eier reif ist, wird sie schwanger, und sie bekommt ihre Periode nicht.

Zainaba: Sehr gut! Also, jetzt du!

Aisha: Na gut. Hier, das ist der Bauch, dies ist der Bauchnabel, Lippen, Klitoris, Harnröhre und Scheide. Über der Scheide ist die Gebärmutter, sie hat Hörner, in denen Eier sind. Wenn sie mit ihrem Mann schläft und Gott ihnen ein Kind schenken will, wird eins der Eier in die Gebärmutter fallen und befruchtet werden. Wenn nicht, bekommt sie ihre Periode.

Zainaba: Sehr gut! In Ordnung, jetzt bist du dran.

Lalla: Ich schäme mich[5]. (*Nervöses Gelächter*)

Hebammen: Kein Problem. Nur zu, nur zu!

Lalla: Also, dies sind ihre Schamlippen und ihre Klitoris und ihre Harnröhre und Scheide...

(Jede der Hebammen wiederholt dies so oder ähnlich, einige mit einigen Ergänzungen, einige schüchtern, andere selbstbewußt.)

Anmerkungen

1 Zainaba verwendet zwei Wörter für die weibliche Beschneidung, ‹tizian›, was verschönern heißt, und «gaad», was herausschneiden und gleichmachen heißt. Letzteres wird auch auf die männliche Beschneidung angewandt.

2 Die Fortbildung wurde im Verwaltungsbüro mitten in der Stadt abgehalten, da es der einzige Raum im Dorf war, der groß genug für uns alle war. Wir hielten die Vorträge hinter geschlossenen Türen ab, weil die Frauen sich nicht wohl fühlten – sie hatten Angst, daß ein Mann mitbekommen könnte, worüber wir sprachen. Daher sprang ich jedesmal auf,

wenn ich auch nur die kleinste Bewegung draußen hörte, um dafür zu sorgen, daß niemand hereinspaziert kam und die «sichere» Atmosphäre störte, die ich für die Hebammen zu schaffen versuchte.

3 Ein mauretanisches Sprichwort, *«Had sivtu vi diniya, hiya sivtu vi lakhra.»*

4 Zu den traditionellen Methoden, den Blutstrom zu stoppen, gehört eine Paste, die aus getrockneten Pflanzen und Tierdung hergestellt wird. Diese Mischung kann sowohl Entzündungen als auch Tetanus verursachen. Um sie davon abzuhalten, diese Methode anzuwenden, versorgten Zainaba und ich sie mit Desinfektionsmitteln und Verbandszeug und erklärten ihnen die Anwendung.

5 Arme Lalla, sie war die jüngste Hebamme bei der Fortbildung und als solche die unterste Frau am Totempfahl des Respekts. Traditionellerweise darf man noch nicht einmal das Wort «schwanger» vor einem älteren Menschen aussprechen – es wäre respektlos. Man stelle sich ihre Panik vor, als sie aufgefordert wurde, alle weiblichen Organe vor zwölf Frauen aufzuzählen, die alle älter waren als sie!

Wadida Wassef
(*1926)

Wadida Wassef schreibt: Ich bin in Alexandria geboren. Es war nicht die phantastische Schöpfung eines Mr. Durrell, sondern eine nüchterne, normale Stadt, die damals von einer einflußreichen europäischen Gemeinde bestimmt wurde. Ich bin Arabisch, Französisch und Italienisch sprechend aufgewachsen. Wann und wie ich diese Sprachen gelernt habe, weiß ich nicht – ich muß sie jeweils von meinem Vater, meiner Mutter und meinem Kindermädchen aufgeschnappt haben. Alle drei Sprachen waren bei uns zu Hause *lingua franca*. Englisch habe ich offiziell in der Schule gelernt. Als Kind wurde ich auf eine staatliche Schule geschickt, weil mein Vater, was damals in Familien wie unserer unüblich war, darauf bestand, daß ich meine Schullaufbahn mit einer soliden Grundlage in Arabisch beginnen sollte, die nur eine staatliche Schule bieten konnte. Obwohl kirchliche und anderssprachige Schulen eine bessere Schulbildung versprachen, vernachlässigten sie den Arabischunterricht. Die Schüler dieser Schulen waren mit Sprache, Geschichte und Kultur der Länder, zu denen die Schulen gehörten, besser vertraut als mit ihrem eigenen Hintergrund. Vater meinte außerdem, daß es mir als Koptin, die inmitten einer moslemischen Mehrheit lebte, nicht schaden würde, Religion und Kultur der Mehrheit kennenzulernen. Also besuchte ich auch den islamischen Religionsunterricht, wo ich den Koran lernte.

Später kam ich aufs American Mission College in Kairo. Neben akademischem Wissen legte dieses College viel Wert auf moralische und kulturelle Erziehung, und es bereitete die Mädchen auf ein Leben in Haus und Gemeinde vor. Über mehrere Generationen gab es unter den Collegeabsolventinnen führende Kräfte in allen Bereichen des nationalen Lebens.

Zwischen College und Ehe durfte ich mir – eine Art Zugeständnis – die Zeit am englischen Fachbereich der Universität vertreiben. Danach unterrichtete ich eine Weile englische Sprache und Literatur und europäische Geschichte am Al-Nasr Girls College, dem früheren English Girls College, und ich liebte meinen Beruf.

In späteren Jahren, nach der Heirat, habe ich als Übersetzerin gearbeitet, hauptsächlich für das American Research Centre, wo ich an Sammlungen ägyptischer Kurzgeschichten, Theaterstücke und zeitgenössischen ägyptischen Gedankenguts mitarbeitete, die von Dr. Louis Awad für die University of California herausgegeben wurde. Für die UNESCO habe ich *The Cheapest Night* (Die billigste Nacht) übersetzt, eine Kurzgeschichtensammlung von Dr. Yussif Idris, einem sehr bekannten ägyptischen Schriftsteller. Ich arbeite immer noch an verschiedenen Übersetzungen.

Ich habe in den siebziger Jahren angefangen zu schreiben, als ich mit meinem Mann nach Shabin al-Kom zog, einer Stadt im Nil-Delta, wo er Leiter einer großen Textilfabrik wurde. Allein, tagelang in einer Wohnung eingesperrt, ohne die Möglichkeit, irgendwohin zu gehen, ohne Menschen, mit denen man sprechen konnte, hatte ich reichlich Zeit, über Vergangenheit und Gegenwart zu brüten. So vage und ziellos meine Gedanken auch sein mochten, ich fing an, sie zu Papier zu bringen. Langsam nahmen sie Gestalt an, und so begann alles. Ich weiß nicht, wie es enden wird.

In «Hassans Frauen» hält sich der Patriarch eines Vorstadt-Haushaltes, wie es ihm laut Koran zusteht, mehrere Frauen und tauscht sie ständig durch Scheidung und Wiederheirat aus. Wadida Wassef beobachtete diese Familie von ihrem Haus im Rushdie-Bezirk von Alexandria aus. Entlang der Straße zu ihrem Haus, gegenüber der britischen Botschaft, gab es Hütten wie die von Hassan, die die Autorin als junges Mädchen beeindruckten. In dieser Geschichte beschreibt sie mit einem gewissen Humor, wie die Frauen es schafften, gemeinsam und im Alleingang, sich am Ehemann zu rächen, indem sie den *zar* gebrauchten. Die Geschichte ist englisch geschrieben.

Wadida Wassef

Hassans Frauen

1970

Bei der Erziehung ihrer Kinder hielt sich meine Mutter an eine Reihe strikter Tabus – Bauchtanz oder direkt aus dem Wasserhahn trinken (wir hatten einen Filter in der Speisekammer) oder aus den Gläsern der anderen. Auch Gewürzgurken waren tabu. Aber das schlimmste Vergehen bestand darin, zuzuhören, wenn im Haushalt der Hassans gestritten wurde.

Hassan war ein Beduine, der sich lange vor allen anderen in unserer Nachbarschaft niedergelassen hatte. Des Nomadendaseins überdrüssig, kam er eines Tages schmutzig und verschwitzt auf seinem gebrechlichen Esel an diese Stätte. Sein gewitzter Blick wanderte über das brachliegende Grundstück, und er entschied nach Augenschein, daß dieser Ort so gut wie jeder andere geeignet sei, sich darin niederzulassen. Also stieg er ab, band seinen Esel an einen Pfahl und baute sich eine Hütte aus Blechplatten und Holzplanken, die er auf einer Müllhalde ergatterte, und umzäunte sie mit Stacheldraht. Als er nach einigen Jahren sah, daß das Gesetz seine Anwesenheit noch immer nicht bemerkt hatte, wurde er ein bißchen mutiger und weitete die Grenzen seiner Behausung um einen knappen Meter nach allen Seiten aus, versteckte sich und wartete ab. Noch immer passierte nichts, und er blieb unbehelligt in seinem kleinen Reich. Wenig später wagte er den großen Sprung und breitete sich weiter aus, diesmal rund hundert Meter. Jetzt war er Herr über ein beträchtliches Stück Land, und das einzige, was ihm zu seinem Glück noch fehlte, waren Papiere, die bezeugten, daß er der rechtmäßige Besitzer war. Diese erstand er ohne große Mühe in jenen friedlichen Tagen, und für jeden, der Zweifel anmeldete, griff er tief in die Falten seiner *gallabiya* und brachte eine eindrucksvolle Sammlung in schmutzige Fetzen gewickelter Dokumente zum Vorschein, die alle mit staatlichen Siegel versehen waren.

Mit der Zeit gedieh Hassan, und seine Besitztümer vermehrten sich. Es kamen Kühe hinzu, Esel, Hühner, Ziegen und vier Frauen, die ihm nach göttlichem Gesetz zustanden und die er alle in seiner Behausung unterbrachte. Aber in seiner Eile, seinen Status bei den Nachbarn zu verkünden, war es Hassan entgangen, daß Gott den Segen der Polygamie mit einer Bedingung verbunden hatte: keine Bevorzugung, mit dem traurigen Ergebnis, daß Hassan große Mühe hatte, einen friedlichen Zustand in seinem Haus zu erhalten, denn Kämpfe unter seinen Frauen wurden zur Gewohnheit.

Es war nicht ungewöhnlich, daß die gelassene Heiterkeit des Viertels durch furchterregendes Gekreische aus Hassans Hütte erschüttert wurde. Das war das Signal dafür, daß eine Feuersbrunst im Anzug war, und wir schossen nach oben aufs Dach, das den zweifachen Vorteil hatte, daß es uns eine Vogelperspektive auf die sich entwickelnden Ereignisse bot und gleichzeitig die fette Badriya davon abhielt, hochzuklettern, um uns herunterzuholen, falls ein Streit bei den Hassans ausbrach. Doch meist schaffte sie es, keuchend und schnaufend. Sie hatte einen besonderen Trick, mit dem sie uns alle drei gleichzeitig in ihre beiden fetten Pranken schließen konnte, so daß es unmöglich war zu entkommen. Dann ging sie wieder keuchend hinunter und schleifte uns mit der Kraft einer gewaltigen Lokomotive hinter sich her. An günstigen Tagen machte ihr ein Hexenschuß, zusätzlich zu ihrem Leibesumfang, den Aufstieg unmöglich, und wir konnten ungestört ein Schauspiel genießen, das bis heute an reinem Vergnügen unübertroffen ist.

Wegen der Enge der Hütte kämpften Hassans Frauen lieber vor der Tür, wo nichts ihre Bewegungen hemmen konnte. Also wurde, nach den ersten Alarmsignalen, eine ungeheure Masse weiblicher Körper, fest verknotet in wilder Balgerei, in den Hinterhof gespült. Sie stritten und kämpften, rollten sich mal im Staub, mal standen sie aufrecht und boxten und schrien, während Myriaden von Sprößlingen, die ihnen zu Hilfe geeilt waren, sich hinter ihren jeweiligen Müttern aufstellten und sie kräftig unterstützten. Der Aufruhr verfehlte nie, Gärtner, *suffragis* und Zaungäste aus der gesamten Nachbarschaft anzulocken, die als Friedensstifter mitmischten. Sie warfen sich dann in das ringende Bündel und versuchten, es zur Vernunft zu bringen, nur, um mit zerrissenen Kleidern, fehlenden Zähnen und roten Kratzspuren weiblicher Krallen wiederaufzutauchen. Schwarze Schleier flogen hoch in die Luft sowie Haarbüschel und verschiedene Accessoires, während verschreckte Hühner umherhüpften, wild mit den Flügeln schlugen und wahre Schimpfkanonaden zum Himmel emporstiegen.

Jetzt kam der Höhepunkt: ein Schwall von Obszönitäten, der uns nicht etwa entsetzt zurückweichen ließ, sondern uns aufs äußerste entzückte. Ein schmutziges Wort nach dem anderen schoß zum Himmel mit dem sprühenden Glanz eines Feuerwerks. Wir standen da mit bebenden Nerven, regungslos vor Spannung, und mühten uns krampfhaft, den ganzen Schatz schlüpfriger Ausdrücke aufzuschnappen, mit denen Hassans Frauen sich gegenseitig überschütteten. Diese ganze Rhetorik wurde begleitet von obszönen und vulgären Gesten, die dem Schauspiel den letzten Schliff gaben. Im Handumdrehen hatten Hassans Frauen Mutters mühsame Anstrengungen zunichte gemacht, uns zu ‹netten Kindern› zu formen. Überglücklich, diese lästige Tugend abzustreifen, bis über beide Ohren in der Sünde des Ungehorsams versunken und restlos verzaubert von der unzüchtigen Demonstration des Hassanschen Harems, war dies der Augenblick ungetrübter Seligkeit.

Doch wie alle gestohlenen Freuden war auch diese zu kurz. Denn an diesem Punkt stürzte sich Hassan immer, mit seinem grüngefütterten Schirm bewaffnet, auf seine Frauen, schlug wild um sich und stieß Scheidungsdrohungen aus. Die entsetzten Frauen zogen sich dann sofort in einem vorübergehenden Waffenstillstand zurück. Denn der bloße Gedanke an die Möglichkeit trieb sie instinktiv zu einer Art vereinten Front angesichts dieser Existenzbedrohung zusammen. Indem sie sich nun durch das Band gemeinsamer Interessen verbunden sahen, unfähig, ihre Angriffslust zu zügeln, schlossen sie sich sofort zusammen und richteten die Wucht ihres Zorns auf den armen Hassan, der sich unwissentlich zum Ziel eines erneuten Angriffs gemacht hatte, aus dem er schwer angeschlagen, aber keinen Deut weiser hervorging.

Mit den Jahren hat sich eine Art friedlicher Koexistenz herausgebildet, und Hassan samt seinem Hab und Gut wird mittlerweile als Teil der Landschaft betrachtet. Er hat sich als unschätzbar für die neue Generation erwiesen, indem er ihr den Eintritt in die klassenlose Epoche erleichtert. Ich sehe ihn jetzt, wenn ich über die Straße schaue – unveränderlich und zeitlos wie der Ewige Fels hockt er auf der Holzbank neben seiner Pforte. Er zieht zufrieden an seiner *shisha* und sagt andächtig die neunundneunzig erhabenen Namen Gottes an seinen Bernsteinperlen auf, während die Kuhdungschwaden von seinem Hof über die Jasmindüfte aus meinem Garten steigen und langsam in der Dämmerung mit dem blauen Dunst seiner Pfeife davonziehen.

Mit der Zeit ist dieses Viertel zu einem der elegantesten von Alexandria geworden. Nach und nach sah sich Hassan umringt von den protzigen Villen und Gärten der aufsteigenden Bourgeoisie. So sehr seine Anwesenheit in ihrer Mitte seine Nachbarn belästigte, es gelang niemandem, ihn zu vertreiben. Keine Bestechung, keine Drohung, kein Argumentieren konnte Hassan veranlassen, wegzuziehen, denn nichts kam der Genugtuung gleich, Seite an Seite mit der Elite zu wohnen. Und, ohne sich auch nur im geringsten fehl am Platz zu fühlen, blieb Hassan mit seinen Ziegen und Kühen und seiner augenblicklichen Auswahl an Ehefrauen, denn diese wechselte ständig, je nach Hassans unbeständigem Herzen und schwankenden Finanzen. Es war auch nicht möglich, Hassan zu ignorieren, denn an heißen Tagen trat ein übler Gestank aus seiner Hütte und beleidigte die vornehmen Nasen seiner Nachbarn, und oft wurde ihre tägliche Mittagsruhe durch das häufige und geräuschvolle Gekeife seines Haushaltes gestört. Aber gegen all das waren sie machtlos. Heute kann man Hassan immer noch mit seinem Esel und seinem grüngefütterten Schirm sehen, wie er eine Prozession von Ziegen, Kühen, indischen Arni-Büffeln und allen vier Frauen auf ihrem Weg zur Weide anführt. Zweimal täglich schlängeln sie sich an eleganten Wagen und den verwöhnten Schützlingen einiger verbliebener uniformierter Kindermädchen vorbei, und die Ziegen bleiben hier und da stehen, um ordentlich geschnittene Hecken anzuknabbern, und lassen dabei gedankenverloren ihre Exkremente auf die Straße fallen.

Niemand war erfreuter über Hassans fortdauernde Anwesenheit als Nadira, Sami und ich. Denn es gab keinen langweiligen Augenblick, wenn sie da waren. Ihre unaufhörlichen Aktivitäten erhellten diese trostlosen Nachmittage, bevor es das Fernsehen gab, wenn wir sie heimlich beobachteten, die Nasen wie drei runde Knöpfe an der Fensterscheibe plattgedrückt. Obwohl wir uns jedesmal durch das Geschmiere der Fingerabdrücke und den Nebel, den unser Atem zurückließ, verrieten, war das Beobachten der Hassans die Schelte wert. Mutter wußte ohnehin, daß sie in bezug auf die Hassans von vornherein geschlagen war. Die Schelte war nur eine strikte Mahnung, daß wir ungehorsam gewesen waren und daß «Mami sehr böse war». Das änderte nichts.

Trotz ihrer beunruhigenden Neigung zu kämpfen waren die lärmenden Hassans ein ziemlich fröhlicher Haufen. In den Intervallen zwischen ihren Kämpfen nahmen die Festlichkeiten kein Ende, Marksteine in ihrem täglichen Leben wurden vom pedantischen Hassan ordnungsgemäß und in einer Weise respektiert, die reiche Nachbarn und arme Verwandte gleichermaßen beeindrucken sollte. Beschneidungen, Hochzeiten, der siebte Tag nach der Geburt eines Kindes und Beerdigungen durften nie unbeachtet vorüberziehen. In Folge der Größe seiner Familie gab es solche Anlässe ununterbrochen das ganze Jahr hindurch, also auch die Feste. Das Krachen der Becken, mit denen die Bauchtänzerinnen auftraten, oder das ungestümere Schlagen der Trommeln durchschnitt häufig die Stille, und dazu trieben verschiedene Gerüche herüber, besonders der des Kuhdungs, wenn er von der Sonne erwärmt wurde. Das bedeutete, daß die Hassans einen *zar* abhielten, eine Zeremonie, die der Teufelsaustreibung dient. Denn jede von Hassans Frauen, so schien es, war von einem Teufel besessen, und zwar offensichtlich von einem der sturen Sorte, denn auch jetzt noch höre ich gelegentlich solche Feierlichkeiten. Anscheinend sind die Teufel noch nicht verschwunden. Wir haben immer noch Stunden frenetischen Tanzes und unheimlichen Gesangs zum eindringlichen Schlagen der Trommeln, die den ganzen Tag dauern, und wenn nötig bis tief in die Nacht.

Es war der Teufel von Sayyida, der jüngsten und natürlich der Lieblingsfrau von Hassan, der zuerst entdeckt wurde.

Sie hatte angefangen, über undefinierbare Leiden zu klagen, die unter Hassans Fürsorge nur zunahmen. Sie hatte Schwindelanfälle; sie hatte auch Herzschmerzen, sagte sie, indem sie auf ihren Bauch zeigte. Die Schmerzen in ihren Füßen waren so schlimm, daß sie nicht aufstehen konnte, klagte sie Hassan von ihrem Ruheplatz im kühlen Schatten der Platane aus. Beunruhigt wandte Hassan alle bekannten Heilmittel an. Nichts half. Schließlich wurde klar, daß dies ein Fall für Hajj Tawfiq war. Er war nicht nur der örtliche Kräuterspezialist, sondern hatte auch den Ruf eines Zauberers auf dem Gebiet unerklärlicher Leiden. Er diagnostizierte sofort einen bösen Geist. Sayyida war von einem Teufel besessen, nicht von der gutwilligen Sorte, die man mit Beten und Fasten besänftigen kann, sondern von der Art, die das Opfer eines dreihörnigen Bullen, einer lahmen Nachtigall und einer blinden Kröte verlangt. Ein *zar* war unumgänglich. Währenddessen, so riet Hajj Tawfiq Hassan, mußte Sayyidas Teufel beschwichtigt werden, indem ihm jeder Wunsch erfüllt wurde. Hajj Tawfiq erklärte sich bereit, die verschlüsselten Botschaften des *afrit* zu deuten, die Sayyida ihm täglich mitteilte. Es stellte sich heraus, daß er einen unersättlichen Appetit auf rohes Fleisch und eine Vorliebe für Goldgeschmeide hatte. Wenig später stopfte sich Sayyida mit Delikatessen voll und erstrahlte sichtbar vor Goldschmuck. Und jeden zweiten Tag fand ein *zar* statt, in voller Lautstärke. Stundenlang sangen und tanzten sie und wankten hysterisch zum wahnsinnigen Schlag der Trommeln. Schneller und schneller, lauter und lauter, bis Sayyida, inzwischen unter dem Einfluß ihres *afrit* in Trance, sich zu ihrer Soloeinlage erhob, als Hauptperson, zu deren Ehre die Gelage abgehalten wurden. Langsam zuerst, dann immer schneller wankte sie unkontrolliert hin und her, rückwärts und vorwärts, hierhin und dorthin, bis sie von der Raserei erschöpft zu Boden sank, ein kraftloses, erlahmtes Häuflein.

Um nicht zu kurz zu kommen, entwickelten Hassans andere Frauen bald ihre eigenen *afrits*, ebenso hartnäckig und nicht minder fordernd als der von Sayyida. Folglich war das Leben in Hassans Nachbarschaft mit all den Teufeln, die es auszutreiben galt, und den unaufhörlichen Hochzeiten, Geburten und Beerdigungen in der Familie, eine einzige ununterbrochene Kette lauter Feierlichkeiten.

Doch obwohl er ein Leben wie seine wohlhabenden Nachbarn führte, fing der lang leidende Hassan an, unter der Belastung eines ständig wachsenden Haushaltes in die Knie zu gehen. Denn sein Quartett von Ehefrauen hatte die Gewohnheit, schwanger zu werden. Wenn nicht die eine, dann die andere. Hassan in ihre Betten zu jagen, war ein Ziel, das sie mit unerschütterlicher Entschlossenheit verfolgten.

Es gab keine Schonzeit. Das daraus resultierende Kind, aus Trotz empfangen, war der unwiderlegbare Beweis für die Anziehungskraft der Mutter auf Hassan. Zu unaufgeklärt, um zu wissen, daß die Wissenschaft mit dem Ausgleich zwischen Fleischeslust und Einkommen betraut werden kann, ließ er es zu, daß der Haushalt in beunruhigendem Maße wuchs. Ebenso die Kosten für dessen Unterhalt. All diese Kinder zu füttern, zusätzlich zu ihren Müttern mit ihren unaufhörlichen Forderungen, ganz zu schweigen von denen ihrer *afrits*, begann Hassan zu zermürben. Er mußte auf irgendeine Weise sein Einkommen ergänzen. Also wurde sein Tierbestand schnell amtlich registriert, und fortan kamen unsere Eier, unsere Milch und unsere Hühner von Hassan.

Die eine oder andere seiner Frauen brachte sie vorbei. Subhiya brachte jeden Tag die Milch. Sie war Frau Nummer eins und die unattraktivste. Daß muß man Hassan lassen, jede nachfolgende

Frau stellte eine Verbesserung gegenüber der Vorgängerin dar. Zu behaupten, daß Subhiya die unattraktivste war, ist tatsächlich eine Untertreibung. In Form und Substanz bestand sie eigentlich nur aus Fleisch. Zentnerweise. Sie war ungeheuer fett, und ihre Haut hatte die Farbe von Schlamm. Ein starker Kuhdunggeruch klebte hartnäckig in der Luft, wo immer sie gerade war. Jeder, der daran zweifelte, brauchte nur Subhiya anzuschauen, um zu erkennen, daß die Umgebung der Mutter vom Augenblick der Empfängnis eine gewaltige Wirkung auf den Fötus ausübt. Wegen der allzu großen Nähe zu ihrem Vieh hatte sich sein Bild dem Unterbewußtsein von Subhiyas Mutter eingeprägt, wie ein Negativ, das wiederum der armen Subhiya aufgedrückt wurde, als sie noch im Bauch war.

Ihr Verstand war auch nicht besser als ihr Aussehen. Er sprühte, wenn sie uns zu betrügen versuchte. Die Milch kam in einem großen urnenartigen Blechbehälter, an den eine große Blechkanne gekettet war. Zwei Kannen voll waren eine *oke*, unsere tägliche Ration Milch. Die Diener wurden gewarnt, Subhiya nicht den Rücken zu kehren, wenn sie die Milch umgoß. Wenn Mutter zufällig in der Nähe war, prüfte sie vorsichtshalber, ob gelbe Blasen auf der Oberfläche schwammen, was hieß, daß Subhiya Büffelmilch mit Kuhmilch verdünnt hatte, und Büffelmilch hatte bekanntlich einen höheren Nährwert. Dann folgte immer eine lange Auseinandersetzung, in der Subhiya beim Licht ihrer Augen und bei all ihren toten Verwandten und bei Gott und dem Propheten schwor, während Mutter drohte, ihre Ware woanders zu beziehen. Es führte zu nichts. Subhiya betrog weiterhin, wo sie konnte, und Mutter drückte ein Auge zu. Und so ging es fünfundzwanzig Jahre hindurch, bis wir wegzogen. Aber ob Kuh- oder Büffelmilch, es war gute Milch, die nach Milch schmeckte, die keinen chemischen Umweg genommen hatte, bevor sie uns erreichte.

Die Frauen zwei und drei, Khadija und Amina, brachten die Hühner, lebend, in einem großen Käfig aus Palmrohr, den sie abwechselnd auf dem Kopf beförderten. Wir hörten sie kommen, lange bevor sie im Garten erschienen. Ihre unseligen Zöglinge, in einen Käfig gepfercht, der für halb so viele Vögel gedacht war, waren wahnsinnig von der Reise durch die Luft von Aminas auf Khadijas Kopf, während ihre Krallen und Flügel und Schnäbel sich ineinander verhakten, und erhoben ein infernalisches Gegakker, das meilenweit zu hören war, bevor sie ankamen. Es hörte auch nicht am Ende ihrer Reise auf, wenn sie schließlich zu Mutters Füßen abgestellt wurden, die im hinteren Garten stand und auf sie wartete.

Das war nur der Anfang ihrer schweren Prüfung. Abdallah, der Koch, wurde gerufen, und er kam mit einem großen Küchenmesser. Die Hände eingestützt, mit einem verächtlichen Blick zur Begrüßung von Amina und Khadija, befahl er ihnen, den Käfig zu öffnen und ihm zu zeigen, was sie hatten. Dann begann die Untersuchung. Amina und Khadija holten gemeinsam einen Vogel nach dem andern heraus, drehten ihm die Flügel auf den Rücken und hielten ihn stolz hoch, damit Abdallah ihn inspizieren konnte. Er bohrte einen skeptischen Finger in ihr Fleisch, betastete die Fülle ihrer Brust und strich dann die Federn gegen den Strich, um sie auf Schädlinge zu prüfen. Jedes Huhn, das wir kauften, wurde auf diese Weise unter die Lupe genommen. Dann war Mutter an der Reihe, denn an diesem Punkt war es an der Zeit, den Preis auszuhandeln. Sie wählte normalerweise den Spruch, daß dies jämmerliche Vögel seien und daß sie Amina und Khadija einen Gefallen täte, wenn sie sich überhaupt herabließe, sie anzugucken. Amina und Khadija antworteten einstimmig, daß Mutter die ganze Stadt durchkämmen könne und kein Geflügel finden würde, das es mit ihrem aufnehmen könnte. Die Hühner, die sie verkauften, waren keine normalen Hühner. Sie waren selbst gezüchtet. Wenn sie sie erst auf dem Tisch hätte, gegrillt und brutzelnd, würde sie sich die Finger danach lecken und würde Amina und Khadija bei jedem Bissen preisen. – Anschließend werden sie sich auf halbem Wege entgegengekommen sein und das Geschäft abgeschlossen haben.

Die unsagbar barbarischen Greuel, die folgten, hielten uns in Bann.

Abdallah reichte Amina das Messer, die die Ärmel aufkrempelte, während Khadija mit einer Hand den Vogel am Flügel festhielt und ihm mit der anderen den Hals weit zurückbog, damit Amina ihm die Gurgel durchschneiden konnte, im Namen Gottes des Gnädigen, des Barmherzigen, gemäß der *Sharia*. Dann warf sie den Vogel über die Schulter und griff nach dem nächsten. Das unglückliche Geschöpf gab ein abgewürgtes Krächzen von sich und stolperte ein, zwei Minuten betrunken in der Gegend herum, bevor es zu Boden ging und dort mit einem schwachen Flügelschlag alle paar Sekunden noch einen letzten Lebensversuch unternahm, der immer schwächer wurde, bis es schließlich still war. Wir standen da und sahen dieser blutrünstigen Szene im Trancezustand zu, angezogen durch die unwiderstehliche Faszination des Schrecklichen, ohne einen Anflug von Ekel.

Die leichteren Aufgaben waren natürlich das Privileg der verwöhnten und verhätschelten vierten Ehefrau, die sehr passend Sayyida hieß, was auf arabisch «Dame» heißt. Die Bedeutung ihres Namens scheint durch die lange Verbindung auf ihre Person abgefärbt zu haben, so, wie sie sich benahm. Sie kam immer mit dem Saum ihres langen Gewandes zwischen den Zähnen die Küchenstufen hinaufgetrippelt, angeblich , um nicht zu stolpern, in Wirklichkeit aber, um die männlichen Bediensteten mit einem Blick auf ihre Fußgelenke zu beglücken.

Vom Augenblick ihres Erscheinens an herrschte in der Küche so viel Verkehr wie auf einem öffentlichen Platz. Abduh, der nach oben gegangen ist, erinnert sich plötzlich, daß er den Staubwedel vergessen hat, und kommt herunter, um ihn zu holen, wozu er den ganzen Tag braucht. Uthman, der nach unten gegangen ist, beschließt, daß es Zeit ist, dem Herrn seinen Kaffee zu bereiten, und braucht ewig, das Wasser auf sehr niedriger Flamme zu erhitzen. Der Gärtner, der die Blumen nur bringt, wenn er wiederholt daran erinnert wird, platzt mit vollen Armen herein, wackelt mit den Augenbrauen und wirft geschwätzige Begrüßungen nach allen Seiten, zu Abduh und Uthman und «den Hübschen». Sayyida, die sich sehr wohl bewußt war, was sie tat, senkte dann immer verschämt den Blick, während der Teufel unter den stark geschminkten, niedergeschlagenen Augenlidern hervorlugte.

Was Abdallah anging, hätte Sayyida eine Bratpfanne sein können, so wenig reagierte er auf ihre Anwesenheit. Weder ihre Fußgelenke noch ihr verlockendes Hinterteil, das sie so sorgfältig zur Schau stellte, noch ihre trägen Blicke und vielen Seufzer machten auch nur den geringsten Eindruck auf ihn. Er grollte und brummte, seine Augen spien Feuer, und sein schwarzes, versteinertes Gesicht verzerrte sich zu einer Miene reinster Abscheu.

Beim Nahen von Mutters Schritten löste sich die Versammlung in Luft auf. Der Staubwedel wurde nie gefunden, der Kessel blieb auf dem Herd stehen. Der Gärtner erschien, nachdem er außer Sichtweite geflohen war, unschuldig ein zweites Mal mit den Blumen und tat so, als sei er gerade angekommen.

Um die Eier wurde nicht gefeilscht. Sieben für zwei Piaster, und Mutter kaufte normalerweise die größte durch sieben teilbare Anzahl. Die paar restlichen ließ Sayyida als Geschenk zurück, und so trottete sie zurück zu Hassans inniger Umarmung, den Intrigen ihrer Rivalinnen und dem Karussell von Feierlichkeiten und Gezänk und Schlägen, wenn sie sich in ihrem vitalen Kampf ums Überleben in die Quere kamen.

Marie-Aimée Helie-Lucas

(*1939)

Marie-Aimée Helie-Lucas ist in Algier geboren. Nach eigenen Angaben hat sie einen feministischen Stammbaum: Großmutter, Mutter und deren Tante waren unabhängige, autarke Arbeiterinnen, und ihre älteste Tochter Amina ist eine feministische Historikerin. Marie-Aimée Helie-Lucas nahm am nationalen Unabhängigkeitskampf teil und blieb auch danach aktiv. Als ausgebildete Soziologin und Sozialanthropologin hat sie zwölf Jahre lang an der Universität von Algier unterrichtet. Sie hat AAWORD (Association of African Women for Research of Development) mitbegründet. Von 1983 bis 1984 war sie Forschungsstipendiatin am Institut für Sozialforschung im Fachbereich für Frauenstudien in Den Haag. 1984 richtete sie ein Aktionskomitee ein, aus dem das «Netzwerk der Frauen unter moslemischen Gesetzen» entstand. Das Netzwerk unterstützt aktiv moslemische Frauen, die im Namen des moslemischen Gesetzes unterdrückt werden.

Dieser Vortrag bringt ein feministisches Bewußtsein zum Ausdruck, das aus der Beteiligung an und der Tätigkeit in der nationalen Befreiungsbewegung hervorgeht. Ein Vierteljahrhundert nach der algerischen Unabhängigkeit durchleuchtet der Vortrag den nationalen Mythos der Militarisierung der Frauen und zeigt, wie die Projekte Sozialismus, Nationalismus und Religion zu ‹Werkzeugen für die Entwicklung einer staatlichen Anti-Frauenpolitik› wurden. Sie warnt vor der Gefahr des Schweigens.

Dieser Vortrag wurde anläßlich des Internationalen Symposiums über Frauen und das militärische System in Siunto Baths (Finnland) gehalten.

Marie-Aimée Helie-Lucas

Frauen, Nationalismus und Religion im algerischen Unabhängigkeitskrieg

1987

Das Bild, das sich die Welt draußen von den Frauen im algerischen Unabhängigkeitskrieg gemacht hat, ist geprägt von Frantz Fanons Büchern, einem weit verbreiteten Film, *Der Kampf um Algier*, und der wahren Geschichte einiger Nationalheldinnen. Diesen Quellen zufolge erscheint die algerische Frau als Freiheitskämpferin, die mit Waffengewalt gegen den französischen Kolonialismus und seine Armee vorging; als «Terroristin», die während des Kampfes um Algier Bomben in der Stadt legte, die den Männern im Kampf gleichgestellt war und mit ihnen Entscheidungen auf politischer wie auf militärischer Ebene traf.

Diese Mythen stimmen kaum mit persönlichen Erfahrungen überein. Sie werden jetzt außerdem durch Djamila Amrane in Frage gestellt, einer Freiheitskämpferin von 1957 bis 1962. Ihre Studie ist die einzig ernsthafte über Frauen im Kampf seit der Unabhängigkeit. Als anerkannte Veteranin waren ihr für ihre Forschungen die Archive des Veteranenministeriums zugänglich.[1]

Ihre Studie wirft die Frage auf, wer vom Ministerium als Veteran anerkannt wurde. Mit dem Gesuch mußten ausführliche Belege eingereicht werden, von Zeugen beglaubigt. Diese beschwerliche bürokratische Prozedur machte es den Armen und Analphabeten schwer, sich als Veteran registrieren zu lassen. Amrane betont die zusätzliche Schwierigkeit für Landfrauen, die nicht nur Analphabetinnen waren, sondern häufig auch verschleiert und zurückgezogen lebten. Die Registrierung brachte Vorteile: Arbeit, Beförderung, Rentenzuschläge etc. Also profitierten Frauen nicht davon, weil nur 2,1 Prozent von ihnen beschäftigt waren. Wenige ließen sich registrieren. Diese wenigen machten nur 3,25 Prozent der Gesamtzahl der Veteranen aus. Offizielle Ämter ermunterten die Frauen nicht, sich anerkennen zu lassen, und gleich nach der Unabhängigkeit herrschte allgemein der Wunsch, die

Frauen an den Herd zurückzuschicken. Daher sagen die statistischen Angaben der Archive des Veteranenministeriums nichts über die Zahl der Frauen aus, die am Unabhängigkeitskampf teilgenommen haben.

Anhand der Statistiken kann man auch fragen, wer ist ein Kämpfer, ein Veteran? Die meisten Kämpfe fanden in ländlichen Gebieten statt, wenige in den Städten. Die Bauern halfen den bewaffneten Kämpfern in vielerlei Hinsicht: mit Orientierungshilfe, Verstecken, Nahrung, dem Befördern von Nachrichten, Waffenkäufen, Beobachtung der Bewegungen der französischen Armee und indem sie anstelle von getöteten Kämpfern zur Waffe griffen.

Während in der Stadt unterschieden werden kann zwischen Kämpfern und Zivilisten, ist dies auf dem Land nicht so einfach. Und doch hielten sich die geschlechtsspezifischen Unterscheidungen. Wenn ein Mann einem bewaffneten Kämpfer unter großem persönlichem Risiko Nahrung brachte, wurde er «Kämpfer» genannt. Eine Frau, die dasselbe tat, wurde als «Helferin» bezeichnet. Wenn ein Mann sein Leben riskierte, um bewaffnete Kämpfer oder gesuchte politische Führer zu verstecken, wurde er «Kämpfer» genannt. Eine Frau, die dasselbe tat, nahm lediglich die weibliche Aufgabe der «Versorgung» wahr. Sie wurde auch nicht als Kämpferin angesehen, wenn sie Benzin oder Nahrung für die Kämpfer beschaffte oder deren Waffen trug oder sie durch die Berge führte. Sie half lediglich Männern. Nur die französische Armee erkannte ihre Taten an, indem sie sie in Konzentrationslager sperrte, folterte und tötete. Das erklärt, warum auf dem Land sogar noch weniger Frauen als Veteraninnen registriert sind. Den offiziellen Angaben zum Trotz können wir annehmen, daß die meisten Landfrauen an der algerischen Revolution beteiligt waren, bei Guerillakämpfen ist die gesamte Bevölkerung einbezogen – freiwillig oder gezwungenermaßen.

Von 10949 registrierten Frauen waren 9194 unter «Zivilisten» und 1755 unter «Militär» aufgeführt. Das heißt, daß 81 Prozent für die Zivile Organisation der Nationalen Befreiungsfront

(OCFLN) arbeiteten, die Guerillaaktionen und Terrorismus in der Stadt unterstützte: 19 Prozent gehörten der Armee an und arbeiteten im Gelände, 78 Prozent der Frauen arbeiteten auf dem Land und 20 Prozent in den Städten. Dies entspricht dem Verhältnis bei den Männern. Eine von fünf Frauen wurde eingesperrt, gefoltert oder getötet. Sie kamen aus allen Altersgruppen, unter zwanzig bis über fünfzig, wenn auch 41,7 Prozent zwischen einunddreißig und fünfzig waren – alle verheiratet und Mütter. Im zivilen Zweig (OCFLN) waren 47,3 Prozent zwischen einunddreißig und fünfzig. Diese Zahlen demonstrieren die umfassende Teilnahme von Frauen, ihre heftige Unterdrückung und das Engagement von erwachsenen Frauen und Müttern.

Amranes Studie spezifiziert die zivilen und militärischen Aufgaben der Frauen. Das waren:

1. Beaufsichtigung der Verstecke und der Nahrungsmittelbeschaffung (zu 63 Prozent in der zivilen Abteilung; zu 2,9 Prozent im Militär, d. h. nur sechs Frauen hatten solche Aufgaben beim Militär). Amrane bemerkt, daß mehrere Frauen zusammen arbeiteten und daß sich nur eine (die Anführerin) als Veteranin registrieren lassen durfte.
2. Verbindung und Führungen (22,1 Prozent im zivilen, keine von insgesamt 677 Frauen im militärischen Bereich).
3. Sammlung von Geldmitteln, Medizin und Munition (9,3 Prozent im zivilen Bereich, d. h. 286 Frauen, keine im militärischen).
4. Krankenpflege (1,8 Prozent, d. h. 56 Frauen im zivilen, 49,3 Prozent, d. h. 101 Frauen, im militärischen Bereich).
5. Kochen und waschen (keine im zivilen, 44,4 Prozent, d. h. 91 Frauen im militärischen Bereich).
6. Terroristinnen (2,1 Prozent, d. h. 65 Frauen im zivilen, keine im militärischen Bereich).
7. Schneiderinnen (0,6 Prozent, d. h. 19 Frauen im zivilen, eine im militärischen Bereich).
8. Schreibarbeiten (0,7 Prozent, d. h. 5 Frauen im zivilen, 0,4 Prozent, d. h. 3 Frauen, im militärischen Bereich).

9. Politkommissare (keine im zivilen, ein Prozent, d. h. 2 Frauen, im militärischen Bereich).
10. Bewaffnete Kämpferinnen (keine im zivilen, 0,5 Prozent, d. h. eine Frau, im militärischen Bereich).

Obwohl wir wissen, daß viel mehr Frauen am Kampf beteiligt waren, machen diese tendenziösen Zahlen trotzdem ziemlich deutlich, daß sogar in den schwersten Zeiten des Kampfes Frauen unterdrückt und auf Aufgaben festgelegt wurden, die die soziale Ordnung in der Zukunft nicht gefährden würde. Obwohl auf die Erfüllung dieser Aufgaben absolut nicht verzichtet werden konnte, hätten sie nicht die gesamte weibliche Energie aufsaugen sollen. Eine einzige Frau trug Waffen, keine hatte eine Führungsposition inne. Fünfundsechzig hatten in städtischen Gegenden mit Bomben zu tun (wahrscheinlich Ersatzteile tragen), und zwei waren Politkommissarinnen.

Soviel zum Mythos von Fanon und anderen über die gleichzeitige Befreiung der algerischen Frau und ihres Landes. Diese befreiten Frauen waren in der Küche, sie nähten Kleidung (oder Flaggen?), trugen Pakete, erledigten Schreibarbeiten. Dennoch lehnten wir unsere Rollen nicht ab, da es ‹in der Revolution› keine geringe Aufgabe gab. Es wäre schäbig gewesen, die Priorität der Befreiung des Landes in Frage zu stellen, da die Unabhängigkeit doch sicher der Diskriminierung der Frauen ein Ende machen würde. Was mich im nachhinein mehr ärgert ist nicht die Beschränkung der Frauen, sondern die Gehirnwäsche, die uns jungen Frauen nicht einmal Zweifel erlaubte. Was mich noch mehr ärgert ist, mitansehen zu müssen, wie sich diese Situation in anderen Unabhängigkeitskämpfen wiederholt. Es macht mich wütend zu sehen, wie Frauen die Vergehen ihrer männlichen Kollegen verschleiern und im Namen nationaler Solidarität und Identität Verbrechen vertuschen, die nach der Unabhängigkeit weiterhin begangen werden.

Dies ist der eigentliche Schaden, den Unabhängigkeitskämpfe anrichten. Diese umfassende Aufgabe der Frauen während der Befreiung wird als symbolisch betrachtet. Angesichts der Kolonisation müssen Menschen ihre eigene nationale Identität aufbauen, die auf ihren eigenen Werten, Traditionen, Religion, Sprachen und Kultur beruht. Frauen tragen die schwere Bürde, diese gefährdete Identität sichern zu müssen. Und diese Bürde fordert ihren Preis.

Wahrscheinlich ist es für die meisten der auf diesem Symposium anwesenden Frauen eine Selbstverständlichkeit, daß sie einem Land oder einer Nation angehören, die ihre Existenz nicht unter Beweis zu stellen braucht. Sie können die Nationalidee hinter sich lassen und kritisieren. Dies gilt nicht für Algerien oder andere entkolonisierte oder noch kolonisierte Länder im Kampf gegen den Imperialismus. Für uns ist es sehr viel schwieriger, die Nation zu kritisieren und sogar den Staat, der angeblich die Nation repräsentiert.

Einer der frühesten Slogans des algerischen Nationalismus kam von der *ulama*: «Arabisch ist unsere Sprache. Islam ist unsere Religion. Algerien ist unser Land.» Von den Frauen wurde erwartet, daß sie Söhne im richtigen Glauben großzogen, traditionelle moralische Werte bewahrten und die Sprache ihrer Vorväter unterrichteten.[2]

Frauen sollten an die Tradition gebunden bleiben, während Männer einen gewissen Zugang zur Modernität hatten. Doch inzwischen ist allgemein bekannt, daß die Tradition denen dient, die an der Macht sind. Tradition wird als ahistorisch und unwandelbar angesehen, Modernität orientiert sich am reichen Westen – was immer das heißen mag.

Lassen Sie mich jetzt zwei Beispiele für Traditionen als Symbole nationaler Identität während des Algerienkrieges diskutieren. Das erste ist der Schleier, das zweite Tabak und Alkohol.

Obwohl kein Zweifel daran besteht, daß das Verschleiern von Frauen eine Maßnahme der Kontrolle und Unterdrückung ist, wurde der Schleier für eine Weile zu einem Symbol nationalen Widerstands gegen die Franzosen. Während des Krieges bestanden französische Beamte darauf, daß algerische Frauen von der Unterdrückung des Schleiers befreit wurden. Französische Militärlastwagen hatten Dorffrauen in städtische Regionen transportiert.

Dort wurden diese Frauen gezwungen, sich öffentlich zu entschleiern und dadurch ihre Ablehnung überkommener Traditionen zu demonstrieren. Algerische Männer und Frauen nahmen diese symbolische öffentliche Vergewaltigung gleichermaßen übel. Zusätzlich zu seinem symbolischen Stellenwert hatte der Schleier angeblich eine praktische Funktion. Fanon preist die revolutionäre Tugend des Schleiers – er gestattete städtischen Freiheitskämpferinnen, der Kontrolle der französischen Armee zu entkommen. Sie konnten ihre Waffen unter den Schleiern verstekken und sich im Untergrund unerkannt fortbewegen. Wie konnten wir also das Problem des Schleiers als Unterdrücker der Frauen aufgreifen, ohne sowohl die *Nation* als auch die *Revolution* zu verraten? Viele junge Frauen, sogar solche, die in liberalen Familien aufgewachsen waren, trugen freiwillig den Schleier als Demonstration ihrer Zugehörigkeit zum unterdrückten algerischen Volk – in ihrem Leben und ihrer symbolischen Existenz. Die FLN (Nationale Befreiungsfront) ermutigte zu solch einer Haltung, die die Bescheidenheit der Frauen betone und auch «für die Sache kämpfen» genannt werden könne. Kürzlich haben wir ein anderes Beispiel dafür im Iran gesehen.

Es ist wichtig, dieses sexistische Programm als Teil eines anderen zu betrachten, das die individuelle Kontrolle über Privatangelegenheiten verwehrt. Zur Zeit des Kampfes um Algier führte die FLN eine Kampagne gegen Tabak und Alkohol, die sie als antirevolutionär brandmarkte. Genuß des einen oder anderen konnte zur Todesstrafe führen oder zumindest dazu, daß dem Schuldigen die Nase abgeschnitten wurde! Das Argument war, daß Algerier Moslems zu sein hatten; der Islam verbietet den Konsum von Tabak und Alkohol; diejenigen, die beides konsumieren, sind keine wahren Gläubigen, und Ungläubige sind Verbündete des Kolonialismus. In ähnlicher Weise wurde das Ramadan-Fasten zum Symbol für algerische Identität, und es wurde auf Einhaltung bestanden. Langsam, aber sicher begann die Verflechtung von so verschiedenartigen Ideen wie Nation, Religion und Ethnizität die Zukunft des unabhängigen Algerien zu formen.

Ich habe das Bedürfnis, uns alle daran zu erinnern, daß wir Frauen, wir nichtreligiösen Geschöpfe, wir Internationalisten nicht unsere Stimme erhoben haben – es wäre schwierig und gefährlich gewesen – und daß unser Bewußtsein nicht klarer wurde. Wir erkannten nicht die Konsequenzen solch einer ideologischen Verwirrung. Auch wir hatten Angst, das Volk, die Revolution und die Nation zu verraten. An keinem Punkt sahen wir, daß auf unserer geistigen Verwirrung eine Machtstruktur errichtet wurde, die sich auf die Kontrolle des Privatlebens und der Frauen stützte. Gehorsam, Moral und Konformität waren notwendig für die Revolution. In einem Kampf, in dem Verschwiegenheit die Basis für Aktion ist, kann man die Entscheidungen der verantwortlichen Genossen nicht hinterfragen. Dies führt zu blindem Gehorsam. In einem Kampf, der Anonymität erforderte, mußten sich Kämpfer anpassen, traditionelle Kleidung tragen – sogar den Schleier. Bald wurde die Moral, vor allem die sexuelle, der Kämpfer kontrolliert. Frauen waren als erste betroffen.

Während dieser entscheidenden Periode wurde Frauen ein Platz in der Gesellschaft zugewiesen, der nicht angefochten werden konnte, ohne die Vergangenheit (als Tradition) und die Zukunft (als Revolution) in Frage zu stellen.

Direkt nach der Unabhängigkeit entwickelten die algerischen Führer einen Diskurs über Algerien, der zunehmend von der gelebten Erfahrung des algerischen Volkes abwich. Wir haben diesen Diskurs dann immer mehr ausgestaltet, und der Diskurs über den Diskurs wurde zu unserer Wirklichkeit. Wir sprachen endlos über algerischen Sozialismus, obwohl es keinen Versuch gab, einen Sozialismus zu praktizieren.[3] Der Staatskapitalismus befand sich im Übergang zum Privatkapitalismus, weil es zur Zeit der Unabhängigkeit kein privates, einheimisches Kapital gab, das zu investieren gewesen wäre.[4] Wir sprachen über algerische Modelle der Selbstverwaltung, während selbstverwaltete Industriebetriebe in weniger als einem Jahr nach der Unabhängigkeit in staatseigene Industrien umgewandelt wurden, und selbstverwaltete Farmen wurden kurz danach in staatseigene Farmen umgewandelt. Wir sprachen über demokratische Institutionen, während der Polizeistaat und seine Armee täglich an Einfluß gewannen. Wir nahmen die politische Nutzung von Religion und das Wachstum islamischer Gruppen nicht wahr, aus denen später einflußreiche Gruppen von Fundamentalisten werden sollten, da der Sozialismus, den wir propagierten, uns schließlich vor solchen Übeln bewahrte. Und natürlich beglückwünschten wir uns zu der Freiheit, die Frauen während des Kampfes errungen hatten. Wir befanden uns mitten im Mythos und sprachen *über* den Mythos.

In Wirklichkeit entfaltete sich das, was schon während des Befreiungskampfes begonnen hatte, weiter. Nach der Verfassung, insofern sie sich in Übereinstimmung mit der Sharia befand, waren Frauen den Männern gleichgestellt. Später sollten wir lernen, was das bedeutete. Das Mindestheiratsalter für Mädchen wurde auf achtzehn Jahre festgelegt, aber das Gesetz trat nicht in Kraft. Erzwungene Ehen fanden immer noch statt, manchmal gefolgt von Selbstmord. Frauen wurden geschlagen und von ihren männlichen Verwandten eingeschlossen, und es gab für sie keinen Ausweg[5]. Schulbildung für Mädchen war obligatorisch, aber es gab nicht genug Schulen, und es wird niemals genug Schulen für Mädchen geben. Frauen zu beschäftigen war legal, aber es gab keine Arbeit, und es wird niemals genug Arbeit für Frauen geben. Frauen konnten legal durch die Straßen gehen, aber Männer und die Polizei belästigten sie: Was machte eine ehrbare Frau außerhalb ihres Hauses? Wenn Männer anfingen, Frauen auf der Straße zu schlagen, kam ihnen niemand zu Hilfe aus Angst, von der Polizei befragt zu werden. «Du hast für sie Partei ergriffen. Kennst du sie? Was hast du da gemacht?» Im Sommer der Unabhängigkeit patrouillierte die Armee der FLN in den Straßen der Hauptstadt und nahm Männer und Frauen fest, die in Gruppen zusammen gingen: «Wer ist hier mit wem verheiratet? Diese hier, ist sie die Schwester oder Frau von irgend jemandem?» Eine gültige Heiratsurkunde mußte vorgewiesen werden. Die Menschen zogen sich in ihre Häuser zurück, aus Angst vor der Staatsmacht und vor Denunziationen durch den Nachbarn. Mehr Frauen verschleierten sich. Wir waren frei, wir selbst zu sein ... doch vor fremden Ideologien sollten wir uns hüten. Ramadan wurde eingehalten – die Polizei nahm diejenigen fest, die nicht fasteten. Die Scheinheiligkeit wuchs, als Nachbarn, Kollegen, Freunde und sogar Familienmitglieder zu Informanten wurden: «Mutter weiß bestimmt, daß ich nicht faste!» «Offiziell» tranken die Menschen keinen Alkohol und rauchten nicht in Gegenwart ihres Vaters. Ein Gesetz wurde verabschiedet – und seine Einhaltung zeitweilig polizeilich überwacht –, das den Algeriern den Kauf von Alkohol untersagte. Diejenigen, die diesen Zustand verurteilten, wurden von der Staatsmacht als Verräter verfolgt. Wir entwickelten eine gespaltene Persönlichkeit.

Es ist wichtig, im Zusammenhang mit abnehmenden politischen Freiheiten und wachsender Religiosität, die vor allem Frauen benachteiligten, die Rolle dessen zu betonen, was offiziell «spezifischer Sozialismus» genannt wurde. Warum «spezifisch»? Zur Abgrenzung vom «wissenschaftlichen Sozialismus», der Atheismus und damit auch gegen den Islam war. Ein weiterer Trick der Regierenden, diejenigen zu täuschen, die so viel für die nationale Unabhängigkeit getan hatten.

Wir waren bereits durch die Angst vor Verratsbeschuldigungen und durch die nationalistische Jugend mundtot gemacht worden. Aber dieses sozialistische Etikett war der wirkungsvollste Maulkorb. Wir konnten die Politik dieses sozialistischen Staates nicht bekämpfen, ohne den Sozialismus zu bekämpfen. Weil das Volk an der Macht war, konnten wir das Regime nicht bekämpfen, ohne Volksgegner zu sein. Diese Rhetorik machte auch die meisten Linken in den osteuropäischen Staaten erfolgreich mundtot.

Es dauerte Jahre, bis wir den Mut fanden, Dissidenten zu werden. Wir wußten, daß öffentliche Meinungsäußerungen von der Rechten in Algerien und außerhalb dazu benutzt werden konnten, sozialistische Ideen zu untergraben, die Gerechtigkeit und Gleichheit versprachen. Solange wir von der internationalen Linken, von anderen sozialistischen Dissidenten, abgetrennt blieben, wurden wir von Schuldgefühlen geplagt.

Nationalismus, Sozialismus und Religion wurden als Werkzeuge zur Entwicklung frauenfeindlicher Staatspolitik benutzt. Bei der Unabhängigkeit war Algerien immer noch dem alten nationalistischen französischen Gesetz von 1920 unterworfen, das nicht nur die Anwendung von Verhütungsmitteln, sondern auch jegliche Information darüber untersagte. Wie andere Gesetze konnte auch dieses nicht sofort ersetzt werden, also gab es eine «stillschweigende Vertagung». Wir Frauen hofften, daß wir nach der Unabhängigkeit Zugang zu einigen Verhütungsmitteln haben würden. Aber viele Männer starben während des Krieges, und die staatliche Politik wollte, daß sie ersetzt würden. Darüber hinaus herrschte noch die Vorstellung von Mutterschaft als patriotischer Pflicht. Glücklicherweise, wenn ich das so sagen darf, haben die Vereinigten Staaten zu jener Zeit versucht, in der Dritten Welt eine brutale Politik der Geburtenkontrolle durchzusetzen, die in dem Versuch gipfelte, auf der Weltbevölkerungskonferenz in Bukarest Druck auf Regierungen auszuüben, den amerikanischen Weltplan, die «Geburtenrichtlinie», zu übernehmen.

Algerien als Verfechter der Befreiung Afrikas, als Verfechter des Sozialismus konnte solche Politik nicht annehmen. Wie wir alle wissen, ist Bevölkerungspolitik nicht *der* Weg zur Weiterentwicklung. Konnten wir Frauen das bestreiten? Konnten wir Sozialisten anders, als die internationale Politik unserer Regierung zu unterstützen? Nein. Wir unterstützten ihre Ansichten, und wir protestierten nicht, als das verhütungsfeindliche Gesetz nicht geändert wurde. Obwohl es uns gelang, uns von höchsten islamischen Autoritäten bestätigen zu lassen, daß die Religion Verhütung nicht verbietet, sollte sich ein ganzes Jahrzehnt lang nichts ändern.

Die antiimperialistische Haltung zur Bevölkerungspolitik paßte in das Konzept der Regierenden. Frauen mußten einen hohen Preis dafür zahlen. In etwa zehn Jahren stieg die durchschnittliche Anzahl von Kindern pro Frau auf 7,9. Die Zahl der Schwangerschaften bewegte sich zwischen vierzehn und einundzwanzig. Wir wissen nichts über illegale Abtreibungen oder Sterblichkeit von Schwangeren. Das Bevölkerungswachstum erreichte die Quote von 3,5 Prozent – eine der höchsten der Welt. Innerhalb von zehn Jahren wurde aus einer sozialistischen Bürokratie ein konventioneller Kapitalismus, in dem die herrschenden Klassen das Lumpenproletariat fürchten. Plötzlich wurde die Geburtenkontrolle legalisiert, Verhütungsberatungsstellen wurden eröffnet, und ihre Zahl stieg rapide an. Die therapeutische Abtreibung wurde legalisiert. Das Bevölkerungswachstum sank binnen weniger Jahre auf 3,2 Prozent. Ab Januar 1981 bestrafte das Steuergesetz plötzlich große Familien: Je mehr Kinder, desto höhere Steuern. Doch Frauen hatten nichts zu sagen. Die Fortpflanzung war in den Händen des Staates.

Obwohl die Verfassung Gleichheit garantiert, ist die Familiengesetzgebung näher an der Sharia. Seit 1963 wurden drei Entwürfe ausgearbeitet: einer unter Ben Bella, dem ersten Präsidenten Algeriens, zwei unter Boumedienne, dem zweiten Präsidenten. Jeder Entwurf schrieb die Minderwertigkeit der Frau und ihre Unterwerfung unter die Autorität jenes Mannes fest, der rechtlich ihr Vormund ist. 1981 wurde unter Präsident Chadili ein neuer, geheimer Entwurf erarbeitet. Minister und Abgeordnete durften während einer Sondersitzung eine Kopie des Entwurfes lesen, diese jedoch nicht behalten. Wir haben nicht gehört, daß irgend jemand dagegen protestiert hat. Einige Frauen schafften es, sich eine Kopie zu besorgen. Zum erstenmal seit der Unabhängigkeit demonstrierten sie auf der Straße. Sie verhinderten ein angeblich dem Koran entsprechendes Gesetz, das der Frau das Recht auf Wahl bei Ehe, Scheidung und Arbeit ohne Erlaubnis eines männlichen Vormundes und den Anspruch auf einen gerechten Erbanteil abgesprochen hätte. Doch ohne Vorwarnung und Diskussion wurde im Mai 1984 schließlich ein Familiengesetz verabschiedet, das diesem vierten Entwurf entspricht, mit Ausnahme des Rechts auf Arbeit.

Es ist jetzt eine juristische Tatsache, daß Frauen viele Rechte, die ihnen von der Verfassung garantiert worden waren, mit der Begründung verloren haben, diese Rechte seien antiislamisch. Fundamentalistische Moslems, in Algerien als moslemische Brüder bekannt, treten in der ganzen arabischen Welt in den Vordergrund. In Algerien hat die Zahl der Moscheen so zugenommen, daß jeder Häuserblock, jede Schule und jede Universität zumindest einen riesigen Gebetssaal hat. Diese improvisierten Moscheen ziehen Massen junger Männer an, die ihre weiblichen Verwandten gemäß den Vorschriften ihrer Führer beherrschen. Außerdem treffen sich Justizminister aus der arabischen Welt und Südostasien in der Absicht, Familiengesetze zu erlassen, die den Frauen noch mehr Einschränkungen auferlegen. Eines der auffallendsten Elemente der fundamentalistischen Philosophie ist ein Nationalismus, der sich angesichts des westlichen Imperialismus als «Rückkehr zur Tradition» ausgibt, vor allem in bezug auf Frauen. Moslems, die glauben, daß der Islam Gleichheit vertritt, sehen keinen Widerspruch in der Ungleichheit, die islamische Gesetze den Frauen aufzwingen. Sie behaupten außerdem, der Islam verlange von jedem Gläubigen, daß er seinen Frauen gegenüber fair ist, und doch sind Polygamie und Verstoßung jetzt im sozialistischen Algerien legal.

Während Befreiungskriegen sollen Frauen keine Frauenrechte einklagen. Davor dürfen sie es nicht tun, danach auch nicht. Es ist nie der richtige Moment. Frauenrechte «jetzt» zu verteidigen – dieses jetzt meint jeden historischen Moment – ist immer ein Verrat am Volk, an der Nation, der Revolution, Religion, nationalen Identität, an den kulturellen Wurzeln... Linksgerichtete algerische Männer sind die ersten, die uns des Verrats beschuldigen und uns vorwerfen, daß wir «importierten Ideologien» anhängen – dem Westen. Sie benutzen die gleiche Terminologie, die unsere Regierung gegen die Linke insgesamt benutzt. Wir sind in der Klemme zwischen zwei legitimen Bedürfnissen: zu unserem Volk zu gehören und uns mit anderen unterdrückten Frauen zu identifizieren.

Es ist schwer, in totaler Isolation beständig den Rückschritt in der Frauenfrage in so vielen ehemals revolutionären Ländern anzuprangern. Wir werden daran gehindert, für Frauen zu sprechen, zu denken, zu träumen. Wir sind uns nicht einmal des Unterschiedes zwischen einem moslemischen Land und einem anderen bewußt. Laßt moslemische Frauen aus ihrem Getto heraustreten. Laßt sie sehen, daß die weibliche Beschneidung, die in Afrika praktiziert wird, in Asien undenkbar ist, und daß der Schleier, der in arabischen Ländern getragen wird, in Afrika südlich der Sahara nicht vorhanden ist; daß keine dieser Praktiken auf religiösen Vorschriften beruht, sondern daß die Religion überall solche Praktiken unterstützt, wenn dadurch nur die Kontrolle über die Frauen verstärkt wird.

Laßt uns von weltlichen Staaten träumen. Laßt uns von der Trennung zwischen Staat und Religion träumen. Laßt uns davon träumen, daß Nationalismus nicht mehr dazu benutzt wird, um die bereits Unterdrückten weiter zu unterdrücken. Als ich kürzlich in Pakistan war, hörte ich Bemerkungen über iranische Frauen im Exil. Ihre Verleumder sagten, daß man im Westen keine Einzelheiten von ihrer Unterdrückung verbreiten sollte, damit sie nicht als Waffe gegen das iranische Volk, die moslemischen Länder und den Islam benutzt werden. Aber wer sind die Iraner? Sind es die Regierenden? Oder die Unterdrückten? Waren die Deutschen, die während des Zweiten Weltkriegs Hitler anprangerten, antideutsch oder antinazistisch? Wem nützt das Schweigen?

In Algerien blieben viele, mich eingeschlossen, ein ganzes Jahrzehnt nach der Unabhängigkeit stumm. Wir gaben den Regierenden Zeit, diskriminierende Gesetze gegen Frauen zu verschärfen, zu verabschieden und in Kraft zu setzen. Sogar jetzt noch versuchen algerische Feministinnen, ihre Unterdrückung allein aus dem algerischen Kontext heraus zu analysieren. Sie weigern sich, den internationalen Aspekt anzuerkennen aus Angst, des Verrats beschuldigt zu werden. Und doch passiert dasselbe in der gesamten islamischen Welt. In Indien haben moslemische Fundamentalisten moslemische Aktivistinnen überredet, angesichts möglicher Krawalle und Massaker seitens hinduistischer Fundamentalisten ihre Kampagnen gegen das moslemische Personenrecht abzubrechen. Sie behaupten, diese Kampagnen könnte «gegen die Gemeinde» benutzt werden. Frauen müssen deshalb Diskriminierungen sowohl von den herrschenden Hindus als auch ihrer eigenen moslemischen Gemeinde ertragen.

Wir können nur gewinnen, wenn wir wirklich international vorgehen. Wir müssen Informationen austauschen und einander unterstützen. Wir müssen so viel Solidarität schaffen, daß wir fähig bleiben, unseren Protest zu steuern.

Kürzlich haben wir das Netzwerk der Frauen unter moslemischen Gesetzen gegründet. Frauen und Frauengruppen aus siebzehn Ländern oder Gemeinden sind jetzt durch das Netzwerk miteinander in Kontakt, tauschen Dokumente aus, vergleichen sogenannte moslemische Gesetze in verschiedenen Ländern, verschicken Solidaritätsaufrufe, informieren einander über Strategien zu höchst praktischen Fragen, zum Beispiel dazu, wie man Eheverträge aufsetzt. Durch das Netzwerk haben wir von Entwürfen zur Vereinheitlichung der Familiengesetzgebungen erfahren, sowohl in arabischen Ländern als auch in Südostasien. Wir erfahren, wie junge Fundamentalisten geschult werden. Wir wurden über fortschrittliche Auslegungen des Islam von der Zeit der Propheten bis heute informiert und darüber, was mit den mutigen Pionieren, Männern und Frauen, geschah, die sich für eine beide Geschlechter gleich berücksichtigende Religionsauslegung aussprachen.

Konkret haben wir erkannt, daß die meisten unserer Regimes keinen Raum für Agnostizismus oder Atheismus lassen und daß uns wegen der permanenten ideologischen Vermischung von Religion, Kultur und Nationalität mit Gewalt Religion in den Rachen gestopft wird. Wir müssen auf eine klare Abrenzung dieser Begriffe hinarbeiten. Wir unterstützen einander intern und verdammen diskriminierende Situationen in der ganzen islamischen Welt. Wir lassen immer weniger Raum für nationalistische Rechtfertigungen des Schweigens. Internationalismus muß sich gegen Nationalismus behaupten.

Anmerkungen

1 Djamila Amrane, *La Femme Algérienne et la Guerre de Libération Nationale (1954–62)*, Actes du Colloque d'Oran, 1980.

2 Wir werden hier nicht die Legitimität des Arabischen in einem Land diskutieren, in dem die vorherrschende Volksgruppe Berber sind und Berbersprachen spricht.

3 Damien Helie, *L'Autogestion Industrielle*, Magisterarbeit, Paris 1967. (Sozialismus war lediglich ein gutes Rezept für die primitive Aneignung von Kapital.)

4 Fadila Mrabet, *L'Algériennes*, Paris, Maspero 1965; *La Femme Algérienne*, Paris, Maspero 1967.

5 Tahar Benhourya, *Économie de L'Algérie*, Paris, Maspero 1980.

Bahithat al-Badiya

(1886–1918)

Malak Hifni Nasif, Dichterin, Schriftstellerin und Feministin, bekannt unter dem Pseudonym Bahithat al-Badiya (Sucherin in der Wüste) wurde in Kairo in eine literarische Familie hineingeboren. Ihr Vater, Hifni Nasif, hatte in Al-Azhar bei dem moslemischen Reformer Scheich Muhammed Abduh studiert. Er förderte die Ausbildung seiner Tochter, der ältesten von sechs Kindern. Sie erhielt ihr Diplom am ersten pädagogischen Institut für Frauen, der Saniyya-Schule in Kairo, wo sie später selbst unterrichtete. Freitags sprach sie bei den Frauenvorlesungen an der ägyptischen Universität und in den Büros der liberalen Zeitung *Al-Jarida*. Ihre Reden und Aufsätze, die in *Al-Jarida* erschienen, wurden 1910 unter dem Titel *Al-Nisaiyat* (Feministische Stücke) veröffentlicht. Im folgenden Jahr stellte sie feministische Forderungen an den Nationalkongreß in Heliopolis. Ihr Leben nahm eine abrupte Wendung, als sie Abd al-Sattar al-Basil, das Oberhaupt des Beduinenstammes al-Ramah von Fayyum, heiratete. Sie gab das Unterrichten auf und lebte mit ihm in der Oase Faium westlich von Kairo. Sie fand heraus, daß er bereits eine Frau (seine Cousine) und eine Tochter hatte, die sie unterrichten sollte. Ein Teil der Leiden, die sie erfuhr und beobachtete, schlugen sich in ihren Werken nieder, darunter Briefe an Mai Ziyada. 1918 starb sie, zweiunddreißigjährig, an einer Grippe. Huda Shaarawi hielt eine öffentliche Lobrede vor einem weiblichen Publikum, die Shaarawis erste feministische Rede wurde. Bahithat al-Badiyas Bruder Majd al-Din Hifni Nasif sammelte ihre Werke und veröffentlichte sie 1962 in Kairo in einem Band mit dem Titel *Athar Bahithat al-Badiya, Malak Nasif* (Das Erbe der Bahithat al-Badiya: 1886–1918)

Bahithat al-Badiya war eine unnachgiebige Verfechterin für die Rechte der Frau innerhalb der Ehe. Ohne ihr Wissen mit einem Mann verheiratet, der bereits Ehemann und Vater war, war sie der Institution der Polygamie feindlich gesinnt. Sie betonte, daß der Islam mehrere Frauen nur duldet, wenn jede eine gleichberechtigte Behandlung erfährt, was, wie die Religion lehre, nahezu unmöglich sei. Der folgende Erfahrungsbericht verurteilt unmittelbar die Vielehe. Er stammt aus ihrer Sammlung *Al-Nisaiyat*.

Schlechte Taten von Männern: Ungerechtigkeit

1909

Einige Dinge hinterlassen tief im Innern einen Eindruck, der nicht schwinden will. Ich werde von etwas erzählen, das mich heftig bewegt hat.

Als ich einmal eine Freundin besuchte, fragte ich sie nach einer Frau, die ich vor langer Zeit gekannt hatte. Sie seufzte und antwortete mir mit trauriger Stimme, daß die Frau großes Leid erfahren habe, von dem sie krank geworden sei. Der Grund sei, daß ihr Mann sich mit einer anderen Frau verlobt habe und die Ehe bald vollziehen werde. Dies erstaunte mich sehr. Meine Freundin bemerkte meine Reaktion und fragte: «Ist das nicht eine normale Begebenheit?» Ich sagte: «Ja, mich überrascht nicht, daß es passiert ist, sondern daß es ihr passiert ist. Sie war eine der bemerkenswertesten Frauen, was Charakter, Schönheit und Bildung angeht. Ich hörte immer, daß sie ein zufriedenes Leben mit ihrem Mann führt, und ich sah mit eigenen Augen, wie sie in ihrem Zuhause arbeitete, das sauber und gut organisiert war. Sie hatte kleine Kinder. Was braucht ein Mann mehr als eine Frau mit Bildung, gesundem Verstand, gutem Charakter, Schönheit und Kindern?»

Meine Freundin sagte, die beiden Kinder seien innerhalb eines Monats gestorben, und ihr Mann habe daraufhin begonnen, sich nach einer anderen Frau umzusehen. Er verlobte sich mit einer Frau noch im gleichen Monat, in dem er seine Kinder verloren hatte und während seine erste Frau schwanger war. Wie grausam der Mann war. War es ihre Schuld, daß die beiden Kinder gestorben waren? War es nicht genug, daß sie der Verlust schmerzte, daß er nicht noch einen weiteren Giftpfeil in ihr Herz schießen sollte? Hatte er einen Brief von ihr an den Engel des Todes entdeckt, in dem sie ihn bat, zu kommen und ihre beiden Kinder wegzuholen? Waren diese Kinder nur ihre und nicht seine? Der Mann ist willensstärker als die Frau und kann mehr Unglück ertragen als sie. Wenn er Unglück ertrug, ließ ihn das Freundlichkeit und Mitleid vergessen? O Gott, du kannst diese Behandlung nicht dulden.

Wenn es eine Zeit gibt, in der eine Frau Freundlichkeit und Rücksicht braucht, dann in dunklen Tagen. Gibt es einen dunkleren Tag als den Tag, an dem sie zwei Kinder verliert? In einer Zeit großer Traurigkeit, wenn Menschen von nah und fern Mitgefühl zeigen, ist es da passend, daß der eigene Mann sie ihrem Schmerz überläßt? Diese trauernde Frau ist seine Frau, und die fortgegangen sind, sind seine Kinder. Wenn sie um einen Bruder oder einen anderen Verwandten getrauert hätte, wäre es seine Pflicht gewesen, die Trauer mit ihr zu teilen, und sei es bloß äußerlich. Aber wenn es ihr Kind ist, wer könnte den Schmerz lindern, wenn nicht er? Wenn er selbst nicht traurig war und sie nicht getröstet hat, warum hat er sie nicht jedenfalls in Ruhe gelassen? Ein Dichter hat einmal gesagt: «Ich hielt dich für eine starke Festung, die mich vor den Pfeilen der Feinde schützt, aber du wurdest ihr Bogen. Wenn du mich nicht schützen kannst, sei weder für noch gegen mich.»

Als er die andere Frau heiratete, brach er das Herz seiner ersten Frau und tat etwas, dessen Folgen er nicht kontrollieren konnte. Ist es nicht möglich, daß seine neue Frau unfruchtbar ist, oder daß sie ihm Kinder schenkt, die wie die ersten Kinder seiner ersten Frau sterben werden? Das Schicksal kann man nicht bekämpfen oder abwenden. Geburt, Leben und Tod sind in den Händen Gottes. Wir wissen nicht, wann er Leben gewährt oder nimmt. Diese Frau hat nicht genug Raum für den Fetus und Traurigkeit. Verdammt der Mann nicht seine Frau, und verdammt er nicht sein neues Kind, wenn Traurigkeit sein Gefährte ist und es tot geboren wird? Dieser grausame Ehemann ist nach den Regeln des Gesetzes, des Anstands, der Menschlichkeit und der Güte ein Krimineller.

Dieses schmerzliche Ereignis erinnert mich an ein ähnliches. Ein bedeutender Mann begann, seine Frau zu schmähen, weil seine Kinder alle Mädchen waren. Er ließ sich von ihr scheiden und heiratete eine andere Frau in der Hoffnung, Jungen zu bekommen, aber seine neue Frau schenkte ihm ein Mädchen, dann noch eins und noch eins. Gott weigerte sich, etwas anderes zu gewähren, als was Er wollte. Der Mann bekam weitere Mädchen, als ob er einen Satz Töchter durch einen anderen ersetzte. Er verlor die Liebe einer guten Frau und brachte Veränderung in die Herzen seiner ersten Töchter. Er glaubte, er hätte die Liebe einer anderen Frau gewonnen, aber er hatte sich getäuscht.

Wenn wir glauben, wie einige von uns es tun, daß Mädchen zur Welt zu bringen etwas Unerwünschtes ist, ist es die Entscheidung der Frau, dies zu tun? Warum gibt man nicht dem Mann die Schuld, wie man der Frau die Schuld gibt? Warum reicht nicht die Frau die Scheidung ein und heiratet einen anderen Mann, damit sie Jungen gebären kann? Wenn einer der Ehepartner diesem Fehlschluß anhängt, könnte es sein, daß sich auch der andere daran hält. Sie sind beide gleich fähig, in dieser Angelegenheit recht oder unrecht zu haben. In unserem Privatleben gibt es vieles, was uns beschäftigen sollte. Wir haben archaische Bräuche, die nach Reform schreien. Männer sollten unsere Zeit und unsere Gedanken nicht damit ausfüllen, sich über ihre Arbeit zu beklagen. Ich glaube, daß sie auf der einen Seite den Ungerechtigkeiten der Regierung unterworfen sind und auf der anderen Seite der Schwierigkeit, für den Unterhalt aufzukommen. Sie finden niemanden, an dem sie sich rächen können, außer uns. Ich glaube nicht, daß es irgendeinen Gegner gibt, der wehrloser ist als wir, und weniger nachtragend. O Gott, veranlasse die Männer in unserer Regierung, gerecht zu sein, denn ihre Ungerechtigkeit gegen die Nation hat viele Auswirkungen auf uns. Es scheint, als hätten wir nicht mehr bekommen als die Männer, nur den Schmerz. Dies kehrt den Koran-Vers um, der besagt: «Der Anteil eines Mannes soll zwei Anteilen einer Frau entsprechen.»

Emily Nasrallah

(*1938)

Emily Nasrallah wurde in Kfeir im Südlibanon geboren. Als sie neun Jahre alt war, bat sie einen Onkel, der nach Amerika ausgewandert war, sie aufs Internat in Shwaifat zu schicken. Sie studierte für ihren BA an der American University in Beirut und Beirut College für Frauen (jetzt Beirut University College). Ihr Studium finanzierte sie, indem sie für Zeitungen schrieb. 1962 veröffentlichte sie ihren ersten Roman, *Tuyur Ailul (Septembervögel)*. Dieser Roman ist Pflichtlektüre am Gymnasium und hat die sechste Auflage erreicht. Ihre anderen Romane sind *Shajarat al-Difla* (Der Oleanderbaum, 1968), *Al-Rahina* (Das Pfand, 1973) und *Tilka al-Dhikrayat* (Jene Erinnerungen, 1980). Ihren letzten Roman, *Al-Iqla aks al-Zaman* (*Flug gegen die Zeit*, 1981) sieht sie als Fortsetzung zu *Septembervögel*, der 1988 ins Deutsche übersetzt wurde. Ihre Kurzgeschichtensammlungen beinhalten: *Jazirat al-Wahm* (Die Insel der Illusionen, 1973) und *Al-Yanbu* (Die Quelle, 1978). Sie hat zwei Bände über den libanesischen Bürgerkrieg veröffentlicht: *Al-Mara fi 17 Qissa* (Frauen in 17 Geschichten, 1983) und *Al-Tahuna al-Daia* (Die verlorene Mühle, 1985). Zwischen 1981 und 1987 schrieb sie regelmäßig Beiträge über das Leben berühmter Frauen im Frauenmagazin *Fairuz*. Diese Artikel wurden in zwei Bänden mit dem Titel *Nisa Raidat Min al-Sharq wa min al-Gharb* (Pionierfrauen aus West und Ost, 1986) zusammengestellt. Von den Dezentristen Beiruts ist sie eine der wenigen, die in der Stadt, «dem einzigen Ort, an dem ich schreiben kann», geblieben sind.

Die folgenden Auszüge stammen aus *Septembervögel*. Muna, ein Dorfmädchen, hat das ihr zuerkannte Schicksal zurückgewiesen, wie Laila auf einen Emigranten zu warten, der zurückkehren und sie heiraten soll. Sie hat ihr Glück in Beirut gesucht. Diese Kapitel schildern Erinnerungen an ihre Kindheit im Dorf.

Septembervögel

1962

Der Winter überraschte das Dorf früh in jenem Jahr. Die Oliven waren noch im größten Zimmer in unserem Haus aufgehäuft. Meine Mutter war mit der Zubereitung der Wintervorräte noch nicht fertig, also verließ sie den Herd nicht, ihre Hand befand sich permanent über dem kochenden Kessel.

Mutter! Sie braute immer so wundervolle Sachen.

Ich schloß mich Hanna, Najla und den anderen Nachbarinnen an und half, die dicken, schwarzen, leckeren Oliven auszusortieren.

Die Dorffrauen warten auf die Jahreszeiten, die sie zusammenführen. Sie arbeiten zusammen in Gruppen, ihre Hände berühren sich, die Zungen schmücken den neuesten Klatsch aus.

Die Ernte ist eine Jahreszeit.

Das Olivenpflücken ist eine Jahreszeit.

Das Mahlen des *bulgar*, das Rollen des *kishk*, und die Hochzeiten…

Ich erinnere mich, wie die jungen Mädchen in unserem Hof um die Berge von Getreide herumsitzen. Mein Vater erscheint und grüßt sie vergnügt. Er neckt schöne Mädchen oder erzählt wunderbare Geschichten, um sie zur Arbeit zu ermuntern.

Mein Bruder Samir schaut schüchtern zur Tür herein, mit Träumen und Fragen in den Augen. Die Anwesenheit der Mädchen verwirrt ihn. Seine Hände werden kräftig, und ein paar zögerliche Haare erscheinen auf seiner Oberlippe.

Samir flieht von der Tür. Ich kann ihn noch sehen; seine Flucht bestätigt seinen Wunsch, zu bleiben.

Dann kehrt meine Mutter mit köstlichen Süßigkeiten und heißem, zimtgewürztem Kaffee für die Mädchen zurück. «Macht eine Pause, Mädchen.»

Mutter! Dein Gesicht tröstet mich, wenn ich durch die Straßen meines Exils wandere.

Wie hast du diese Kunst gelernt, Mutter?

Wie hast du es geschafft, das Leben mit deinen Händen zu formen, es so köstlich, gut und unkompliziert zu machen wie den Kaffee und die Quitten- und Feigenkonfitüren?

Die Mädchen ruhen sich aus; die Luft ist erfüllt von ihren Witzen und ihrer Fröhlichkeit. Leere Tassen stehen umgedreht auf dem Tablett, eifrige Hände greifen danach, und alle Augen sind auf Hanna gerichtet.

«Lies meine Zukunft, Hanna. Was meinst du? Werde ich bald heiraten?»

Hannas ernster Gesichtsausdruck wird noch ernster. Sie greift nacheinander nach den Tassen und fängt an, ihre Geheimnisse zu enträtseln...

Sie macht die Runde, reißt die Schleier des Unbekannten von den hübschen Blüten und macht ihre Träume wahr. Ich bin dran... Hanna, wie unterhaltsam deine Gespräche sind! Und doch quälten sie mich, plagten meine Seele!

Hannas Worte waren köstlich, verlockend, heißhungrig trank ich sie. Oh, morgen! Wie verführerisch der Gedanke an morgen! Wie wir danach verlangten!

«Hör zu, Muna! Du bist gedankenverloren; du bist verwirrt... Ein Fremder... es könnte ein Verwandter sein...» Und Hanna hält inne, um meine Mutter vielsagend anzustarren, dann fährt sie fort: «Du bist verwirrt, Muna. Aber deine Verwirrung wird gut enden. Du wirst glücklich sein und viel Geld haben.»

Das war Hannas Rolle in unserem Leben. Dann wendet sie sich an meine Mutter. ‹Also, Umm Samir, habe ich zuviel gesagt? Es hat keinen Sinn, irgend etwas zu verheimlichen. Das ganze Dorf weiß Bescheid.›

Meine Mutter beißt sich auf die Zunge und versucht, ein spontanes Lächeln zu verbergen und ernst zu wirken. «Wie Gott es wünscht. Jeder hat sein Schicksal. Wenn dies Schicksal ist, so sei es.»

Hanna läßt nicht locker. Sie sticht mich weiter mit ihrer Zungenspitze. «Muna, mach dich zurecht. Kämme deine Augenbrauen. Verteil ein wenig Puder...» Dann wendet sie sich an meine Mutter.

«Trägt Muna keinen BH, Umm Samir? Schäme dich nicht, Muna. Warum wirst du rot? Siehst du, wie Najla mit der neuesten Mode Schritt hält... Und du, du hast einen Grund...»

Ihre Stimme dröhnt weiter. Ich habe einen schweren Vorhang zwischen uns gezogen, durch den kein Ton dringen kann.

Du hast einen Grund!

Wie kann sie es verstehen? Wie kann sie mit mir in eine Welt aufsteigen, die ich geschaffen habe, deren Wände ich mit eigenen Händen aufgebaut und in denen ich mein eigenes Paradies errichtet habe?

Wie kann sie verstehen, daß meine Augen zu entlegenen Horizonten wandern... fern der Grenzen dieses Dorfes? Und daß meine Füße die Flucht an einen anderen Ort vorbereiten, wo nicht mehr andere meine Zukunft planen?

Mutter! Dies ist es, was ich will! Ich will über mein Morgen entscheiden, und mit diesen schlanken Fingern will ich mein eigenes Leben aufbauen. Ich will die Dornen mit meinen eigenen Händen entfernen. Ich will über Berge von Steinen auf verlassenen Wegen stolpern und wieder aufstehen.

Aber, hörst du mich, Mutter? Du hast geschwiegen gestern, als dieser alte Mann, den Abu Elias mitgeschleppt hatte, uns besuchte. «Ein Amerikaner... und reich. Was willst du mehr?» So stellte Abu Elias ihn vor, und ich brach beinahe in Lachen aus, als ich mir überlegte, woran mich die beiden Männer erinnerten. Abu Elias dirigierte den armen alten Mann wie ein Affendompteur.

Mir wurde schlecht, als ich dem «Amerikaner» zuhörte, wie er sich bei mir einzuschmeicheln versuchte. «Komm her, du hübsches kleines Ding.»

Meine Schüchternheit und das Benehmen, das du mir beigebracht hast, Mutter, hinderten mich daran, ihn zu treten.

Wie kannst du es verstehen? Wie kann Hanna dies verstehen?

Er kaute weiter an seinen blöden Worten herum und plapperte in einem Mischmasch von gebrochenem Arabisch und häßlichem Amerikanisch. Ich saß in einer Ecke, schluckte meinen Zorn hinunter, besänftigte mein Schwindelgefühl und versuchte, das kleine

Mädchen zu bleiben, auf das seine Eltern stolz sein können. Als er gegangen war, stand ich elend an der Tür. Dann verlor ich das Bewußtsein. Es war das einzige Mal, daß ich ohnmächtig geworden bin. Als ich zu mir kam, warst du bei mir, Mutter. Deine zitternden Hände strichen über meine Stirn und meinen Mund. Ich bemerkte, wie mein Vater das Zimmer durchschritt und mit den Händen rang. Dann kam er näher zu mir und kniete an meinem Bett. «Es ist alles vorbei, mein Liebling. Komm zurück zu uns. Niemand wird mehr über diese Dinge mit dir reden.»

Danke, Vater.

Und wo ist deine Hand, Mutter, damit ich sie küssen kann und meine Wange daran reiben und sie mit meinen Tränen benetzen kann?

Ich war völlig erschöpft.

Gestern ging ich zwischen den Menschen auf der Straße. Der Schwung und die Energie in meinen Schritten waren verschwunden. Leute starrten meine ausgelaugten Blicke und die erschöpften Selbstzweifel auf meinen Lippen an, als wunderten sie sich, daß ich durch diesen aufgewühlten Ozean wanderte.

Leute eilten durch die engen Straßen, ihre Körper winzig gegen die gigantischen Gebäude. Der Regen prügelte wütend und gewaltsam den Boden. Die Stadt war wie ein hungriger Fisch, der seinen Mund öffnet und wieder schließt. Mit Schrecken auf dem Gesicht gehen die Leute rein und raus aus dem sich öffnenden und sich schließenden Mund. Ihre eingefallenen Gesichter wetteifern darum, im Spiegel meiner Seele zu erscheinen. Sie suchen nach Antworten auf ihre Fragen.

Von Zeit zu Zeit bemerkte ich, wie Teile ihres Körpers durch den schweren Schleier sickerten. «Sie sind weg. Du wirst sie nach heute nicht finden.»

Der Stift bewegt sich noch. Ich höre ihn kratzen, während er seine Erinnerungen und die wunderschönen, vergänglichen Eindrücke derjenigen festhält, die zur Öffnung des Tals herunterkommen.

In meiner Einsamkeit erinnere ich mich an einen Schwur, den ich meinem Stift an dem Tag geleistet habe, an dem ich meinem Dorf mit dem Taschentuch nachwinkte und niederkniete, um seine Erde zum Abschied zu küssen.

Der Sturm tobte an dem Abend. Der warme Kamin umfing uns, als seien wir eine Schar von Flüchtlingen, die vor einem Vernichtungskrieg geflohen waren.

Hier entfaltet die Natur ihre ursprüngliche Kraft; Menschen lachen mit der Sonne; sie zittern mit dem Donner; ihre Körper zerfallen im Sandsturm; sie klären ihre Herzen mit der Reinheit des Schnees.

Mein Vater erwartete seine Gäste an jenem Abend; er verlor die Geduld. Besuche haben einen speziellen Geruch an stürmischen Abenden. Die Naturgewalt rührt sich, sie versammelt Leute wie im Gebet um Sicherheit und die Kraft, die Elemente zu bekämpfen.

Ich öffnete die Tür und ging in den Sturm hinaus. Die stillen Schneeflocken, die auf die Bäume, die Dächer und die schmalen Gassen fielen, küßten mich. Das Land war ein Laken aus Licht, das gegen den rebellischen Nebel reflektierte, der es eingehüllt hatte.

Ich lud den Frost ein in die warmen Winkel meiner Brust... Ich lud ihn ein, seine schlichte weiße Schrift auf mir zu hinterlassen.

Die Stimme meines Vaters erklang in Protest, als der Sturm das Zimmer durchdrang und die Wärme verscheuchte, die es den Tag über festgehalten hatte. «Woran denkst du, Muna? Du siehst besorgt aus, unglücklich. Warum? Denkst du an jemanden?»

Ich lächelte, um jeglichen Zweifel im Kopf meines Vaters zu löschen, während ich die Tür fest schloß. Dann fing ich an, in einem Buch zu blättern.

Mein Vater fuhr fort: «Was liest du? Schaust du in die Zukunft? Suchst du in den Seiten dieses Buches nach morgen?»

«Ja, Papa. Ich suche nach der Zukunft.»

Ich suchte immer ängstlich und verwirrt danach. Darum war ich in den Sturm hinausgegangen. Vielleicht würde er mich im Wirbel seiner Gewalt hochschleudern.

Wenn ich meiner Großmutter einige meiner merkwürdigen

Träume erzählte, sagte sie immer: «Hab keine Angst, mein Kind... Nicht alle Träume werden wahr...»

Eines Morgens erzählte ich ihr einen dieser Träume: «Ich stand neben einem Fluß und betrachtete seine warmen Gewässer und die Wiesen, die sich von seinen Ufern aus erstreckten. Ich erlebte unwirkliche Augenblicke des Rausches. Plötzlich hatte ich Flügel und fing an, wie berauscht hochzufliegen. Dann fiel ich in die erwachende Welt. Ich öffnete die Augen, und der Traum war verschwunden. Doch die Spuren blieben in meinen Herzschlägen.»

Meine Großmutter legte ihre warme Hand auf meine Schulter: «Träume bedeuten gar nichts. Hab keine Angst, mein Kind.»

Ich trat näher ans Feuer und schob unsere schwarze Katze beiseite, um ihren Platz in der warmen Ecke einzunehmen. Die Katze sprang auf, rollte sich gemütlich in meinem Schoß zusammen und atmete ruhig weiter.

Dies war das einzige Mal, daß ich mich meinem Vater nah fühlte. Danach distanzierte er sich. Er kehrte zu seinen Theorien, seinen Regeln und Philosophien über «Gesellschaft, Erziehung, Beziehungen zwischen Jungen und Mädchen» und ihre Rollen im Leben zurück.

Ich wünschte, ich hätte den Augenblick genutzt, um ihn viele Sachen zu fragen: «Hast du Angst vor ihnen, Vater? Wer, glaubst du, bin ich? Wer bin ich? Eine Frau, eine Last, ein Problem, ein Fluch der Schwäche?»

Ich weiß, daß du mich sehr, sehr liebtest... Warum also schwieg ich? So viele Fragen störten meinen Schlaf, und ich sehnte mich danach, sie zu stellen. Doch kindliche Schüchternheit hemmte mich, während ich mich hinter einem imaginären Schleier versteckte. Ich lebte weiterhin in Qual und Verwirrung.

Die Gäste ließen mir nicht einmal Zeit für eine Frage. Ich hörte ihre Schritte im Hof, dann auf den Stufen. Ihnen voraus eilten, mit Unterbrechungen, das Stöhnen und Seufzen des Sturmes. Ihm folgten die Ruhe geschwätziger Unterhaltungen und schmutziger Witze.

Meine Mutter hatte den ganzen Tag über für diesen Besuch Vorbereitungen getroffen: köstliche Desserts, getrocknete Früchte und gewürzten Kaffee; die einzige Art des Zeitvertreibs bei Dorfzusammenkünften. Dies war der erste Besuch von Simon und seiner Braut bei unserer Familie.

Bevor er das Dorf verließ, hieß er Siman. Die Felder, die Weinberge und die Hügelspitzen kannten ihn... So erinnerten sich diejenigen an ihn, die vor so langer Zeit sein Leben teilten.

Er war siebzehn, stämmig, gutaussehend; das Echo seiner Jugend hallte durch die Windungen des Tales. Er saß im Schneidersitz auf einem alten Felsen, hütete die Herde und träumte von der Zukunft.

Siman diente für gewöhnlich bei der Sonntagsmesse. Er liebte das einfache Leben, und er hatte nie davon geträumt, zu reisen oder ein wohlhabender Emigrant zu werden.

Aber dieser «Simon», der uns an jenem Abend besuchte, weckte keine Erinnerungen. Er war fast fünfzig. Er hatte ein Doppelkinn, und seine Augen waren tief in die Höhlen von Sorge und Angst gesunken. An seinen fleischigen Fingern, seinem genußsüchtigen Bauch und seinen langsamen, schwerfälligen Bewegungen sah man, wie feist er war. Die Jahre hatten seine Haare nicht verschont, die ihn mit einem verblichenen Schleier bedeckten, der einen Teil seiner Gesichtszüge verwischte.

«Simon» war in der Finanzwelt gut bekannt. Sein Ruf eilte ihm über den Ozean voraus zu dem kleinen Haus, das ihn als unbekannten jungen Mann beherbergt hatte. Als Siman wegzog, ließ er einen alten Vater und eine alte Mutter zurück. Als sein Vater starb, hielt sich die Witwe durch Reste eines Traumes am Leben, genährt durch kurze Briefe von ‹drüben›, die unter Tränen empfangen wurden.

Wie oft hatte Umm Siman mich gebeten, für sie einen Brief zu schreiben: «Deine Mutter wird bald sterben, mein Sohn. Mache ihr Herz froh und komme.»

«Mein Liebling, junge Mädchen im Dorf warten auf Dich. Ich habe Dir eine entzückende Braut ausgesucht.»

«Mein Sohn, ich kann Dich im Brief riechen. Ich verstecke ihn in den Falten meines Kleides, zwischen meinen Brüsten, auf meinem Herzen.»

«O Liebling Deiner Mutter, Siman, die Abwesenheit war lang und die Trennung grausam...»

Siman ließ sich schließlich überzeugen, und er schickte ein Telegramm, in dem er seine Mutter über den Zeitpunkt seiner Ankunft informierte. Die jungen Leute bereiteten sich vor, ihn zu begrüßen. Das Dorf bot die Alten und Jungen auf, um seinen Sohn nach langer Abwesenheit willkommen zu heißen. Umm Siman stand in der Menge, auf ihren Stock gestützt. Das Glück hatte ihr die Schönheit ihrer Jugend wiedergegeben, und sie wirkte kräftiger und lebendiger.

Als der elegante Wagen vorfuhr, verlor die Frau ihr Gleichgewicht, weil sie tanzte und jubelte und weinte und lachte. Sie vergaß in der Aufregung ihren Stock und eilte mit offenen Armen vorwärts, wobei sich ihr Kopf entschleierte, und begrüßte ihren einzigen Sohn.

Aber als sie ihn umarmte, erstarb das Feuer in ihren Augen. Niemand bemerkte es, als sie den kräftigen, älteren Mann vor ihr anstarrte. Sie versuchte sich zu überzeugen, daß dies ihr siebzehnjähriger Sohn Siman war, der sie einst in seinen starken Armen gehalten und sie zum Abschied auf die Wange geküßt hatte.

«Siman will heiraten. Ich frage mich, wen», sagte Hanna am Morgen darauf. Und einen Tag später ging Hanna stolz vorbei. «Siman wird um Lailas Hand anhalten, der Tochter von Abu Farhud.»

Die Werbung dauerte nicht länger als ein paar Tage, während die Ehebedingungen ausgehandelt wurden.

«Laila hat's gut. Das Glück wurde ihr auf einem goldenen Tablett gereicht.» Das sagte Saada immer wieder, während sie auf der Bank saß und eine gute Partie für ihre beiden häßlichen Töchter zu finden versuchte.

Najla fuhr sich mit der Hand durch ihr kastanienbraunes Haar. «Also, wie steht's mit dem Geld?»

Die jungen Männer des Dorfes, die durch die engen Gassen flanieren, sprachen die ganze Woche über das Ereignis.

«Dollars, Bruder, das zählt heutzutage. Sie nehmen sich die hübschesten Mädchen des Dorfes. Bei Gott, Rajji hat recht. Das beste ist, wegzugehen!»

Eifersucht, Vorwürfe und Gehässigkeit hallten nach bis zu der prächtigen Hochzeit, die Siman für seine Braut geplant hatte.

Ich erinnere mich nicht, wie Laila vor dieser Zeit war. Ich sehe sie noch reglos in einem Kreis von Dorfmädchen stehen, dem Freudengeträller zuhören und den Kopf vor und zurück bewegen, je nach Aufforderung ihrer Friseuse.

Hanna kam näher und machte wie immer deutlich, daß sie anwesend war. «Behänge sie mit Ketten, Armbändern und Ohrringen. Zwei Ketten hierhin. Du bist eine Braut, mein Liebling.»

Najla flehte sie an: «Wo ist dein Geschmack geblieben, Miss Hanna? Sie sollte eine Kette zu jeder Kleidung haben... Laßt uns gehen, die Leute warten auf die Braut.»

Ich beobachtete, wie ihre eleganten Finger die Braut schmückten. Sie waren wie aus Stahl und bewegten sich mechanisch. Jede der Frauen benutzte Lailas Gesicht und Körper, um ihr kosmetisches Geschick unter Beweis zu stellen.

«Da ist zuwenig Eyeliner. Das Rouge paßt nicht zum Kleid. Laß ihr Haar auf die Schultern hängen. Wo ist das Parfüm? Tupf ein wenig drauf, Hanna. Es riecht gut!»

Der Bräutigam schien sich um jede Frau auf dem Fest zu kümmern, nur nicht um die Braut. Laila war in einer fremden fernen Welt. Sie war aufgewühlt, unfähig zu denken, inmitten der schnellen Strömung, die sie auf einen Punkt hin trieb. Ihre flehenden Blicke richteten sich auf mich. Sie begriff, was geschah: Sie sollte geopfert werden, um ihre Familie vor der Armut zu retten.

Ihre Worte durchbohrten mein Herz und bedrückten meine Seele. «Was glaubst du, Muna? Werde ich glücklich?»

Ich suchte nach einem Halt und lehnte mich dagegen. «Wenn du es so willst...»

Da floh sie und wischte sich eine Träne aus den Augen. Sie

würde noch den farbenfrohen Schleier beschmutzen, den junge Frauen über ihren Gesichtern tragen sollen.

Warum hast du das getan, Laila? Für wen?

Ich betrat das Damenzimmer, wo die Braut in ihrem Brautkleid auf einer Ottomane und Kissen saß wie eine Taube. Der weiße Schleier hing ihr über Gesicht und Schultern.

Ich wurde an eine alte Legende über einen hungrigen Drachen und die schöne, junge Königstochter erinnert. Der schönen Prinzessin fiel das Los zu, am Strand auf den Drachen zu warten, der einmal im Jahr die schönste Frau des Dorfes verschlang. Die Jungfrau wartete, die Hände über der Brust, den Blick ergeben gesenkt...

Sie blieb unterwürfig sitzen, als der Drache auf sie zu kroch...

Ich schaute mich suchend um nach jemandem, der die Jungfrau aus dem Rachen des Untiers befreien und einen scharfen Speer in seinen Nacken bohren würde... aber der Held, dessen Bild am Eingang der Kirche hing, trat nicht in den Raum. Er überließ Laila dem Drachen.

Es war, als ahnte Laila meine Gedanken, denn als sich unsere Blicke trafen, brach sie in Tränen aus. Ich floh vor ihr in eine entfernte Ecke, in der Mirsal saß.

Mirsal hatte nach einer Droge gesucht, die sie die Realität vergessen ließe (ihr Liebhaber war im Begriff, auszuwandern) und die grausamen Qualen in ihrer Brust heilen würde. In diesem Augenblick hörten sich für mich die Trillerlaute aus ihrer Kehle an wie die Schreie eines Menschen, der im stürmischen Ozean ertrinkt. Ihre Stimme hallt immer noch wider zwischen den Wänden des Schweigens in meinem Herzen. Wir standen zusammen, verabschiedeten Laila, und starrten sie an, als sie zitternd die Hand hob, um den Arm ihres Bräutigams zu ergreifen.

Am nächsten Morgen kehrte im Dorf die übliche Gelassenheit wieder ein. Alle gingen an ihre Arbeit. Vor dem winzigen Schlafzimmer, in dem Laila die erste Nacht mit ihrem Ehemann verbracht hatte, stand ihre Mutter und hielt ‹das Gewand› hoch, mit Blut befleckt. Sie lächelte stolz. «Komm, Umm Siman, komm und küsse deine Schwiegertochter.»

Ich erinnere mich an den Frühlingstag. Seine Luft duftete, und seine Töne trällerten in meinen Ohren. Der Hahn krähte, die Hühner gackerten vor dem Eierlegen. Die Kühe muhten auf dem nahegelegenen Platz, wo sie sich sammelten, bevor sie auf die Weide getrieben wurden. Der Esel brällte unter dem Fenster.

Für lange Zeit dämpften die Stürme des kalten Winters die «Morgensymphonie», und auch meine Stimme war an jenen langen, verregneten Tagen gedämpft. Der Frühling reckte die Finger, schob den Schleier beiseite, und Blut pulsierte in den Adern.

Ich roch das Aroma von gewürztem Kaffee und sprang voll freudiger Energie aus dem Bett: «Ich liebe das Leben, Mutter; es ist unser größter Segen, wir sind mit dem Universum verbunden, dessen süße, erfrischende Tropfen wir trinken.»

Meine Mutter ignorierte meine philosophischen Betrachtungen und gab mir eine Tasse Kaffee. Dann setzten wir uns auf die Bank und atmeten die Morgenbrise ein. Ich schaute in das Gesicht meiner Mutter, in die stillen, ruhigen Züge. Beunruhigende Falten begannen sich zu zeigen und trotzten den ungeschickten Versuchen meiner Mutter, sie zu verbergen.

Jeden Morgen waren meine Mutter und mein Vater und die Nachbarn da. Sie umringten mich, trieben mich an, kontrollierten meine Atemzüge.

Und an einem Morgen wollte ich etwas tun, um den Kreis zu durchbrechen. Ich mußte frei sein, unabhängig, ich mußte aus der Gruppe fliehen.

Jetzt lache ich, wenn ich daran zurückdenke, wie ernst es mir damals war. Ich machte meine gesamte Zukunft von jenem Augenblick abhängig.

Ich floh aus dem Haus, ohne meiner Mutter Bescheid zu sagen. Es war mein erster Versuch, selbständig zu sein; ich wollte mir beweisen; daß es möglich war, die Haustür zu schließen, ohne irgend jemanden um Erlaubnis zu bitten.

Ich wußte nicht, wohin ich gehen würde. Ich beschloß, den Weinbergpfad entlangzulaufen, und hob Kieselsteine auf, mit denen ich spielte oder Bäume in der Nähe bewarf.

Ich lief weiter, meine Schritte auf dem Kiesel begleiteten mich. Die Vogelrufe hallten durch die Olivenbäume. Ich kletterte hinaus zu den Dorfterrassen, zum großen Qirqar-Felsen, wo die Dorfbewohner ihre freien Tage verbringen.

Seit wann hat der Felsen seinen Namen? Niemand erinnert sich. Abu Elias hat mir einmal die Legende von Qirqar erzählt, der vor Hunderten von Jahren im Dorf lebte. Er war ein Einsiedler, der weit entfernt von anderen Menschen in einer kleinen Hütte wohnte. Er saß immer auf der Türschwelle und las ein altes Buch. Wenn die Einwohner vorbeikamen, grüßten sie ihn oder brachten ihm Schüsseln mit Essen und Brotlaibe, und er verstaute sie in einem kleinen Schrank, damit sie vertrockneten oder verdarben bevor er sie aß.

Er beantwortete den Gruß immer mit einem Kopfnicken oder Winken.

Niemand hatte Qirqars Stimme oder Rede gehört. Die Dorfbewohner waren daran gewöhnt, ihn jeden Abend zu sehen, wie er mit seinem Büchern zum Felsen ging, sich dort setzte und die Natur betrachtete. Er lockerte seine Zunge, um die Worte immer wieder zu sprechen, wie den Rosenkranz. Ein paar Jungen entdeckten sein Geheimnis und erzählten es den Dorfbewohnern. Als am nächsten Tag eine Gruppe von ihnen das Geheimnis des Einsiedlers herauszubekommen suchte, fanden sie keine Spur von ihm. Niemand wußte, wie der Einsiedler verschwunden war, und der Felsen trägt bis heute seinen Namen.

Die Legende wurde Generationen hindurch überliefert, wie so viele andere im Dorf: Die Tür des «Sakra», wo Abu Khalil, mein Ururgroßvater, die wunderschöne Erscheinung sah, die mit einem goldenen Kamm ihr Haar kämmte, ist eine davon.

Die schönste Legende erzählt von Abu Nawwaf, dem Müller.

Jeden Abend, nachdem die Kunden gegangen waren, traf er sich mit einer Schar von Geistern, die die Mühle für ihre Hochzeiten ausersehen hatten.

Legenden und Geister und Zauber... Meine Großmutter steckte einmal eine Handvoll Räucherkerzen an, um die bösen Geister aus dem Haus zu jagen. In Angelinas Haus «spukte» es, bevor sie den Priester holte, der darin betete. Geister lebten dort. Umm Elias schwor, daß sie ein Dutzend Kerzen für die Jungfrau entzünden würde, wenn sie das Tischtuch fände, das die Geister für eine Hochzeit geborgt hatten.

Der böse Blick! Die Milch versiegte im Euter der Kuh. Umm Salim eilte zu Saada und bat sie, den bösen Blick auszutreiben. Das war eine von Saadas Begabungen. Es war bekannt, daß sie magische Kräfte besaß. Frauen eilten in schweren Zeiten zu ihr: «Die Kinder sind krank», «Verbrenn ein wenig Salz», «Schmilz ein wenig Blei».

Saada versicherte der Gruppe, daß sie die Kraft besaß, den Träger des bösen Blicks zu erkennen; sie konnte ihn in geschmolzenem Blei sehen, aber sie durfte nicht über ihn sprechen oder seinen Namen nennen.

Die Dorfbewohner zeigten auf die Besitzer des bösen Blicks. Und die Mütter flohen mit ihren Babys aus ihrem Weg. Und die Milchkühe durften ihnen nicht unter die Augen kommen.

Ich zog die Schuhe aus, um auf den gigantischen Felsen zu klettern, von dem man die Täler, Hügel und Häuser des Dorfes überblicken konnte. Es war eine gigantische Festung mit abgeflachter Spitze, so daß kleine Mädchen dort ihre Zusammenkünfte abhalten konnten. Ich beugte mich vor, um die scharfen Kanten der Felsoberfläche zu berühren. Dann setzte ich mich darauf, streckte die Beine aus, hob die Arme und versuchte zu fliegen. Ein merkwürdiges Gefühl ergriff mich, als sei ich von der Schwerkraft befreit. Dieses Gefühl hielt einen Augenblick an, und ich dachte: «Wenn doch das ganze Leben in diesen Momenten seltener Erhebung versammelt sein könnte!» Ich trieb auf einem Teich warmen, farbenfrohen Sonnenlichts.

Ich vergaß den Felsen und die scharfen Kanten an meinem Bein. Ich vergaß in der starken Frühlingsonne den weichen Frost. Mir war, als könnte mein Körper sich in die Luft erheben, befreit von allen Fesseln.

Das Dorf wurde kleiner, seine Farben veränderten sich, bis ich es nicht mehr erkennen konnte; schließlich war es so klein wie eine Spinne. Ich sah seine Straßen, die in allen Richtungen strebten. Ich sah sie kreisen und sich bewegen, Arterien, durch die das Dorf sich mit der Welt jenseits des Horizonts verband.

Von der Welt wußte ich sowenig wie heute von der Zukunft. Verborgene, mysteriöse Fäden verbinden mich immer noch mit ihr, und ich sehe sie in Büchern, im Klatsch von Fremden, die das Dorf im Sommer besuchten, und in den Gesprächen mit Shamal, dem Kaufmann, der uns neue Geräte brachte.

Alles wurde immer kleiner, und die Dinge veränderten sich, bis das Krächzen eines Raben, der ganz in der Nähe über einem toten Esel kreiste, mich in die Wirklichkeit zurückrief. Viele Ebenen erstreckten sich vor mir. Und in einer Furche dieser Ebenen nistete unser Dorf, die einzige Quelle, die Leben in dieses Land brachte.

Das Dorf und sein Friedhof waren Leben und Tod... jenseits davon dehnte sich das Land in kargem Rot aus, oder fruchtbar und grün oder schwanger mit Oliven- und Mandelbäumen, an denen harte Kiesel anschwollen.

Hinter jedem Tal steht ein Mann, der auswandert. Und in jedem Zweig steckt die Sehnsucht nach den starken braunen Armen, die das Land umpflügen und die Bäume beschneiden und dem Land neue Jugend schenken.

Die Zweige verschwinden. Taschentücher wehen aus den Fenstern vorbeirasender Autos, die über Straßen ohne Grenzen flüchten. Die Felder stöhnen weiter unter ihrer Kargheit. Die Wurzeln in den fruchtbaren Weinbergen trocknen aus. Auch die Kelter trocknet aus, und die Winzer waschen ihre Hände und Beine, dann verschließen sie die Tür oder schlagen sie ein und folgen denen, die weggehen.

Die ansteckende Dürre zieht weiter zu den fetten Kuheutern

und den Brüsten der jungen Mütter, zu den Seelen der jungen Männer, die sich durch die leeren Gassen tasten.

Ich wischte diese beunruhigenden Gedanken fort, schaute voll Liebe auf die Felder und sehnte mich danach, dort in dem entrückten Zustand zu verweilen, in einem Leben mit dem Felsen und den Geistern alter Legenden.

Ihsan Assal

(*1921)

Ihsan Assal ist in Kairo geboren. Ihre Ausbildung reichte bis zur dritten Klasse der Grundschule. Sie gehört in Kairo Schriftstellervereinigungen an und war Gründungsmitglied des Verwaltungsrates für Kinderkultur. Zu ihren Romanen gehören: *Al-Amaq al-Baida* (Die fernen Tiefen, als Serie erschienen in *Al-Idha a wa al-Tilivizyun*, zwischen 1960 und 1961); *Al-Ghaiba* (Abwesend, 1963); *Al-Husa wa al-Jabal* (Kiesel und der Berg, 1966). *Satr Maghlut* (Eine falsche Verbindung) ist 1971 in Zusammenarbeit mit Huda Jad und Ihsan Kamal entstanden.

Bait al-Taa (Haus des Gehorsams, 1962) ist ihre einzige Kurzgeschichtensammlung, der diese Geschichte entnommen ist. *Bait al-taa* ist eine Regel des islamischen Rechts, nach der eine Frau, die gegen den Willen ihres Mannes ausgezogen ist, des *nushaz* – Ungehorsams – angeklagt und auf Anordnung eines *kadi* mit Gewalt zurückgeholt werden kann. *Bait al-taa* ist in vielen arabischen Ländern ins Gesetzesrecht übernommen worden. 1928 sagte Ihsan al-Kousi in einem Vortrag an der American University in Beirut: «Meine Herren, das *bait al-taa* ist gefährlicher als Gefängnisse für Verbrecher: die Gefangenen werden von Männern bewacht, die vom Gesetz befugt sind. Sie werden nicht durch Haß oder Erbitterung dazu getrieben, Rache zu nehmen oder die Grenzen ihrer gesetzlich zugestandenen Autorität zu übertreten. Der Ehemann aber ist offensichtlich ein beteiligter Wächter. Niemand kontrolliert ihn. An wen kann sich die arme Frau wenden, die dazu verdammt ist, ihm zu gehorchen? Er kann behaupten, daß seine eingekerkerte Frau ihm nicht gehorcht hat, also kann er sie beleidigen und schlagen, und das Gericht wird sein Verhalten nicht als außerhalb seiner gesetzlichen Rechte ansehen. All diese Ungerechtigkeiten werden begangen, obwohl der Staat eine gesetzliche Verordnung hat, die jeden bestraft, der einen anderen verletzt. Alle

Bürger befinden sich unter dem Schutz dieser Verordnung, d. h. alle außer dieser armen Frau. Das Schlimmste ist, daß diese Ungerechtigkeiten im Namen einer Religion begangen werden, die sagt: ‹Räche dich nicht an deinen Frauen› und: ‹Sei sanft mit ihnen oder verlasse sie mit Respekt.›»

Haus des Gehorsams

1962

«Nie, Onkel, das ist eine Lüge!»

So gellte meine Stimme durch den Gerichtssaal, als ich meinen Vater von der Anschuldigung freisprach, er hätte mich veranlaßt, das Haus meines Mannes zu verlassen.

Schallendes Gelächter erfüllte den Gerichtssaal... Der Richter lächelte und schaute nach unten. Die Personen rechts und links von ihm drehten sich in meine Richtung und flüsterten miteinander. Der Fall wurde auf ein anderes Mal vertagt.

Das nächste Mal trat mein Vater an die Jury heran. Er reichte ihnen ein Stück Papier. Leise sagte er:

«Dies ist die Geburtsurkunde meiner Tochter. Zum Glück habe ich sie gefunden.»

Es kam heraus, daß Nabila erst fünfzehn war!

Der Richter nahm meinem Vater die Urkunde ab und untersuchte sie. Dann... wurde der Fall abgelehnt. Mein Vater wurde nicht bestraft, weil er mich verheiratet hatte, als ich nach dem Gesetz noch minderjährig war. Er sagte glücklich:

«Laßt uns hoffen, daß wir dieses Jahr von diesen Gerichtsverhandlungen verschont werden.»

Aber ein paar Monate vor Ende des Jahres überraschte man uns mit der Nachricht, daß der Fall wiederaufgenommen worden sei. Mein Ehemann erklärte, daß ich nach dem Hijra-Kalender mein sechzehntes Lebensjahr vollendet hatte. Jetzt mußte ich ihm gehorchen.

Bei Sonnenuntergang, weniger als eine Woche nachdem wir die Nachricht bekommen hatten, kam meine jüngste Schwester hereingestürmt und rief:

«Versteck dich, Nabila. Versteck dich sofort. Da ist ein Polizist mit einem Soldaten und einer Frau in einer *milaya*, die nach dir fragen.»

Ich wußte nicht, was ich tun sollte. Ich saß in einer Ecke zwischen Wand und Kommode, von Weinkrämpfen geschüttelt. Ich hatte Angst.

Mein Vater kam rein und lächelte, um mir Mut zu machen.

«He, Kleines, das ist genug. Dafür gibt es keinen Grund. Komm. Zieh dich an, und dann komme ich mit dir.»

Ruhig verließen wir das Haus mit dem Polizisten und dem Soldaten.

In einem der Taxis... fand ich meinen Ehemann. Er begrüßte mich mit einem breiten sarkastischen Grinsen.

Ich beachtete ihn nicht, bis wir die Polizeistation erreicht hatten. Als das gerichtliche Verfahren beendet war, übergaben sie mich ihm. In diesem Moment konnte ich mich nicht mehr beherrschen. Ich sah ihn mit Verachtung in den Augen an.

Er antwortete mit einem Blick voller Niedertracht und Verachtung: «Wir werden sehen.»

Mein Vater fragte den Polizisten, ob er mich und meinen Mann begleiten könne, und er stimmte zu. Dann betrat ich das Haus des Gehorsams! Im Wohnzimmer wurde ich von einem Sofa begrüßt, das eher einer Schaukel glich. Auf beiden Seiten war ein Korbsessel, und vorne stand ein kleiner Tisch.

Ich eilte ins Schlafzimmer, um die restlichen Möbel zu begutachten... ein Holzbett, ein großer Schrank, ein Kleiderhaken.

Einen Augenblick lang starrte ich dies alles an. Dann fühlte ich, wie mir das Blut zu Kopf stieg, als ich herausplatzte: «Hier kann ich nicht leben. Ist dies das Haus des Gehorsams? Das ist nicht möglich.»

Vielleicht gab mein Vater meinetwegen vor, ruhig zu sein, oder vielleicht tat er auch nur so, um meinem Ehemann zu versichern, daß wir uns nicht aufregen würden. Auf jeden Fall strich er mir zärtlich über den Rücken. Dann sagte er mit einem Lächeln, das mir gezwungen vorkam:

«Nimm's nicht so schwer, Tochter. Beruhige dich. Dies ist das Haus des Gehorsams, und jemand wird es überwachen.» Er fügte hinzu: «Ich werde deine Mutter beruhigen. Ich bringe dir einen kleinen Koffer mit allem, was du brauchst.»

Mein Vater ging fort. Mein Ehemann folgte ihm wortlos auf den Fersen. Dann hörte ich den Schlüssel im Schloß.

Ich weinte nicht. Ich brach nicht in einem Sessel zusammen. Ich schwor mir, daß ich niemals Schwäche zeigen würde, was immer geschähe.

Ich eilte ins Schlafzimmer, wo ich zwei Decken fand. Ich nahm eine und ein Kopfkissen. Dann ging ich ins Wohnzimmer zurück, wo ich das Sofa als Bett benutzte.

Ich war glücklich, zu schlafen. Ich brauchte nur meine Situation sorgfältig zu überdenken. Ich war nicht weit vom Gefängnis von Kairo entfernt. Das Haus des Gehorsams überblickte seinen großen Hof. Ich lächelte in mich hinein.

Faul warf ich mich aufs Bett und überdachte alle Ereignisse des Tages. Dann hörte ich ein leises Klopfen an der Wohnungstür. Ich stand schnell auf. Es war mein Vater. Mit Hohn in der Stimme sagte ich: «Es ist abgeschlossen.»

Mein Vater flüsterte tief: «Macht nichts. Ich werde mich auf die Treppe setzen, bis jemand kommt.»

Mein Vater und ich unterhielten uns ziemlich lange durch die geschlossene Tür hindurch. Dann kam mein Ehemann und öffnete ohne eine Entschuldigung. Ohne zu warten übergab mir mein Vater, was er mitgebracht hatte. Vor meinem Mann ermahnte er mich, mich um das Haus des Gehorsams zu kümmern.

Mein Ehemann verschloß die Tür von innen.

Ich schüttelte still den Kopf und vertiefte mich in Bücher, um die ich meinen Vater gebeten hatte. Ich hob erst den Kopf von diesen Büchern, als die Dunkelheit den Raum eingehüllt hatte und ich die Gaslampe im Wohnzimmer anzünden mußte.

Ich las weiter, ohne mich um die wiederholten Versuche meines Mannes zu kümmern, mit mir zu reden. Aber meine Vertiefung ins Lesen half mir nicht, meine Nerven zu beruhigen und zu vergessen, was um mich herum geschah. Ich tat, als schliefe ich, damit ich besser nachdenken konnte. Leise schloß ich mein Buch und legte es beiseite. Ich drehte die Flamme niedriger und streckte mich dann auf dem Sofa aus, nachdem ich mich fest in die Decke gehüllt hatte. Ich schloß die Augen, um den stechenden Blicken meines Ehemannes zu entgehen. Aber dann hörte ich seine leisen Schritte in meine Richtung. Es dauerte nicht lang, und er hatte sich neben mich gesetzt und seinen Arm um meine Taille über der Decke gelegt. Trotz meiner Erregung und Abscheu blieb ich ruhig, bis ich spürte, wie er sich über meinen Mund beugte und sein schwerer Atem mich streifte. Ich konnte es nicht länger ertragen. Ich wich schnell aus und sagte wütend: «Adil, geh weg!»

Aber er ging nicht weg. Seine Annäherungen wurden heftiger und rauher. Ich kämpfte stur, bis er mich in Ruhe ließ.

Die Lampe schien ihm ins Gesicht, als er seine feurigen Blicke auf mich richtete und brauste: «Steh auf.»

Ich stand trotzig auf. «Entschuldigen Sie, der Herr...»

«Weißt du nicht, wer du für mich bist?»

«Was meinst du, nicht wissen... Ich bin deine Frau in den Augen des Gesetzes, mein Herr.»

«Schiebst du mich deshalb weg?»

Sehr, sehr ruhig und langsam antwortete ich ihm leise: «Weil ich dich nicht will.»

Er lächelte hochmütig und sarkastisch: «Nie?»

Selbstsicher: «Natürlich. Meinst du, das Gehorsamsurteil bedeutet, daß ich mich dir gegen meinen Willen hingebe? Adil, was immer du auch tust, nie in meinem ganzen Leben werde ich dein sein.»

Er antwortete mit der gleichen Selbstsicherheit: «Ich werde mich nie scheiden lassen.»

Er verließ mich in großem Zorn. Aber ich war entzückt über meine Befreiung vom ersten Kampf. Ich schlief wie ein Stein.

Er schien gedacht zu haben, daß es eine angemessene Strafe sei, wenn er mir kein Frühstück gäbe. Er wußte nicht, daß ich einen wunderschönen Morgen hatte. Nachdem ich aufgestanden war, beobachtete ich meine Kollegen hinter ihren Wänden. Ich sandte ihnen Morgengrüße, obwohl ich wußte, daß sie mich hinter ihren Zellenfenstern nicht sehen konnten. Trotzdem hatte ich das Gefühl, daß uns eine starke Gemeinsamkeit verband.

Ich verweigerte das Mittagessen, das mir mein Ehemann brachte. Ich tat so, als bemerke ich seine Anwesenheit nicht und als würde es mir nichts ausmachen, in diesem Haus zu sein. Leider hielt ich diese Abstinenz nicht durch. Meine Mutter kam nach einer Weile, und im nächsten Moment lag ich in ihren Armen, und unsere Tränen vereinten sich.

Als ich mich beruhigt hatte, aß ich das Essen, das meine Mutter mitgebracht hatte. In ihrer Anwesenheit versuchte mein Mann, mir einige nette Dinge zu sagen. Aber ich antwortete nicht. Er wurde wütend und bedrohte mich. Als meine Mutter ging, folgte er ihr.

Wieder hörte ich den Schlüssel im Schloß.

Trotz der ruhigen Nacht und des Friedens, der über allem lag, war ich in Panik angesichts des bevorstehenden Kampfes. Aber er näherte sich meinem Zimmer nicht, als er um Mitternacht zurückkam. Er überließ mich meinem Zorn, bis ich bei Tagesanbruch weinend einschlief.

Eine Woche verging in dieser Weise, mit einigen nächtlichen Kämpfen. Eines Morgens kam die Dienerin meiner Schwiegermutter, um unsere Wäsche zu waschen, und als sie nach oben ging, um sie aufzuhängen, schloß sie die Tür nicht ab. Dies war das erste Mal, daß ich nicht eingesperrt war. Eh ich mich's versah, saß ich in der Straßenbahn in Richtung Kubri Limun. Die Leute blickten erstaunt auf ein Mädchen, das über ihre schwarze *milaya* stolperte.

Ich entspannte mich erst, als ich an der Station Kubri al-Qubba aus der Straßenbahn stieg.

Meine Mutter lachte vergnügt, als sie mich in der *milaya* sah. Aber die Freude meines Vaters währte nicht lange. Als er von meiner Flucht erfuhr, sagte der Anwalt zu meinem Vater: «Er wird es wieder tun. Und beim dritten Mal wird der *nushuz* ausgesprochen. Ich glaube, das ist es, was er will. Sie wird weder verheiratet noch geschieden sein.»

Ich wurde schon vor Ablauf einer Woche zurückgeschickt. Der einzige Unterschied zum Mal davor war die Anzahl der Kämpfe, die ausbrachen, wenn mein Mann die Gaslampe löschte.

Der Gedanke an Flucht überkam mich erneut. Ich ergriff die Gelegenheit, als mein Mann seinen Mittagsschlaf hielt, ohne die Tür abzuschließen.

Es waren wunderbare Tage, die ich im Hause meines Vaters verbrachte. Ich redete mir ein, daß mein Mann nicht wieder versuchen würde, mich zurückzuholen. Aber eines Tages, als ich im Bad war, wurde ich von einem Aufruhr im Haus überrascht; die Stimme meiner Mutter leugnete, daß ich im Hause sei, und die Stimme meines Ehemannes forderte, daß das Haus durchsucht würde. Dann... ein leises Klopfen an der Tür und das Flüstern meiner Mutter:

«Es hilft nichts... Zieh dich gleich an!»

Ich weiß nicht, wie ich die Kleider meinem bebenden Körper anzog. Ich ging in großem Schmerz mit ihm. Ich hatte jede Hoffnung verloren, diesen Mann loszuwerden.

Diesmal wußte ich, wie ich mich rächen konnte. Nach ungefähr zwei Monaten Gefangenschaft im Haus des Gehorsams dachte ich, der Raum würde mich ersticken, daß ich es nicht mehr aushalten konnte. Dann traf ich eine Entscheidung, die mich ruhig schlafen ließ.

Früh am Morgen betrat ich das Zimmer. Schwer atmend sagte ich leise: «Möchtest du *nushuz*?» Entschieden fügte ich hinzu: «Geh heute nicht zur Arbeit. Laß uns vor Gericht gehen, und ich werde ihnen sagen, daß ich widerspenstig bin. Komm schon, gib mir die Papiere und laß mich aus dem Haus raus.»

Dann setzte ich mich hin und rang nach Atem.

Fröhlich sagte er: «Also nimmst du allmählich Vernunft an.»

Höflich fügte er hinzu: «Wann immer du zu mir zurückkehren willst, werde ich dich als meine Frau annehmen.»

Diesmal schloß er die Tür nicht hinter sich ab, und ich floh nicht. Ich beruhigte mich und erzählte meinem Vater von der Vereinbarung, die mein Mann und ich getroffen hatten.

Tief seufzend erwiderte er: «Das ist die beste Lösung. Später werde ich ihm zusätzlich eine kleine Summe anbieten, damit er sich scheiden läßt, und dann haben wir die Sache hinter uns.»

Er fügte hinzu, wie jemand, der eine Angelegenheit losgeworden ist: «Solange du entschieden hast, daß du nicht mit ihm leben möchtest, werde ich dich nicht zwingen.»

Unter den Papieren, die mein Ehemann mitbrachte, war eines, das bescheinigte, daß ich meinem Mann gegenüber ungehorsam gewesen sei und daß ich bis zum Ende meines Lebens kein Recht auf Scheidung oder Unterhaltszahlungen hätte. Mein einziges Recht war, das Haus des Gehorsams zu verlassen.

Ich stimmte diesen Bedingungen zu. Nun mußten die Papiere nur noch am nächsten Tag im Gerichtsgebäude unterzeichnet werden. Dann konnte ich mich für immer entspannen.

Am Nachmittag verließ er mich, um die Papiere zu kopieren, und ich war zum letzten Mal allein.

Die Ruhe war vollkommen. Der magische Sonnenuntergang zog mich ans Fenster. Ich schwebte weit jenseits von Muqattam. In meinem dunkelroten Kleid schwebte ich in völligem Frieden, trotz der Dunkelheit, die mein Eheleben einhüllte. Trotz des Scheins des Sonnenuntergangs zog ich die Nacht vor, die Zeit der Ruhe, um welchen Preis auch immer.

Als ich das Zimmer verließ, bemerkte ich die Jacke meines Mannes am Kleiderhaken. Schnell durchsuchte ich die Taschen. Ich fand, was ich suchte – all die gerichtlichen Papiere, die, wenn ich sie in die Hände bekam, ihn ein Jahr lang daran hindern würden, ein anderes Urteil zu erlangen. Ich schauderte vor Entzücken. Ich war hin und her gerissen zwischen der Versuchung, meine Freiheitspapiere zu stehlen, und dem Wunsch, meinen Sieg bis zum

Ende auszukosten. Die Ankunft meiner Eltern erlöste mich von dem Dilemma.

Ich beruhigte mich und zeigte meine Freude über die bevorstehende Freiheit. Ich sagte ihnen nicht, wo die Papiere waren. Nach einer Weile kam mein Ehemann, aber mit einem weiteren Dokument. Dieses attestierte mein *nushuz* für den Rest meines Lebens mit der Klausel, daß er das Recht habe, mir Gehorsam aufzuerlegen, wann immer ihm danach sei. Er versprach lediglich, daß er das Dokument nicht zur Anwendung bringen würde. Er würde hiermit nur dem Gesetz gehorchen.

Das Zimmer drehte sich um mich. Dann stakste ich in das andere Zimmer, und im Nu flogen die Papiere in winzigen Schnipseln durch die Luft. Dann kehrte ich zu ihnen zurück, nachdem ich das Fenster lautlos geschlossen hatte. Mein Vater bat uns beide, meinen Mann und mich, unsere Meinungsverschiedenheiten zu vergessen und unser Eheleben wiederaufzunehmen.

Ich tat, als würde ich mich fügen, bis mein Ehemann einem Waffenstillstand zustimmen würde. Sehr früh am Morgen zog ich mich auf der Treppe um und ließ meinen schnarchenden Ehemann zurück. Ich schloß die Tür hinter mir.

Ich war die einzige Frau in der noch erleuchteten Straßenbahn. Unterm Arm hatte ich ein Kleid, und darin war ein Paar Schuhe.

Die Überraschung meiner Familie über meine Anwesenheit hielt nicht lange an. Mein Mann tauchte sehr bald auf; er sah lächerlich aus: seine Kleider waren nicht zugeknöpft, seine Schuhe nicht zugebunden, sein Haar ungekämmt. Lächelnd sagte er: «Nabila, ist dies das Ergebnis?»

Dann schaute er mich zärtlich an: «Ich weiß sehr genau, daß du mich nicht willst. Also werde ich heute die Scheidung einreichen. Glücklich? Komm, zieh dich um. Gib mir einen Kamm und einen Schlips. Nach dem Frühstück kommt mein Onkel mit uns zu einem *maazun*.»

Er wartete, bis wir zum Aufbruch bereit waren. Dann nahm er mich beiseite und flüsterte: «Bring die Papiere mit.»

«Papiere? Was für Papiere?»

«Die Gerichtspapiere.»

Kalt und sarkastisch antwortete ich ihm: «Oh, die Papiere, die mich auf die Polizeistation bringen werden. Das Gehorsamsurteil, mit dem du mich für den Rest meines Lebens ersticken willst.»

Er wurde von einer unbeschreiblichen Wut ergriffen. Als er ging, schwor er, den Fall wiederaufzurollen, egal, wieviel Geld und Mühe es koste.

Ich wußte, er würde zurückkommen. Tatsächlich kam er noch am selben Tag und versuchte ein letztes Mal, mich zu sich nach Hause zu locken. Aber ich weigerte mich. Das Haus des Gehorsams hatte mich gelehrt, das Alleinsein mit meinem Mann zu fürchten.

Als wir bei dem *maazun* waren, erschrak ich furchtbar, als mein Mann aufstand, uns verließ und mich dann von der Tür eines benachbarten Zimmers zu sich rief.

Ich antwortete nicht und schaute ängstlich meinen Vater an, der leise sagte: «Sieh nach, was er will.»

Zitternd vor Angst ging ich zu ihm. Er zog mich in das Zimmer, und ich war sicher, ich würde auf der Stelle sterben. Aber er drückte mich zärtlich an seine Brust und küßte meine Stirn, und dann sagte er seufzend und weinend:

«Auf Wiedersehen, Nabila. Ich wollte dich für immer bei mir haben. Es scheint, als wüßte ich nicht, wie.»

Ich fing an zu weinen, als ich den Scheidungsspruch hörte, als hätte man mir einen Dolch ins Herz gestoßen.

Als ich auf die Straße hinausging, klangen die letzten Worte meines Mannes noch in meinen Ohren.

Der letzte Satz war, trotz seiner Einfachheit, das einzig Nette, was er mir während unserer gesamten Ehe gesagt hatte. Ich fühlte eine gewisse Reue, denn plötzlich hatte ich erkannt, daß er mich wirklich liebte. Trotzdem weigerte ich mich standhaft, zu ihm zurückzukehren, als er mich noch einmal bat.

Das Haus des Gehorsams und sein Schatten hatte mich ihm entfremdet... für immer.

Andrée Chedid

(*1921)

Andrée Chedid ist in Kairo geboren. Sie besuchte französische Schulen und die Amerikanische Universität in Kairo. Nach ihrer Heirat lebte sie von 1942–1946 im Libanon. Danach ging sie nach Paris, wo sie seitdem, von regelmäßigen Reisen in den Nahen Osten unterbrochen, lebt. 1988 wurde ihr die Ehrendoktorwürde der Amerikanischen Universität in Kairo verliehen. Elizabeth Rodenbeck schrieb nach einem Interview, das sie in Kairo mit Chedid geführt hatte: «Die kulturübergreifenden Verbindungen und Einflüsse in ihrem Leben haben ihr Empfinden geschärft und bereichert, haben sie offener gemacht, so daß sie sich in die Lage von Menschen, vor allem Frauen, versetzen kann, die in so unterschiedliche traumatische Situationen verstrickt sind wie den Bürgerkrieg im Libanon, ein Erdbeben in Algerien oder den Schmerz und die Einsamkeit in einer lieblosen Ehe.»

Ihr 1960 erschienener Roman *Le Sixième Jour* (Der sechste Tag) über die Cholera-Epidemie 1947 in Ägypten wurde von Yusef Shaheen unter dem Titel *Al-Yaum al-Sadis* verfilmt und auf den Filmfestspielen in Kairo 1987 ausgezeichnet. Sie hat neunzehn Gedichtsammlungen veröffentlicht, darunter *Double Pavs* (Zweifache Heimat, 1965), *Fraternite de la Parole* (Brüderlichkeit des Wortes, 1972) und *Ceremonial de la Violence* (Da Zeremoniell der Grausamkeit, 1976). Zu ihren sieben Romanen gehören *Heart on Holiday* (Herz auf Urlaub, Kairo 1943), *Le Sommeil Délivre* (Der befreite Schlaf, 1957) und *La Maison sans Racines* (Das Haus ohne Wurzeln, 1985). Neben fünf Theaterstücken publizierte sie zwei Kurzgeschichtensammlungen, *L'Étroite Peau* (Die enge Haut, 1965) und *Le Corps et le Temps* (Der Körper und die Zeit, 1978). Sie erhielt zahlreiche Literaturpreise, u. a. für französische Literatur 1975 den Großen Preis der Königlich-Belgischen Akademie.

«Haus der Gefangenschaft» stammt aus der Sammlung *L'Étroite Peau*. Es ist eine Geschichte, die dem Roman *Le Sommeil Délivre* sehr ähnelt. Eine Frau wird von ihrem tyrannischen Ehemann zum Wahnsinn getrieben und beschließt, ihn zu töten. Während es der Protagonistin des Romans gelingt, schafft diese es nicht. Ihr Mann beherrscht ihre intimsten Gedanken. Sie kann sich in keiner Weise von ihm befreien.

Haus der Gefangenschaft

1965

Es wandelt sich die Welt zum finstern Haus
Zum feuchten Kerker voller Angst und Schauer.
Und flatternd, scheu wie eine Fledermaus
Rennt Hoffnung sinnlos gegen Wand und Mauer.
Baudelaire

So war sie auf die Idee gekommen.

Sie hatte ihn schlafen sehen. Er hatte auf dem Rücken gelegen, die Arme ausgebreitet, die Beine zusammen, die Brust voll Schnarchen.

Dicker, träger Rauch kam aus seinem Mund, umkreiste schwerfällig sein Kinn und seinen bürstenartigen Schnurrbart (sie bemerkte, daß er aus demselben Material war wie das Stroh, auf dem Tiere schlafen) und setzte ihn plötzlich in Brand.

Das Feuer verfing sich im Stroh des Schnurrbarts, griff auf das Stroh der Augenbrauen über, fraß das Stroh der Haare, das Stroh der Matratze, und alles loderte still vor sich hin.

Von dem ausgestreckten Mann blieb nur ein gerader grauer Rauchfaden übrig, der durch das Loch in der Decke, das als Kamin diente, verschwand.

Sie hatte alles mitangesehen, ohne daß es sie berührte.

Dann fiel ihr ein, daß sie die schwarzhaarige Katze wegschieben sollte, die in ihr Korsett geschlüpft war. Sie spürte ihre Krallen auf der Haut. Aber ihre unruhigen Finger brachten nur ein Blatt zum Vorschein, das trocken zu Boden fiel. Ein braunes, totes Blatt. Sie zerdrückte es gleichgültig mit dem Fuß.

Wie leicht sie nun atmet! Wie weitläufig das Haus geworden ist. Sie geht langsam zur Tür, öffnet sie. Und die Nacht vor Augen, stellt sie sich aufs Warten ein.

So war sie auf die Idee gekommen. Einfach so, durch einen Traum.

Sie würde es diese Nacht tun.

Wenn die Straßen mit dem Mond allein wären, unberührt wie ein junges Mädchen, dann würde sie es tun.

Es würde ausreichen, kräftig abzudrücken. Einmal, zweimal. Ihre Hände dürfen nicht zittern. Sie muß ihr sechzigjähriges Herz und ihre wandernden Gedanken beruhigen. Sie muß diesem Haß ein Ende setzen, dieser Masse an Erinnerungen. Dieser Gegenwart ein Ende setzen, diesem Körper, dieser Stimme und diesem Kratzen im Hals, das immer dasselbe ist und einen dazu bringt, etwas zerquetschen, zerstören zu wollen.

Sie konnte diese Gegenwart nicht länger ertragen, fremd und vertraut zugleich. Sie wünschte, der Nil möge über die Ufer treten und diesen Mann hinwegspülen, ihn verschlingen, das Haus und auch sie, wenn es sein mußte! Doch Flüsse denken ebensowenig wie Menschen daran, einem zu helfen.

Alles gerät durcheinander, wird aufgewirbelt und verschwindet, bevor ein Wort sich an das andere kettet. Und doch hat aus heiterem Himmel und nach vierzig Jahren Resignation etwas geklickt. Sie, die nie daran gedacht hatte, ihn zu verlassen, die durch Gewöhnung an die Eintönigkeit und an die Grausamkeit der Sitten wie gelähmt gewesen war, auf einmal ertrug sie es nicht mehr.

Eine verrückte Hoffnung ließ sie aufrecht gehen, eine Klinge wurde geschärft, die ihre Angst durchschneiden würde. Sie mußte ein Ende setzen, ‹ein Ende setzen›. Der Satz kehrte wieder wie ein Flügelschlag. Sie mußte ein Ende setzen. Um worauf zu warten? Auf den Tod?

Das würde nichts verändern. Denn das war das Leben gewesen, ein einziges langes Warten.

Sie hatte sich immer mehr in sich verkrochen, ohne Staunen. Kinderkriegen, Rückkehr zur Arbeit, die Leere des Schweigens, die Worte: diese hohlen Bälle, die an den Wänden abprallen.

Der Mann reckte sich, gähnte laut, rieb sich die Augen. Seine Mittagsruhe war zu Ende. Er stützte sich auf die Ellbogen.

«Ich will meinen Tee», sagte er.

Sie nickte. Das Wasser kochte. Sie nahm die weiße Eisendose, die in der Ecke stand. Wenn sie sich bückte, mußte sie wegen eines eingeklemmten Muskels immer vor Schmerz aufstöhnen, aber noch nie war ihr der Gedanke gekommen, die Dose in Reichweite zu stellen. Das Haus, das etwas abseits vom Dorf lag, war nicht so ärmlich wie die anderen, aber es war verkommen.

«Heb meine Kleider auf, und gib mir meine Pantoffeln», sagte der Mann.

Er saß mit herabhängenden Beinen auf dem Bett, barfuß, die Zehen gespreizt. Sie stellte die Dose auf die Trittleiter, ging auf ihn zu und kniete nieder, um die Pantoffeln zu suchen – er schleuderte sie immer unter die Matratze. Ihr Rücken brach fast, aber sie unterdrückte den Schrei. Immer noch auf den Knien, zog sie ihm die Pantoffeln über die Füße. Dann bedeutete er ihr, sie solle gehen, und er schleppte sich ächzend zur Tür.

Wie jeden Abend trat er über die Schwelle und setzte sich auf die einzige Stufe. Dort stieß er die Pantoffeln von sich, damit «seine Füße atmen» konnten. Dann wartete er mit halbgeöffnetem Mund und verschränkten Armen darauf, daß die Zeit verging.

«Wenn du die Pantoffeln so selten trägst, warum gibst du sie nicht einem deiner Söhne?» hatte sie ihn oft angefleht.

Darauf pflegte er nur mit den Achseln zu zucken, ohne sich zu einer Antwort herabzulassen.

Der Tee war fertig. Sie goß ihn in ein Glas, nachdem sie ihre Lippen damit befeuchtet hatte, um sich zu vergewissern, daß er gut schmeckte. Dann gab sie ihn ihm.

Mit dem ersten Schluck spülte er den Mund aus. Er schob ihn mit der Zunge hin und her, dann spuckte er ihn in die Luft und traf seine Kleider und die Pantoffeln damit. Auf dem gelben Leder war bereits ein Kranz unauslöschlicher Flecken zu sehen.

«Gib sie deinem Sohn», sagte sie. «Du kannst sie offensichtlich nicht gebrauchen, und du verdirbst sie nur.»

Wieder zuckte er mit den Achseln. Sie hatte es aufgegeben, sich Gehör verschaffen zu wollen.

«Der Tee ist nie stark genug. Nie stark genug! Wann wirst du es endlich lernen, meinen Tee so zu machen, wie ich ihn mag?»

Sie hörte ihm nicht zu. Auch das hatte sie aufgegeben.

Einige feuchte Teeblätter waren auf dem Boden der Kanne geblieben. Sie klaubte sie mit der Hand heraus und kaute auf ihnen.

Als es dämmerte, begann sie unruhig zu werden. Sie ging zu dem zerwühlten Bett, um die Decken aufzuschütteln.

«Laß mein Bett in Ruhe!» rief er.

Als sie überrascht innehielt, wiederholte er: «Laß mein Bett in Ruhe. Komm her und setz dich.»

Sie ging zur Tür und blickte auf den Rücken des Mannes herab, als sähe sie ihn zum ersten Mal. Es war ein breiter, fetter Rücken. Genügend Platz, um ein paar Kugeln darin unterzubringen.

‹Wenn er an der Bettkante ist. Wenn er sich auszieht, wenn er das lange Hemd über den Kopf zieht, wenn sein Kopf im Hemd gefangen ist wie ein Fisch...›

Sie kauerte sich auf der Stufe an seine Seite. Nun berührten sich ihre Ellbogen; im Straßenstaub standen ihre Füße sorgfältig nebeneinander aufgereiht.

‹Wenn sein Kopf wie ein Fisch im Hemd gefangen ist. Ich werde abdrücken, einmal, zweimal.›

Das Gewehr lag unter der Matratze, sie kannte seine Umrisse auswendig. Sie hatte geübt, es in ihre Achselhöhle zu klemmen. Sie würde kräftig abdrücken. Mit aller Kraft. Sie versuchte, sich vorzustellen, wie er aussehen würde, wenn alles vorüber war. ‹Derselbe Kopf, aber er wird nicht mehr da sein.›

Sie saßen Seite an Seite, ihre schwarzen Kleider verschmolzen miteinander. Zwischen ihren Schultern hätte kaum eine Stecknadel Platz gefunden.

Ein paar Arbeiter, die vom Feld zurückkamen, grüßten im Vorbeigehen. «Mögt ihr ein langes Leben haben!»

Sie antworteten mit dem gleichen Lächeln, er hob die Hand an die Stirn, und sie senkte den Kopf.

«Frau, es wird kalt! Geh und hol meine Mütze, und bereite mir mein Bett.» Dann, gleich darauf: «Ich gehe selbst. Bleib, wo du bist. Ich sage dir doch, ich will es selbst tun.»

Er war noch nie aufgestanden, um irgend etwas selbst zu tun! Er ging zum Bett, nahm die Mütze unter dem Kissen hervor und schob sie sich auf den Kopf: «Warum siehst du mich so an? Kann ich nichts tun, ohne daß du mich anstarrst wie eine Kröte?»

«Bald», murmelte sie, «bald wirst du meine Krötenaugen nicht mehr sehen!»

Einige Augenblicke später hatte er den Platz an ihrer Seite wieder eingenommen. Gemeinsam sahen sie zu, wie es Nacht wurde.

Die letzten Heimkehrer von den Feldern waren verschwunden. Friede hüllte die Gassen ein. Einige verspätete Krähen flogen davon, die Zweige spielten mit dem Wind. Ab und zu stieg der Schrei eines Tieres oder eines Kindes aus einer geschlossenen Hütte auf.

In Kürze würde der Halbmond rechts vom Minarett erscheinen. Es wurde wieder Zeit, schlafen zu gehen.

Das Zimmer wurde von einer Gaslampe mit zögerlicher Flamme erleuchtet. Die beiden Betten standen einander gegenüber; das der Frau war nur eine Matratze auf dem Fußboden.

Der Mann zog sich aus und verstreute seine Kleider um sich herum: Dann schleuderte er die Pantoffeln unters Bett. Die Frau biß die Zähne zusammen und starrte ihn an. Dann wandte er ihr den Rücken zu, und seine Bewegungen wurden immer langsamer. Sie hatte genügend Zeit, um zu tun, was sie vorhatte.

Er beugte sich vor, um den Hemdzipfel aufzunehmen. Bald würde das Hemd seinen Kopf bedecken, das würde der Augenblick sein.

Sie drehte sich vorsichtig um, bückte sich, um mit der Hand unter die Matratze zu greifen. Das Holz des Gewehrs war warm, wie etwas Lebendiges. Sie dachte an die Brust eines Vogels, mit Kugeln als Herz.

Bald würde es so weit sein. Sie zitterte nicht. Ihr Auge und ihr Arm waren jung. Sie wußte, was sie zu tun hatte, sie konnte nichts falsch machen. Sie mußte sich blitzartig umdrehen, zielen, bis drei zählen und schießen.

Eine Explosion zerriß die Luft. Dann eine zweite. Ein brennender Schmerz durchdrang ihren Rücken, erstickte ihren Schrei. Schwankend drehte sich das Opfer um die eigene Achse und brach zusammen, mit dem Gesicht auf dem Lehmboden.

Der Mann kommt näher, betrachtet sie. Neben der leblosen Frau läßt er das Gewehr fallen und bemerkt nicht die andere Waffe, die teilweise unter seiner Kleidung verborgen ist.

Wie leicht er nun atmet! Wie groß das Haus geworden ist.

Langsam geht er zur Tür, öffnet sie. Und, die Nacht vor Augen, stellt er sich aufs Warten ein.

Samar Attar

(*1940)

Samar Attar ist in Damaskus geboren. Ihre Mutter, Masara Azam, stammte aus einer alten feudalen Familie, deren Vorfahren osmanische Gouverneure in Syrien gewesen waren. Ihr Vater, Faiik Attar, Chirurg, stammte aus einer Akademikerfamilie. Sie ist die jüngste von sechs Kindern, von denen fünf Mädchen sind. Eine ältere Schwester, die großen Einfluß auf sie hatte, schenkte ihr zu ihren Geburtstagen russische, deutsche, französische und englische Romane in Übersetzung. Samar Attars feministisches Bewußtsein wurde durch eine in der Familie oft wiederholte Geschichte über ihre Geburt erweckt. Als eine ihrer Tanten, die gerade im Sommerurlaub war, hörte, daß ihre Mutter wieder ein Mädchen bekommen hatte, schickte sie ein Telegramm, in dem stand, die Nachricht vom Ausbruch des Zweiten Weltkriegs sei weniger schockierend. Dies, sagt Samar Attar, kam von liberalen Leuten, die nie einen Unterschied zwischen Frauen und Männern machten.

Mit fünfzehn veröffentlichte Attar ihre ersten Gedichte in *Al-Dunya*, einer literarischen Wochenzeitung. Während ihrer ganzen Schul- und Collegezeit veröffentlichte sie in *Al-Ayyam*, einer Tageszeitung, *Al-Adab* und in *Al-Maqasid*, einer libanesischen Zeitschrift. Sie schrieb jede Woche eine Kurzgeschichte für *Laila*, eine Zeitschrift mit politischen, sozialen und literarischen Themen.

Im Gymnasium wirkte sie bei Hörspielen mit. Später, als Studentin an der Universität Damaskus, hatte sie eine tägliche Radiosendung namens «Öffne der Sonne das Fenster». Sie spielte auch auf der Bühne und im Fernsehen.

Attar studierte englische und arabische Literatur an der Universität von Damaskus. Sie erhielt ihren MA an der Dalhousie University in Halifax und ihren Doktor an der State University of New York in Binghampton. Sie hat arabische und englische Literatur in den Vereinigten Staaten, Algerien, Deutschland und Australien gelehrt und unterrichtet jetzt an der Universität von Sydney.

Unter ihren neueren Veröffentlichungen sind die Romane *Laila* und *Al-Bait fi Sahat Arnus* (Das Haus am Arnusplatz) und Gedichte in *Women of the Fertile Crescent* (Frauen des fruchtbaren Halbmonds) und *The Penguin Book of Women Poets*. Sie hat auch ein Hörspiel geschrieben, «Australia Day», 1988.

Heutzutage kehrt sie nur auf Besuch nach Syrien zurück. Bei einem dieser Besuche beschloß sie, über ihr Familienhaus und das Familienleben dort zu schreiben. Sie schrieb den Roman *Al-Bait fi Sahat Arnus*, in dem sie ihrer Vergangenheit nachspürt und sich ihr stellt. «Rima» ist ein Kapitel aus diesem Buch.

Als Samar Attar geboren wurde, trugen Frauen in den Städten Syriens noch den Schleier. In den sechziger Jahren war das Land, wie sie sagt, konservativer als Ägypten und der Libanon. Die Romanfigur Rima hat sich zwischen die Stühle gesetzt. Sie hat neue Ideen aus Büchern, der Universität und politischen Diskussionen mit ihren linken Freunden in sich aufgenommen. Weil sie beschlossen hat, nicht zu heiraten, geht sie arbeiten und wohnt weiterhin bei ihrer Familie. Die Geschichte von Rima ist eine erstaunliche Darstellung des Dilemmas einer teilweisen Rebellion. Indem sie bei der Familie blieb – wie es von unverheirateten Frauen und Männern erwartet wird –, entkam sie der Ehe, aber nicht der Häuslichkeit und Beengtheit.

Rima

1988

Rima Hanim will, daß wir das Haus verkaufen›, sagte Fatum zu mir, während sie eines regnerischen Morgens den Knoblauch mit dem Messingmörser zerstampfte.

«Aber Bahiya und ich werden diesen Ort nicht verlassen, bis sie uns in einer Kiste raustragen», versicherte sie mir und rollte mit ihren kleinen schwarzen Augen.

«Will irgend jemand es kaufen?» fragte ich sie vorsichtig.

«Niemand will sehr viel bezahlen. Aber Mr. Hassan, unser Verwandter, möge Gott seinen Sinn wandeln, erzählte ihr, er könnte es abreißen lassen. Er will an der Stelle Geschäfte und Büros bauen. Seitdem hüpft sie auf und ab. Häuser in Al-Maza, am Ende der Welt, nicht annähernd wie unser Haus, sind Millionen wert. Möge ich sterben, so Gott will, bevor ich mitansehen muß, wie sie das Haus verkauft und Flüchtlinge aus uns macht», murmelte Fatum. Ich sah, wie sie den Stößel ins Waschbecken legte und sich einen Moment lang am Wasserhahn festhielt, als fürchte sie, das Gleichgewicht zu verlieren.

Im Gegensatz zu Fatum war Rima mit ihrem Leben unzufrieden, und sie mußte an irgend etwas ihre Wut auslassen und fand nichts außer unserem Haus. Das war nichts Außergewöhnliches. Wir alle suchen ab und zu nach einem Sündenbock. Aber sie war wie besessen, und mit den Jahren war unser Haus zu einem Symbol geworden für alles, was abstoßend und verhaßt ist – ein Gefängnis, das sie daran hinderte, Wissen zu erlangen, und eine Gruft, in der sie in ihrer Jugend lebendig begraben wurde. Sie wollte nichts darin reparieren. Zugegeben, die Außenwände konnte sie nicht streichen, auch die großen Löcher nicht stopfen, die an der Vorderseite sichtbar wurden, weil die Preise der Stukkateure und der Maler sehr hoch waren, wie Bahiya sagte. Aber ich hatte während meines Besuchs das Gefühl, daß Rima, ohne sich dessen bewußt zu sein, wünschte, das Haus würde eines Tages einstürzen, vielleicht auf Bahiya und Fatum, damit sie fliehen könnte, auch wenn sie nicht genau wußte, wohin.

Ich konnte mit Rima nicht über unser Haus in Damaskus reden. Sie wurde immer wütend auf mich, wenn ich versuchte, irgend etwas darüber zu sagen. Ich hatte es für immer verlassen, und in ihren Augen hatte ich kein Recht zur Kritik. Sie wußte, ich würde nicht lang in Damaskus bleiben. Ich war ein fremder Gast, sogar in den Augen anderer, und liebte mein Haus nicht genug, wie sie mir sagte, denn wenn ich es geliebt hätte, wäre ich nicht fortgegangen.

Nein. Rima fand es nicht notwendig, unser altes Haus zu renovieren und seinen alten Glanz wiederherzustellen, weil sie nicht davon überzeugt war, daß es eine Rettung verdiente. Die großen alten Damaskus-Häuser wurden abgerissen, und niemand protestierte, wie sie mir erzählte. Unser Haus war nach ihrer Ansicht kein großes altes Haus. Es lag nicht an einem Fluß. Keine Jasminzweige hingen vor den Fenstern, und die Wände in den großen Räumen waren auch nicht mit Mosaikfliesen gekachelt.

Ich hätte sehen sollen, wie das Haus meiner Freundin Nadia auseinanderfiel. Nadia erzählte mir verächtlich, wie die Feigenbäume gefällt wurden, und auch die Kirschbäume, und wie der Yazid-Fluß sich mit Erde füllte und nie jemand dagegen protestierte. Ihre Stimme zitterte leicht. Sie hatten Nadias Haus bis zum Schluß übriggelassen. Sie rissen die anderen Häuser zuerst ab.

Als Nadia nach jahrelanger Abwesenheit nach Damaskus zurückkehrte, entdeckte sie, daß ein Fremder allein in ihrem Haus wohnte. Wieviel Räume gab es da? Sie konnte sich nicht einmal erinnern. Sie klopfte vorsichtig an die Tür. Um sie herum gab es nichts als verfallende Häuser, und als das Gesicht eines Mannes in der schmalen Tür erschien, wußte sie nicht, was sie ihm sagen sollte.

Aus dem Augenwinkel sah sie den Brunnen im Innenhof im Sonnenlicht tanzen. «Du bist am falschen Ort, Schwester», sagte der Mann und hustete leicht. «Dies Haus wird bald abgerissen. Niemand wohnt hier jetzt.» Bevor sie protestieren konnte, und bevor sie ihm sagen konnte, daß sie über fünfundzwanzig Jahre in diesem Haus gelebt hatte, hatte er ihr die Tür vor der Nase zugemacht.

In Nadias Garten hatten Massen von Rosenstöcken und Bäumen gestanden, die die Araber schon über Jahrhunderte kannten und die sie nach Spanien, Italien und Malta mitgenommen hatten. Was bringt es jetzt, niemand protestierte, als sie die Bäume fällten und die Brunnen mit Schlamm zugeschüttet wurden und die Häuser verfielen. Rima fragte mich, ob ich wüßte, daß Antiquitätenhändler ihre Männer zu Abrißhäusern ausschickten, um Teile von Fliesen oder Reste von Wänden zu finden, die mit feinen Mustern bemalt waren. Nein. Nein. Unser Haus ist nicht wie Nadias Haus, versicherte sie mir und schluckte schwer, als ob sie selbst nicht überzeugt wäre von dem, was sie sagte. Auf jeden Fall könnte ich ja in dem Haus bleiben, wenn es mich so interessierte, sagte sie spöttisch zu mir und ließ mich im Wohnzimmer zurück.

Rima war normalerweise in allem vernünftig, und wir konnten über diverse Themen ruhig mit ihr diskutieren – alle fünf Kinder, ungeachtet der Unterschiede in Alter, Bildung und politischen und sozialen Ansichten. Früher suchten wir bei ihr in schwierigen Zeiten Zuflucht, und sie fand Lösungen für unsere Probleme und vermittelte zwischen uns, wenn wir uns stritten. Sie hatte keine Feinde innerhalb oder außerhalb des Hauses. Wirklich, ich weiß nicht, wie sie das schaffte. Sie änderte nicht ihre Meinung, wenn andere ihren politischen oder sozialen Ansichten widersprachen. Sie nannte die Dinge beim Namen, aber Meinungsverschiedenheiten mit anderen hinderten sie nicht daran, mit ihnen befreundet zu sein. Sie wurde gemocht. Sie hatte Freunde, die Kommunisten waren, andere, die rechts standen, und andere, die Sozialisten waren. Wann immer ich sie in Verwunderung anschaute, lachte sie wie ein Kind und sagte: «Sanftmut ist der Schlüssel zu allem im Leben.»

Aber nach dem Tod meiner Mutter in den Siebzigern begann Rima, sich nach und nach zu ändern; und ohne es zu wollen, mußte sie die Rolle des Mannes im Haus übernehmen. Sie konnte nicht über längere Zeit von Damaskus fortbleiben. Sie war für zwei unmündige Frauen verantwortlich – wenn sie auch fast sechzig waren –, die in jeder Beziehung von ihr abhängig waren. Sie regelte ihre Finanzen. Sie kaufte ihren täglichen Bedarf in den staatlichen Läden. Sie war diejenige, die sie ab und zu an Freitagen oder offiziellen Feiertagen zu Ausflugszielen außerhalb von Damaskus begleitete. Rima mochte ihre neue Verantwortung nicht. Weil sie es vorzog, nicht zu heiraten und Kinder zu kriegen, hatte sie beschlossen, zu arbeiten und eine unabhängige Frau zu sein. Doch sie hatte unser Haus nicht verlassen, um in ein eigenes Haus zu ziehen. Vielleicht, weil das in unseren Kreisen nicht üblich war – Frauen oder Männer, die nicht verheiratet sind, bleiben bis zum Tod bei ihrer Familie. Aber in Rimas Fall lag es wahrscheinlich daran, weil Wohnungen in der Stadt nicht leicht zu bekommen und die Mieten extrem hoch waren. Und es war praktisch für Rima, in unserem Haus zu wohnen und Frühstück, Mittag- und Abendessen immer vorgesetzt zu bekommen. Sie versuchte, meiner Sichtweise zu widersprechen, indem sie sagte: «Ich esse sehr wenig. Ich mache mir nichts aus Essen.» Ihr Zimmer wurde jeden Tag geputzt und die Bücher auf den Regalen abgestaubt. Der Spiegel an ihrem Toilettentisch und ihre Fenster waren blitzsauber und der kleine Kiefernholztisch poliert. Die Fußbodenfliesen wurden mit Wasser und Seife gewischt. Aber Rima hatte es lieber, wenn niemand ihr Zimmer betrat; Bahiya, behauptete sie, hatte die französischen Parfumfläschchen zerbrochen, als sie staubwischte oder die Bücher auf den Regalen ordnete. Rima schloß manchmal ihre Zimmertür ab, bevor sie um Viertel vor acht das Haus verließ, damit Bahiya das Zimmer nicht betreten konnte. Aber oft vergaß sie es, so daß sie, wenn sie gegen drei Uhr nachmittags nach Hause kam, sich über irgend etwas beschweren konnte: Bahiya hatte ihren Stift vom Telefon weggenommen (es gab zwei Telefone in unserem Haus, eins für Rima und eins für uns); Bahiya hatte ihre Bluse gewaschen, die hätte gereinigt werden sollen; Bahiya hatte ihre Dose mit Christian-Dior-Hautcreme zerbrochen.

Mit den Jahren wuchs ihre Manie: ihre Manie Bahiya gegenüber, ihre Besessenheit mit dem Haus. Rima war nicht mehr vernünftig. Sie wurde ungeduldig. Sie wurde aus den kleinsten Gründen wütend. Ein Gedanke kam ihr immer wieder, Tag und Nacht. Sie sprach nur noch darüber, das Haus zu verkaufen oder es in Wohnungen und Geschäfte aufzuteilen. In ihrer Vorstellung verwandelte sich unser Haus (das Haus, in dem wir alle aufgewachsen waren, außer Afaf, die früh geheiratet hatte) in ein fürchterliches Tier, das ihr den Schlaf raubte und ihr das Leben zur Hölle machte.

Vielleicht war es die tägliche Monotonie, die sie dazu trieb, unser Haus zu hassen. Fünfundzwanzig Jahre lang, nach ihrem Abschluß an der Universität von Damaskus, stellte sie den alten Wekker, den wir in den vierziger Jahren gekauft hatten, auf Viertel nach sieben. Sie stellte den Wecker vor ihr Zimmer und schloß die Tür. Sie konnte nachts nicht mit dem Wecker im selben Zimmer schlafen. Das Ticken war zu laut, sie hatte einen leichten Schlaf, und ihre Nerven waren immer aufs äußerste gespannt. Bei einem Aufenthalt in Europa vor ein paar Jahren kaufte Rima einen kleinen Radiowecker. Er tickte nicht und gab überhaupt kein Geräusch von sich, und um Viertel vor sieben wurde Rima von klassischer Musik geweckt. Ein paar Minuten später öffnete Bahiya dann die Tür zu ihrem Zimmer mit einem Frühstückstablett, das sie neben das weiße Telefon stellte. Dann öffnete sie die Balkontür, und die Sonnenstrahlen traten allmählich ins Zimmer. Rima erhob sich immer sehr schwerfällig. Erst schob sie das Kissen unter den Kopf. Dann streckte sie vorsichtig die Hand aus, um die kleine Kaffeetasse hochzuheben. ‹Was für ein schöner Morgen›, sagte Bahiya dann für gewöhnlich zu ihr und setzte sich auf die lange graue Chaiselongue, um sich selbst noch eine Tasse Kaffee einzuschenken (war es die dritte oder vierte? Ich weiß es nicht, denn sie stand immer um halb sechs oder sechs auf), und bevor sie ihren Kaffee ausgetrunken hatte, sagte sie zu Rima: ‹Möge Gott Gefallen an dir finden. Vergiß nicht die Orangen heute, und wenn es Bananen im staatlichen Laden gibt, kaufe ein paar Kilo für uns!› Dann schenkte sie Rima noch eine Tasse ein, nahm das Tablett und verließ das Zimmer.

Manchmal trank ich mit ihnen Kaffee. Nicht ein Mal wagte ich es, mich auf Rimas Bettkante zu setzen. Sie mochte es nicht, wenn irgend jemand ihre amerikanische Bettwäsche oder die weiße wollene Bettdecke anfaßte, die sie vor ein paar Jahren in Algerien gekauft hatte. Wir amüsierten uns alle über ihr exzentrisches Verhalten, das sich mit zunehmendem Alter verstärkte. Zum Beispiel wußten wir, daß Rima es nicht mochte, wenn jemand von uns auf ihrem Bett oder auf der langen grauen Chaiselongue saß, besonders während unserer Periode. Wir konnten diese Dinge nicht mit ihr besprechen. Sie war nicht vernünftig, wenn das Thema «Sauberkeit» diskutiert wurde, und immer, wenn wir sie ärgern und sie «fiepsen» hören wollten – so nannten wir alle einhellig ihr Geschrei, das sich von dem Bahiyas unterschied –, gingen wir in ihr Zimmer und setzten uns auf die Bettkante. Ich glaube, wenn Rima uns mitsamt unserer Kleidung hätte kochen können, hätte sie es getan. Wir gingen – nach ihrer Ansicht – auf die Straße, fuhren Bus und Taxi und stießen mit Leuten zusammen und trugen ihre Gerüche und ihren Schmutz mit uns herum. Sie wollte nicht, daß die Bakterien in ihr Zimmer geschleppt wurden.

Natürlich müßte ich lügen, wenn ich behauptete, daß Rima die einzig Neurotische in unserem Haus war. Wir waren alle auf die eine oder andere Weise neurotisch. Doch Rimas Neurose in bezug auf «Sauberkeit» sprengte alle Grenzen. Wann immer ich mir ihr Bild ins Gedächtnis rufe, sehe ich sie, wie sie zwischen ihrem Zimmer und dem Badezimmer hin und her rennt, um sich die Hände zu waschen oder eine halbe Stunde unter der Dusche zu stehen oder ihre Kleider in Wasser und Seife einzuweichen. Die Männer in ihrem Büro rauchten ohne Unterbrechung und hatten, wie sie mir sagte, einen schlechten Geruch.

Ich lachte mit Bahiya, als ich von der Abmachung zwischen ihr und Rima über die Benutzung der westlichen Toilette und der beiden arabischen Toiletten in unserem Haus erfuhr. (Eine Toilette war nur für Fatum und eine für die Gäste. Bahiya setzte sich auf den Deckel der westlichen Toilette, und Rima hob wie die Männer den Deckel hoch.) Aber ich biß vor Wut die Zähne zusammen, als ich hörte, daß Rima niemandem erlaubte, ihre Unterwäsche in die Waschmaschine zu stecken. Fatum mußte die Unterwäsche getrennt kochen.

Manchmal lachten wir über Rima und machten Witze über ihre Geschichten, und sie lachte mit. Mit der Zeit jedoch wurde sie ungeduldig; sie konnte keine Kritik von uns ertragen. Sie sagte dann, daß sie die Verantwortungen als Familienhausmeisterin satt hätte, daß sie von dieser Aufgabe, die sie nicht freiwillig gewählt habe, zurücktrete und daß eine von uns sie übernehmen und im Haus aushelfen müsse. Wir hörten alle schweigend zu. Keine von uns wagte, ihr ins Gesicht zu lachen oder irgend etwas mit ihr zu diskutieren.

Für uns gab es eine einfache Erklärung. Rima hatte nicht geheiratet, und in einer Gesellschaft wie unserer hieß das, daß sie bis zu ihrem Tod in dem Haus leben würde, in dem sie aufgewachsen war. Aus verschiedenen Gründen lehnte sich Rima nicht vollständig gegen ihre Umgebung auf. Sie verwarf viele Dinge, aber sie akzeptierte es – wenn auch zögerlich –, ihre Freiheit einzuschränken und weiterhin in dem Haus zu leben, das sie nicht ihr Zuhause nennen wollte. Einsamkeit trieb sie dazu, sich eine eigene Welt zu schaffen. Ihr Zimmer war anders als die anderen Räume im Haus, was Möbel und Einrichtung betraf. Nichts deutete darauf hin, daß die Besitzerin eine arabische Frau war, die den größten Teil ihres Lebens in Damaskus verbracht hatte. Und zwar nicht, weil alle Möbel europäisch waren – die meisten Leute kauften heutzutage importierte Möbel; und nicht, weil die Bücher in den Regalen von Sartre, Simone de Beauvoir, Camus, Nabokov, Dostojewski und D. H. Lawrence waren, denn gebildete Araber lasen westliche Literatur in Übersetzung oder im Original. Es war wegen der besonderen Feinheiten – der Blumenvasen in den Ecken oder den griechischen Statuen zwischen den Büchern oder der Drucke an den Wänden und vor allem wegen der Stereoanlage und der Mengen klassischer Platten von Bach bis Beethoven, von Vivaldi bis Chopin. Rima benutzte nicht das Empfangszimmer, wenn jemand sie besuchte. Ihr Zimmer war eine andere Welt – nicht nur anders als die anderen Räume in unserem Haus, sondern als die ganze Stadt. In diesem Zimmer empfing sie ihre Gäste, Männer und Frauen. Mit einigen trank sie ein Glas Whisky oder Champagner, und sie rauchte Lord-Extra-Zigaretten und hörte Mozart oder Rimsky-Korsakow und sprach mit ihnen über Politik, Literatur und Wirtschaft.

Weil eine solche Frau in unserer Stadt eine Seltenheit war, wurde sie von einigen Leuten mißverstanden, aber durch ihre scharfe Intelligenz und natürliche Sanftheit änderten sich die falschen Vorstellungen bald. Sogar meine Mutter, als sie noch lebte, hatte Rimas Lebenswandel akzeptiert, als wäre er natürlich, und schob die Meinungen einer Frau beiseite, die sie von Zeit zu Zeit mit haßerfüllter Stimme anrief: «Wasser fließt unter deinen Füßen, und du weißt nicht, daß deine Töchter schwanger sind.» Meine Mutter gab dem Druck nicht nach. Da waren auch meine Schwester Afaf und ihr Mann, die etwas auf anderer Leute Meinungen hielten. «Niemand konnte früher mit dem Finger auf uns zeigen», sagte Afaf wütend, als versuche sie verzweifelt, die Ansichten meiner Mutter zu ändern. «Die Ratte lernt von ihr», sagte sie dann und zeigte spöttisch auf mich. Dennoch war meine Mutter nicht streng mit Rima oder mir. Sie war eine kluge Frau, und sie sah ein, daß sich die Welt um sie herum wandelte und daß die Position der Frau nicht für immer gleich bleiben konnte.

Nein. Meine Schwester Rima wurde nicht schwanger, wie die haßerfüllte Frau gesagt hatte. Männer gingen in unserem Haus ein und aus. Sogar nach zwanzig Jahren wußte ich nicht, ob Rima einen von ihnen geliebt oder auf den Mund geküßt hatte. Wir sprachen nie über Sex; in unserem Haus – wie in anderen syrischen Häusern – war Sex ein verbotenes Thema. Sogar die kultivierte und aufgeklärte Rima wollte sich nicht äußern, als ich sie einfach fragte: «Hast du irgend jemanden geliebt?»

Ich wußte, daß sie die Freundin eines gebildeten jungen Mannes gewesen war, als ich nicht in Damaskus war. Ich nahm an, sie seien verliebt gewesen, aber sie beharrte darauf, daß die Beziehung nicht mehr als Freundschaft war. Sie war damals Ende Zwanzig und er

Anfang Dreißig. Wie eine westliche Frau (aber ohne deren sexuelle Freiheit, glaube ich) ging Rima überall in der Stadt hin, wo Leute sie sehen und hören konnten. Das war in den frühen sechziger Jahren, in einer Gesellschaft, die sich noch nicht geöffnet hatte und sich schwertat, eine Freundschaft zwischen den Geschlechtern zu akzeptieren, egal wie unschuldig sie sein mochte. Als ich zwanzig Jahre später nach Damaskus zurückkehrte, überraschte es mich, daß der Freund meiner Schwester ein sehr junges Mädchen geheiratet hatte, deren Vater angeblich extrem reich war. Rima wollte nicht darüber sprechen. In ihren Augen waren Männer unbedeutend.

Diese bittere Erfahrung veranlaßte sie nicht, sich von der Welt zurückzuziehen. Sie war weiterhin freundlich zu Leuten, die unterschiedliche Neigungen und Interessen hatten, was uns alle erstaunte. Einige, wie Afaf, bemerkten verächtlich: «Sie akzeptiert alles und kommt mit jedem aus.» Aber ich für meine Person beneidete sie. All ihre Freunde liebten sie in einer Weise, die nicht besitzergreifend oder herrisch war. Vielleicht war dies der einzige Grund, warum sie keinen passenden Mann in unserer Stadt fand. Unsere Männer verstehen das Verhältnis zwischen gleich und gleich nicht, schon gar nicht in der Ehe. Zur falschen Zeit und am falschen Ort geboren, war Rima anders als die anderen Frauen der Stadt. Dessenungeachtet suchte sie nicht die Isolation, nicht einmal im politischen Leben. Sie trat einer linksgerichteten Partei bei, als sie kaum über zwanzig war. Sie beschloß, niemanden mehr zu unterstützen, als sie sah, wie ihre Freunde einer nach dem anderen im Gefängnis oder im Exil starben. Aber diese bitteren Erfahrungen hinterließen, glaube ich, keine Narben. Sie blieb immer optimistisch, und vielleicht hielt sie das am Leben. Sie konnte nicht lange wütend bleiben, nicht einmal, wenn sie über unser Haus sprach, das sie so sehr haßte. Sie lachte immer herzhaft, wenn jemand sie an ihre unbegründeten Ängste erinnerte, was Hygiene anging, und manchmal – wenn sie in der richtigen Stimmung war – steuerte sie freiwillig komische Geschichten über sich bei.

Nein. Rima lehnte sich nicht vollständig gegen ihre Gesellschaft auf. Vielleicht, weil das Glück nicht auf ihrer Seite war. Der Wille allein genügt nicht. Während ihrer fünfzig Lebensjahre boten sich ihr nur wenige Chancen, und mit ihrer scharfen Intelligenz erkannte sie sie und ließ sie nicht vorbeiziehen. Sie war einundzwanzig, als sie nach Kairo ging, um ihr Studium zu beenden. Fern von der Familie zu sein, war eine Chance, ihre Unabhängigkeit als Frau zu festigen. Aber die Umgebung von Kairo unterschied sich nicht sehr von der in Damaskus. Es vergingen nur wenige Monate, bevor sie in unser Haus zurückkehrte. Sie machte Ausflüchte und fand Gründe, verächtlich über die ägyptischen Universitäten und die Ägypter, die sie kennengelernt hatte, zu reden; sie sagte, ihr Aufenthalt in Kairo sei ein dunkler Fleck in ihrem Leben. Damals verstand niemand von uns, warum sie nach Ägypten gegangen war und warum sie zurückkehrte. Aber meine Mutter versuchte, Rima aufzumuntern, indem sie sagte, daß sie noch viele Chancen vor sich hätte. Dreißig Jahre vergingen – während deren meine Mutter starb –, und nicht eine Chance, verschleiert oder entschleiert, tauchte vor Rima auf.

Sie wurde jeden Tag, außer freitags und an offiziellen Feiertagen, um halb sieben geweckt. Sie trank ihren Kaffee im Bett und duschte dann, wobei sie die Nachrichten aus London oder Monte Carlo hörte. Sie zog sich schnell ihre Pariser Kleider an, trank ein Glas warme Milch, aß ein kleines Stück arabisches Brot mit Joghurt, putzte sich ein zweites Mal die Zähne, gurgelte mit Odol, prüfte ihr Gesicht und trug schließlich ein wenig Lidschatten um ihre grünen Augen auf und vergaß auch das Jasminparfum von Dior nicht. Um Viertel vor acht eilte sie aus dem Haus, fuhr mit dem Auto ins Büro, durch die Schwärme von Autos hindurch, die frühmorgens zu hupen anfingen. Sie kam gegen drei Uhr nachmittags zurück. Und als sich die Arbeitszeit in ihrer Organisation änderte, mußte sie nach vier Uhr ins Büro zurückfahren, um noch ein paar Stunden zu arbeiten.

Dreißig Jahre lang machte Rima jeden Tag die gleiche Arbeit. Sie wurde befördert und erreichte die höchsten Stufen, aber in den Augen derer, die die verantwortlichen Positionen innehatten, war es nicht denkbar, daß sie, eine Frau, Direktorin der Organisation wurde. Die Arbeit des Direktors war eine politische Aufgabe, und nur wenige konnten sie erreichen. Manchmal wurden männliche Kollegen, die ihren Abschluß im gleichen Jahr oder später gemacht hatten, Direktoren ihrer Abteilung oder sogar der Wirtschaftsorganisation. Rima protestierte offen und hinter den Kulissen, aber es führte zu nichts; am Ende mußte sie den Mund halten.

Niemand außer Afafs Mann konnte sie zum Lachen bringen. Er saß während unserer eintönigen Abende bei uns, sein Bauch hing ihm zwischen den Beinen, und sein Doppelkinn zitterte ununterbrochen. «Komm schon, sei glücklich», sagte er zu ihr mit seiner lachenden Stimme. «Es ist sehr einfach. In den Zwanzigern hat man unverschleierten Frauen Silbernitrat ins Gesicht geschüttet. Wenn du zu der Zeit gelebt hättest, hättest du keinen Job oder irgend etwas bekommen.» Nicht nur Afafs Mann versuchte, Rima zu ärgern. Wir alle gaben Kommentare ab, und wir lachten bis tief in die Nacht.

Nein. In unserem Land stirbt ein Mensch, der sich die Dinge zu sehr zu Herzen nimmt, vor Kummer, sagte mir Rima einmal. Und das war vielleicht der Grund, warum wir immer lachten, wenn Afafs Mann uns von Männern erzählte, die jedes natürliche und unnatürliche Unheil in Damaskus den übereifrigen Frauen zur Last legten. Er hatte unzählige Geschichten und begann mit einer und ging weiter zur nächsten, wie Scheherazade in Tausendundeiner Nacht. Er schmückte sie mit Gedichtzeilen aus und dachte sich Koran-Verse und Sprüche des Propheten aus, um Rima davon zu überzeugen, daß die Gleichberechtigung von Mann und Frau unmöglich ist. Die Frau meines Bruders kam ihm dabei manchmal zu Hilfe, fügte seinen Geschichten ein wenig Salz und Pfeffer bei oder erinnerte ihn an welche, die er vergessen hatte.

«Wer brachte vor langer Zeit Heuschrecken aus der Wüste nach Syrien?» fragte sie und zwinkerte mit ihren braunen Augen, während sie ihr Lachen zu unterdrücken versuchte. «Wer sonst als Frauen? Salome die Tänzerin, hat jemand sie vergessen? Man hat sie gehängt. Konstantinopel gab den Befehl. Hättest du zu der Zeit gelebt (sie richtete ihre Rede an Rima), hätte man gesagt, daß du der Grund für alles bist: Heuschrecken, Erdbeben, Brände und fremde Krankheiten.»

Ich konnte nicht lachen, aber meine Schwester Afaf lachte immer, bis sie weinte. Oft mußte sie ins Bad eilen, und Bahiya folgte ihr dann und sagte zu ihr, fast im Flüsterton: «Gott sei mit dir. Wenn du das Bad benutzen möchtest, du weißt, welches für die Gäste ist.» Und Afaf lehnte in dem Moment an der Wand, hielt sich den Bauch und lachte hysterisch.

Rima litt nicht unter Minderwertigkeitsgefühlen, dazu war sie zu weise. Es gab nicht übermäßig viele Chancen in einem Land wie unserem für Männer und Frauen. Menschen wurden geboren, wuchsen auf und starben, ohne dem Glück ins Antlitz geblickt zu haben, ohne Möglichkeiten der Wahl gehabt zu haben. Sie wußte sehr wohl, daß sie im Vergleich zu vielen Männern oder Frauen Glück hatte, aber tief drinnen war sie gereizt, weil sie zur falschen Zeit und am falschen Ort geboren war. Sie zeigte den anderen ihren Groll nicht. Sie lächelte immer, und nur selten sahen wir sie längere Zeit finster dreinblicken. Wenn sie die politischen Ereignisse, die sie fünfzig Jahre lang miterlebt hatte, persönlich genommen hätte, hätte sie nicht gelächelt oder auch nur einen Tag Ruhe gefunden. Sie trennte immer die private von der öffentlichen Welt und ließ die eine die andere nicht beeinflussen, außer in bestimmten Fällen. Vielleicht war das der Schlüssel zu ihrem relativen Glück. Wie viele Militärputsche hatte sie miterlebt, seit sie fünfzehn war? Sieben? Neun? Sie erinnerte sich nicht mehr, wollte es auch nicht. Die Männer sind diejenigen, die um die Macht kämpfen, und sie sind diejenigen, die sich gegenseitig totschießen. Vielleicht fühlte sie deshalb den Mutterinstinkt nicht einen einzigen Tag und wünschte sich nicht, ein Kind in eine Welt zu setzen, die im Blut ertrinkt.

«Oh je, oh je», sagte Fatum eines Tages zu mir, während sie mir im arabischen Badezimmer den Rücken massierte, «was für ein Kummer! Rima Hanim kann keine Kinder mehr gebären.»

Aus dem Augenwinkel sah ich, wie sie sich mit dem linken Arm die Tränen wegwischte. Als ich laut auflachte und sagte, ich hätte nicht gewußt, daß Rima jemals Kinder gewollt habe, unterbrach sie mich scharf: «Nein. Nein. Das ist es nicht. Vor sieben Jahren hat man ihr die Gebärmutter entfernt. Sie hatte eine Operation im Krankenhaus.»

«Aber Rima hat mir das nie geschrieben», sagte ich zu Fatum.

«Hm. Was sollte sie schreiben? Wo sollte sie anfangen? Was für ein Kummer! Sie blieb eine Woche im Krankenhaus. Sie zogen die Fäden erst nach fünfundvierzig Tagen. Sie konnte nicht Auto fahren oder irgend etwas Schweres tragen.»

«Gab es jemanden, mit dem sie hätte Kinder haben können?» fragte ich Fatum schelmisch.

«Egal», sagte sie mit gesenkter Stimme. «Wer weiß? So ist das Leben.»

Sie hörte für eine Weile auf, meinen Rücken zu massieren, um sich mit dem Handrücken den Schweiß von der Stirn zu wischen. Dann hörte ich sie murmeln, als spräche sie mit sich selbst: «Was hat eine Frau ohne Gebärmutter für einen Sinn?»

Ich wollte nicht lachen, um Fatums Gefühle nicht zu verletzen. Sie glaubte, wie alle anderen in unserer Stadt, daß Frauen Hühner seien, die Eier legen. Und wenn eine Frau damit aufhört, ist sie nicht mehr zu gebrauchen. Fatum, ausgerechnet Fatum hat nie in ihrem Leben einen Mann geliebt und hat nicht mal ein Ei gelegt. Sie ist nie aus unserem Haus, der Gruft, in die weite Welt gegangen.

«Und Rima? War sie traurig wie du, Fatum?» fragte ich sie liebevoll.

«Du kennst sie. Rima Hanim hat einen etwas losen Verstand. Sie war nicht traurig, weil man ihre Gebärmutter entfernt hat. Sie sagte, es ist besser ohne die Periode. Aber sie war wegen etwas anderem traurig», sagte sie und kicherte wie ein kleines Mädchen.

Ihre Bemerkung weckte meine Neugier. In diesem Moment massierte sie mein Bein, während ich hinter der großen steinernen Wanne stand. Ich schaute sie an und half ihr auf, als ich sagte: «Was machte sie traurig, Fatum?»

Mit ihren kleinen lachenden Augen sagte sie: «Eine Frau, die mit ihr arbeitete, dachte, sie hätte das gleiche Problem. Die Verwandten der Frau sagten zu ihr: ‹Möge das Böse weit entfernt sein.› Als die gnädige Frau die Geschichte hörte, war sie sehr traurig. «Was ist los, bin ich nicht normal?» sagte sie zu der anderen Frau. «Soll ich ehrlich sein? Du bist nicht normal. Eine Frau ohne Gebärmutter...»

Fatum fing an, wie ein junges Mädchen zu lachen, dann sah ich, wie sie ein paar Zweige in den Ofen warf, die Badezimmertür öffnete und den Flur hinunter verschwand.

Nawal al-Saadawi

(*1931)

Nawal al-Saadawi wurde in dem Dorf Kafr Tahla in der Provinz Qalubiyya im ägyptischen Delta geboren. Sie ist eine führende Feministin, Schriftstellerin und Aktivistin und Präsidentin der Arabischen Frauensolidaritätsvereinigung. 1955 schloß sie ihr Medizinstudium an der Universität Kairo ab; ihre dortigen Erfahrungen reflektiert sie in ihrem Buch *Imraatan fi Imraa* (Zwei Frauen in einer, 1975 in Beirut veröffentlicht). Sie war in der Allgemeinmedizin und der Psychiatrie auf dem Land und in der Stadt tätig. Diese Erfahrungen haben ihr Werk stark beeinflußt.

Nawal al-Saadawi wurde Direktorin der Behörde für Gesundheitserziehung in Ägypten. Sie gründete den Verein für Gesundheitserziehung und war Herausgeberin einer beliebten Zeitschrift für Gesundheitsfürsorge. Sie war die erste Feministin, die öffentlich sexuelle Themen wie Prostitution, Geschlechtskrankheiten, weibliche Beschneidung, Inzest und diverse Formen der sexuellen Ausbeutung diskutierte. Wegen ihrer gewagten Veröffentlichungen über Geschlecht und Sexualität, vor allem in *Al-Mara wa al-Jins* (Frauen und Sexualität, 1972), verlor sie ihren Posten im Gesundheitsministerium. Auch in ihrem Privatleben bewies sie viel Mut; sie verließ zwei Ehemänner, die sie unterdrückten. 1981 kam sie unter Sadat wegen ihrer Werke und ihrer offenen Meinungsäußerung ins Gefängnis. Über diese Erfahrung berichtet sie in *Mudhakkirat fi Sijn al-Nisa* (Erinnerungen aus dem Frauengefängnis, Kairo 1984; 1984 ins Französische übersetzt unter dem Titel *Douze Femmes Dans Kanater*; englische Übersetzung 1987). Auch das Theaterstück *Al-Insan* (Der Mensch, Kairo 1983) ist von diesem Erlebnis geprägt. Ihre Bücher wurden in folgende Sprachen übersetzt: englisch, französisch, deutsch, holländisch, dänisch, schwedisch, norwegisch, italienisch, portugiesisch und persisch. Zu ihren vierundzwanzig Büchern gehören die Titel *Mud-*

hakkirat Tabiba (Erinnerungen einer Ärztin, Kairo 1960), *Al-Untha Hiya al-Asl* (Weiblich ist der Ursprung, Beirut 1974), *Al-Rajul wa-Jins* (Männer und Sexualität, 1975), *Imraa Inda Nuqtat al-Sifr (Ich spucke auf euch. Bericht einer Frau am Punkt Null*, 1975), *Al-Mara wa al-Sira al-Nafsi* (Die Frau und der psychologische Kampf, Beirut 1976), *Al-Wajh al-Ari Lil Mara al-Arabiya*, 1977 (englische Übersetzung *The Hidden Face of Eve*, 1980), *Ughniyat al-Atfal al-Dairiyat* (Kinderlieder, 1978).

«Augen» erzählt die Geschichte eines Ägypters, der seiner Tochter Arbeit außerhalb des Hauses nur dann erlaubt, wenn sie sich vollständig von Männern fernhält. Die Tochter findet diese ‹ideale› Arbeit. Viele Monate später, im Frühjahr 1988, bringt dieser Mann seine verschleierte Tochter in die Praxis von Nawal al-Saadawi, um sie als Psychiaterin zu konsultieren. «Augen» basiert auf der Geschichte einer jungen Frau. Das ägyptische Fernsehen wollte einen Film nach dieser Geschichte drehen – unter der Bedingung, daß die Hauptdarstellerin nicht, wie ihr reales Vorbild, verschleiert wäre. Nawal al-Saadawi lehnte ab.

Augen

1988

Vor einigen Tagen kam eine junge Frau zu mir. Sie erzählte mir ihre Geschichte und bat mich um ein Rezept. Ich habe ihr keine Medikamente verschrieben, ich glaube nicht, daß Tabletten diese Frau heilen können. Das Problem schien vielmehr psychologischer und sozialer Natur zu sein. Daher möchte ich, daß die Leser mir ihre Meinung zu diesem Fall mitteilen.

Seit einem Jahr starrt die junge Frau nachts schlaflos ins Leere. Wenn sie einschläft, sieht sie eine Flut, die das Land überschwemmt, und den Propheten Noah, der sein Schiff besteigt und sie zurückläßt. Sie befindet sich im Leben nach dem Tod, wo sie einen schmalen Pfad entlangläuft, ein Inferno unter sich. Ihre Füße bluten, und ihr Körper, aus dem Gleichgewicht geraten, droht zu stürzen. Sie öffnet die Augen und findet sich schlafend in ihrem Bett, wo sie unter den Decken in Schweiß ertrinkt. Sie liest die erste Sure des Korans und dankt Gott, daß sie noch nicht gestorben ist und noch eine Chance hat, zu bereuen. Sie geht ins Badezimmer und wäscht sich fünfmal. Sie zieht ein langes, weites Gewand an und bindet sich ein dickes Tuch um den Kopf. Nach dem Gebet sitzt sie mit dem Buch Gottes im Schoß da, liest und bittet Gott um Vergebung für ihre schwere Sünde. Es gibt nichts in ihrem Leben außer dieser Sünde. Seit ihrer Geburt ist sie mit der Stimme ihres Vaters, die den Koran rezitiert, schlafen gegangen. Seit ihrer Kindheit ist ihr Gesicht von keinem Fremden gesehen worden. Während ihrer Schulzeit hat sie mit niemandem gesprochen. Danach hat sie an einem Ort gearbeitet, an dem es niemanden außer ihr gab – in einem Lagerraum im Keller eines kleinen Museums, das niemand besucht. Dort sitzt sie an ihrem Schreibtisch, vor sich die Bestandsliste, und verzeichnet die Mumien, die zur Lagerung hereingekommen sind oder listet die schon vorhandenen auf. Sie staubt die Mumien mit einem kleinen gelben Tuch ab. Sie zählt sie und verzeichnet sie in der Liste. Sie schließt die Liste und steckt sie in die Schublade. Dann öffnet sie das Buch Gottes und liest, bis die Angestellten ihre Arbeit verlassen. Sie legt den Weg mit festem kontrolliertem Schritt zurück, so daß keine Bewegung ihres Körpers unter dem dicken Gewand sichtbar wird.

Ihr schwarz umhüllter Kopf ist zu Boden geneigt. Bei Hitze und Kälte läuft sie die Strecke zweimal täglich, hin und zurück. Sie fährt nicht mit dem Bus, damit niemand sie von hinten streifen kann. Sie nimmt sich allein kein Taxi mit einem unbekannten Fahrer. Zu Hause wäscht sie sich den Staub der Straße ab, führt die rituellen Waschungen aus und betet, bevor sie ißt. Nach dem Essen geht sie ins Bett, mit dem Buch Gottes unter dem Kopfkissen. Sie wird von der Stimme ihres Vaters geweckt, die sie ruft, damit sie ihm das Essen zubereitet. Nachdem er gegessen hat, betet er und bittet Gott, seine Tochter vor dem Teufel zu beschützen. Wenn die monatlichen siebenundvierzig Pfund nicht wären, würde er seine Tochter nicht aus dem Haus lassen. Er ist ein alter Mann ohne Einkommen, und sie hat keinen Ehemann, der sie unterstützt. Niemand hat ihn um die Hand seiner Tochter gebeten außer dem Sohn seiner Schwester, der kein Geld hat. Wenn Gott ihr einen Mann in soliden finanziellen Verhältnissen geschickt hätte, hätte sie das Haus nicht verlassen. Betend läuft sie in ihrem Zimmer auf und ab. Sie bittet Gott nicht, ihr einen Mann zu schikken. Sie hat den Gedanken an Heirat seit ihrer Kindheit verworfen. Ihre Mutter starb im Bett an inneren Blutungen, nachdem ihr Mann sie geschlagen hatte. Der Tod ist unvermeidlich, aber sie will auf andere Weise sterben, nicht unter Schlägen. Es gibt keinen Mann in ihrem Leben. Sie weiß nichts über das andere Geschlecht. Wenn sie Musik oder Gesang von den Nachbarn hört, stopft sie sich die Finger in die Ohren und verschließt Fenster und Türen.

Dann kam der Tag im April, an dem sie wie immer an ihrem Schreibtisch saß. Sie hatte schon alle Mumien und Statuen gezählt, als sie eine Statue entdeckte, die am Tag zuvor nicht dagewesen war. Sie sah noch einmal die Eintragungen im Register durch, klappte es zu und legte es wieder in die Schublade. Sie öffnete das Buch Gottes und fing an, lautlos mit gesenktem Kopf darin zu lesen. Während sie las, spähten ihre Augen durch die zwei schmalen Öffnungen im schwarzen Stoff und wanderten zu den Mumien und Statuen. Sie verweilten beim Gesicht dieser Statue. Die Züge waren in merkwürdiger Weise geschnitzt. Das merkwürdigste waren die Augen. Sie schauten sie mit einer Bewegung in den Pupillen an, die sie nie bei einer anderen Statue gesehen hatte. Sie bat Gott um Vergebung. Sie bat Gott, sie vor dem Teufel zu schützen. Sie senkte den Kopf, um weiterzulesen, aber unwillkürlich wanderte ihr Blick zu der Statue, die kleiner war als die anderen. Sie war von Staub bedeckt, als sei sie Jahre lang im Lagerraum vernachlässigt worden. Sie staubte sie ab und stellte sie nahe ans Fenster. Sie las weiter in Gottes Buch, aber ihre Augen spähten durch die beiden

Löcher, angezogen von der Statue und ihren Augen. Die Augen waren leicht nach oben abgeschrägt, wie die Augen der alten Ägypter. Sie hielt die Statue in ihrer schwarzen behandschuhten Hand und suchte nach einem Zeichen oder nach Buchstaben, die Auskunft geben könnten über den Namen der Person oder die Zeit, in der sie gelebt hatte. Aber es gab keinen Anhaltspunkt. Sie stellte die Statue zurück und ging wieder an ihren Platz hinter dem Schreibtisch. Ihre Augen richten sich auf die Zeilen in Gottes Buch.

Niemand sonst arbeitete in dem Museum außer der Leiterin, einer alten Frau. Ab und zu kam sie herunter, um die Eintragungen im Register nachzuprüfen und den Blick von einer Statue zur nächsten schweifen zu lassen. Manchmal hielt sie bei einer inne, die ihre Aufmerksamkeit erregte. An jenem Tag streifte ihr Blick die kleine Statue, ohne etwas Auffälliges zu bemerken. Die Frau wunderte sich. Warum hatte die Direktorin die Bewegung in den Augen der Statue nicht gesehen? Die Frage ließ sie auch an den folgenden Tagen nicht los. Sobald sie sich hinsetzt, richten sich ihre Augen auf das Gesicht der Statue. Die Bewegung in seinen Augen ist immer noch da. Er blickt mit seinen Augen nirgendwo hin außer zu ihr. Seit sie dies zum ersten Mal gesehen hat, hört sie nicht auf, danach zu schauen. Wenn sie den Kopf wegdreht oder das Büro verläßt, sind seine Augen ständig vor ihr und schauen sie mit demselben Ausdruck an, als lebte er jetzt und nicht vor einigen tausend Jahren. In seinem Blick liegt weder die Arroganz der pharaonischen Götter noch die Unterwürfigkeit der Sklaven. Was liegt darin? Sie weiß es nicht. Jeden Tag überwältigt sie der Wunsch, es zu wissen. Er wächst von Tag zu Tag zu einem sündhaften Begehren. Immer wenn sie an ihrem Schreibtisch sitzt, schaut sie um sich, in der Angst, daß die Direktorin plötzlich auftauchen und sie dabei erwischen könnte, wie sie in seine Augen starrt. Am meisten fürchtet sie, es könnte angeordnet werden, ihn in einen anderen Lagerraum zu verlegen. Wenn sie zu Bett geht, kann sie nicht schlafen. Was würde passieren, wenn sie morgens ins Büro zurückkäme und ihn nicht sähe? Seit sie ihn gefunden hat, läuft sie schnelleren Schritts zum Büro. Wenn sie die Tür öffnet und den Raum betritt, späht sie durch die beiden Löcher und sucht sein Gesicht zwischen den Gesichtern der anderen Statuen. Wenn sie die Bewegung in seinen Augen sieht, öffnen sich ihre geschlossenen Lippen unter dem schwarzen Stoff mit einem leichten Seufzen.

Eines Tages betrat sie ihr Büro und fand ihn nicht. Sie suchte den gesamten Lagerraum ab, jede Ecke, unter den Beinen der großen Statuen, auf dem Boden, wo Hunderte kleiner Statuen lagen. Er war nicht da. Sie ging an ihren Schreibtisch und setzte sich. Sie konnte nichts ins Register schreiben, und sie konnte nicht eine einzige Zeile im Buch Gottes lesen. Sie hält den Kopf gesenkt, ihr Herz ist schwer. Sein Platz beim Fenster ist leer. Das ganze Universum ist leer. Es gibt nichts in ihrem ganzen Leben. Gar nichts. Ihre Hand im schwarzen Handschuh ist kalt, und das Blut in ihren Adern ist gefroren. Um sich herum sieht sie nichts als Tod in Form der steinernen Statuen. An ihrem Schreibtisch sitzend stirbt auch sie.

Mit einer plötzlichen Bewegung, wie Luft, die vor dem letzten Atemzug aus der Brust entweicht, hob sie den Blick und sah ihn versteckt hinten auf der Fensterbank. Die Direktorin hätte nicht begriffen, was vor sich ging, wäre sie in diesem Moment aufgetaucht. Äußerlich änderte sich nichts an ihrer Haltung. Sie sitzt auf ihrem Stuhl hinter dem Schreibtisch, vor sich das Register. Ihr Kopf ist gebeugt, und nichts an ihr bewegt sich außer den schwarzen Pupillen hinter den beiden Löchern und dem heißen Blut in den Adern unter ihrer Haut.

Bevor sie an diesem Tag das Büro verließ, versteckte sie ihn in ihrer Handtasche, um ihn mit nach Hause zu nehmen. Am Morgen brachte sie ihn zu seinem Platz zurück. Die Direktorin bemerkte sein Fehlen und Wiederauftauchen nicht. Zu Hause merkte ihr Vater nicht, daß er in ihrem Schrank war. Nachts, wenn ihr Vater schläft, holt sie ihn aus dem Schrank und stellt ihn vor sich auf und hört nicht auf, sein Gesicht anzuschauen. Sie schläft ein, ihre Augen auf seine gerichtet. Im Traum sieht sie ihn stehen, während eine Flut die Erde überschwemmt. Sie sieht ihn in Fleisch und Blut vor sich stehen. Und wie die Flut die Erde überschwemmt und der Prophet Noah in seine Arche steigt und ohne ihn wegfährt. Könnte es sein, daß er der Sohn des Propheten Noah ist, der nicht in die Arche gelangte und ertrank? Könnte es sein, daß er ein Sünder ist, der dem Teufel folgte, und kein Gläubiger, der Gott folgte? Und noch wichtiger, ist es ihm möglich, lebend zurückzukommen, nachdem er vor siebentausend Jahren gestorben ist? Als sie am Morgen die Augen aufschlägt, wirbelt die Frage in ihrem Kopf herum. Sie läuft mit gesenktem Kopf die Straße entlang zu ihrem Büro; sie hat Angst, die Augen zu heben. Sie hat Angst, ihn in Fleisch und Blut vor sich zu sehen wie in ihrem Traum. Hinter den beiden kleinen Löchern im schwarzen Stoff fangen ihre Augen an, sich zu bewegen, sich langsam zu heben und vorsichtig in die Gesichter der Vorübergehenden zu schauen. Vielleicht gibt es unter diesen Menschen ein Gesicht, das seinem ähnelt? Oder Augen mit demselben Blick?

Zwei Monate vergehen, und sie hört nicht auf, an ihn zu denken. Ihre Augen hören nicht auf, verstohlene Blicke in die Gesichter der Leute auf der Straße zu werfen, während sie zwischen ihrem Zuhause und dem Büro hin und her läuft. Zwei Monate vergehen, und unter den Gesichtern sieht sie kein einziges, das aussieht wie seines, kein Augenpaar mit seinem Blick. Sie schläft nachts ruhelos, und während sie schläft, wiederholt sich der Traum. Sie sieht die Erde in einer Flut von Wasser und sich selbst, wie sie am Eingang zur Stadt steht, und plötzlich sieht sie ihn vor sich. Jetzt bemerkt er ihre Anwesenheit nicht. Er geht ruhig vorwärts, dreht sich dann um und schaut sie an. In seinen Augen ist der gleiche, unveränderliche Blick. Das Wasser umschließt ihn von allen Seiten. Er schaut sie an, bis er unter dem Wasser verschwindet. Zuletzt verschwinden seine Augen. Das Brausen des Wassers noch in den Ohren, wacht sie am Morgen auf. Die Hilfeschreie gehen unter im Lärm des tosenden Wassers. Im Augenblick zwischen Schlaf und Wachzustand taucht der Traum als Zerstörung ihrer Stadt vor siebentausend Jahren auf, die sie mit eigenen Augen gesehen hat. Er ertrank in der Flut vor siebentausend Jahren, zusammen mit denen, die Gott in der Flut mit sich nahm. Sie bleibt in ihrem Bett liegen. Es ist spät fürs Büro. Sie steht mit schwerem Körper auf, und im Spiegel sieht sie, daß ihre Augen gerötet und voller Tränen sind. Sie weiß, sie hat sein Ertrinken beweint. Was sie am heftigsten beweinte, war die Tatsache, daß er kein Anhänger Gottes war; daß er ein Anhänger des Teufels war. Trotzdem. Immer noch fließen die Tränen aus ihren Augen, während sie vor dem Spiegel steht. Es ist, als wäre er in diesem Moment gestorben, nicht vor siebentausend Jahren.

Als sie an diesem Morgen auf dem Weg zum Büro an einer Kreuzung stehenblieb, hob sie den Blick, um nach der Ampel zu sehen – plötzlich sah sie ihn unter den Menschen, die die Straße überquerten. Das Gesicht war sein Gesicht – die alten ägyptischen Züge. Die Augen waren seine Augen. Unwillkürlich sprang ihr Körper ihm entgegen. Sie wollte gerade seine Hand ergreifen, hielt sich aber im letzten Moment zurück. Ihre geschlossenen Lippen öffneten sich unter dem schwarzen Stoff und riefen: «Du?!»

Die Straße war voll von Menschen, die eilig ihrer Wege gingen. Bei diesem Schauspiel hielten sie erstaunt inne. Sie sahen, wie sie ihm entgegeneilte und er vor ihr floh. Sie, eine junge Frau, und er, ein junger Mann, auf der Straße. Es ist nicht normal, daß eine junge Frau auf einen jungen Mann zueilt, den sie nicht kennt. Und sie war nicht irgendeine junge Frau. Sie war ein Wesen, von dem nichts sichtbar war als zwei kleine Löcher in einem schwarzen Stoff. Das Schauspiel wirkte auf die Zuschauer merkwürdig und amüsant zugleich.

Ihr Gelächter klang in ihren Ohren, und sie wand sich unter ihrer schweren Kleidung. Sie wand sich den ganzen Tag hinter ihrem Schreibtisch, auf dem das Register lag. Nur ihre Augen bewegen sich in Richtung Fenster, wo er an seinem Platz steht. Sein Gesicht ist das gleiche Gesicht, und seine Augen haben die gleiche Bewegung und einen menschlicheren Blick als der in den Augen der Leute auf der Straße, obwohl er vor siebentausend Jahren gestorben ist, zusammen mit denen, die in der Flut ertranken. Sie beweinte seinen Tod. Jeder Mensch stirbt, aber die steinerne Statue lebt siebentausend Jahre. Ist Stein beständiger als der Mensch? Die Frage dreht sich in ihrem Kopf ohne eine Antwort. Jetzt hat sie einen Freund aus Stein. Sie spürt seine Anwesenheit stärker als die irgendeines anderen Menschen mit einem Körper. Das Wort ‹Körper› entfuhr lautlos ihren geschlossenen Lippen. Das Wort läßt ihren eigenen Körper erzittern. Hinter den beiden Löchern unter dem schweren Stoff werfen ihre Augen einen verstohlenen Blick auf ihren Körper. In ihrer Brust ist ein Herz, das schlägt. In ihrem Kopf sind Adern, durch die Blut fließt, heiß wie Luft. Der Verstand sagt ihr, daß ihr Freund nichts weiter als eine steinerne Statue ist. Aber in seinen Augen sieht sie einen, der sprechen will.

Ist es möglich, daß er sprechen wird? Und in welcher Sprache? Auf arabisch oder altägyptisch? Ist es Einbildung oder Realität? Und wenn es Einbildung ist, woher kommt sie? Vermischt sich ihre Phantasie mit dem Blut in ihren Adern und ihrem Kopf? Die Frage dreht sich in ihrem Kopf wie ein Meeresstrudel. Und das Wasser ertränkt sie wie eine Flut, und er steht vor ihr, und in seinen Augen ist ein menschlicher Blick. In ihrem tiefsten Innern ist sie sicher, daß er menschlich ist – menschlicher als alle Menschen des Universums. Er kann kein böser Mensch sein. Sie kann bei vollem Bewußtsein beschwören, daß er ein Anhänger Gottes und nicht des Teufels ist.

Sie ist bei vollem Bewußtsein. Wenn irgend jemand sie sähe, würde er nicht daran zweifeln. Ihr Vater sieht sie so, wie er sie jeden Tag sieht, wie sie sittsam verschleiert ins Büro geht und pünktlich zurückkommt. Die Direktorin des Museums sieht sie pflichtbewußt vor dem Register sitzen, und wenn sie damit fertig ist, liegt nur das Buch Gottes vor ihr. Auf der Straße läuft sie gemäßigten Schrittes, mit gesenktem Kopf.

Eines Tages wandte sie unterwegs die Augen hinter den beiden Löchern und sah ihn aus der Tür eines Hauses treten und, ungeachtet der schrillen Hupen, ruhigen Schritts die Straße überqueren. Sie sah ihn. Denselben Menschen. Sie konnte ihn nach all diesen Tagen nicht verwechseln.

Ihre Füße waren wie festgewachsen. Ihre Hand im schwarzen Handschuh griff nach ihrem Herzen. Er stand mitten auf der Straße. Die Autos umbrandeten ihn wie die Flut. Sie dachte, er würde fallen und unter den Rädern ertrinken, aber er fiel nicht. Er ging ruhig weiter in Richtung Nilstraße. Sie erkannte, daß er ein Phantom und keine Realität war. Aber sie sieht ihn mit ihren Augen. Solange sie ihn mit eigenen Augen sieht, ist es ihr egal, ob er ein Phantom oder Realität ist. Sie geht hinter ihm. In ihren Ohren hört sie den Klang seiner Schuhe auf dem Asphalt. Er ist nur wenige Schritte vor ihr. Wenn sie mit ihm spricht, könnte er sie möglicherweise hören. Sie weiß nicht, wie sie ihn ansprechen soll. Er hat keinen Namen. Ihre versiegelten Lippen unter dem schweren Stoff teilten sich mit einem Laut: «Du.» Sie sieht, wie er sich umdreht und sie von Angesicht zu Angesicht anschaut. Sie erkennt ihn wieder. Die Augen sind seine Augen und der Ausdruck sein Ausdruck. Sie hört, wie er sagt: «Wer bist du?» Seine Überraschung bringt sie zum Schweigen. Sie bleibt stehen. Er spricht arabisch, nicht altägyptisch. Sie dachte, er kenne sie so, wie sie ihn kennt. Wie konnte sie ihn so lange Zeit gekannt haben und ihn dennoch fragen hören: «Wer bist du?» Sie steht reglos da und schaut ihn an. Dann schaut sie lange Zeit zu Boden in Scham versunken. Nach all dem fragt er sie, wer sie ist. Sie schaut noch einmal auf, um sich zu vergewissern, was passiert, aber er ist in der Menge verschwunden.

Am zweiten Tag auf dem Weg zum Büro war ihr Kopf wie immer gesenkt, aber ihre Augen bewegten sich hin und her wie zwei Bienen in den beiden Löchern und schauten die Gesichter der Leute an. Ihr Verstand sagt ihr, daß er nicht mehr lebt, daß er vor ungefähr siebentausend Jahren gelebt hat, aber ihre Augen hören nicht auf zu suchen. Ihr Verstand sagt ihr, daß er existiert. Sie hat ihn gesehen. Solange er existiert, kann sie ihn sehen. Sie ist von dem Wunsch überwältigt, ihn in irgendeiner Form zu sehen. Laß ihn aus Fleisch und Blut sein oder aus Geist ohne Körper. Wichtig ist, daß sie ihn sieht.

Sie wartete am gleichen Ort, an dem sie ihn gestern gesehen

hatte. Er erschien auf der Straße. Er war es. Nichts hatte sich geändert außer einem schwarzen Schnurrbart, der über der Oberlippe gewachsen war. Ihre geschlossenen Lippen öffneten sich unter dem schweren Stoff und gaben ein lautloses Wort von sich, «Mann!» Nie zuvor hatte sie dieses Wort ausgesprochen. Sie meinte, er wäre einfach ein Mensch ohne Geschlecht, aber sein Schnurrbart bedeutete, daß er... ihre Füße blieben wie festgewachsen stehen, ihre Hand im schwarzen Handschuh hob sich, um die zwei kleinen Löcher im schweren Stoff zu verdecken.

Als sie die Hand von den Augen nahm, stand er nicht mehr vor ihr. Unter der Schulter, in der Höhlung zwischen Arm und Brust, steckte ihre Lederhandtasche. Sie fühlt die Berührung, als sei sie elektrisch. Ihr Verstand erkennt, daß es nur eine Lederhandtasche ist, in ihr nichts als der Geldbeutel und die kleine steinerne Statue. Aber die Berührung rann weiterhin durch ihre linke Brust wie Elektrizität. Ohne sie zu öffnen, warf sie sie auf einen großen Abfallhaufen. Sie nahm nichts heraus. Sie ließ sogar den Geldbeutel drin. Sie stellte sich vor, daß sie ihn sähe, wenn sie die Tasche öffnete. Sie hatte Angst bekommen, ihn zu sehen. Sie wußte nicht, warum sie Angst hatte. Aber sie fing an, vor Angst zu zittern. Die Angst begleitete sie bis nach Hause. Sie legte sich aufs Bett. Ihr wurde klar, daß sie die Handtasche nicht mehr hatte. Sie glaubte, daß die Angst sie verlassen würde, aber am nächsten Morgen war sie noch immer da. Am zweiten Tag begleitete die Angst sie immer noch auf der Straße, im Büro, im Haus, überall. Sie begleitete sie wie das Zittern eines fiebernden Menschen. Eines Nachts hörte ihr Vater sie leise stöhnen. Ihr Körper wurde geschüttelt wie bei einem Malariaanfall. Ihr Vater brachte sie zum Arzt. Sie nahm dreißig Tage lang Medikamente, aber das Fieber blieb. Nachts hörte ihr Vater sie im Gebet mit jemandem sprechen. Er glaubte, sie spräche zu Gott, um ihn um Vergebung zu bitten. Aber ihre Stimme wurde lauter, und ihre Worte wurden deutlicher. Sie sprach nicht zu Gott. Sie verdammte den Teufel mit Worten, die niemals von den Lippen einer reinen Frau kommen konnten. Er glaubte, sie hätte eine Sünde begangen, die sie für sich behielt, weil sie sich nicht traute, sie irgend jemandem anzuvertrauen. Er brachte sie zu einem Geistlichen. Aber nachdem sie bereut hatte, blieb das Fieber. Wieder versagten die Medikamente, die der Arzt verschrieb. Als die Direktorin des Museums sie besuchte, sagte sie, sie leide nicht an Malaria, sondern an einer psychischen Störung. So kam sie zu mir.

Hind Nawfal

(ca. 1860–1920)

Die arabische Presse florierte bereits um 1890 und umfaßte eine Reihe von Monatsschriften sowie Magazine, die weniger regelmäßig erschienen. Einige Zeitschriften, wie *Al-Muqtataf* (von Syrern gegründet), widmeten sich hauptsächlich den Naturwissenschaften. Andere, wie *Al-Hilal* (ebenfalls von einem Syrer gegründet), besprachen Literatur. Am 20. November 1892 erschien die erste arabische Monatsschrift eigens für Frauen in Alexandria. Sie hieß *Al-Fatah* (das junge Mädchen), und die Besitzerin und Herausgeberin war eine Frau – Hind Nawfal.

Hind war syrische Christin und kam aus einer Schriftsteller- und Journalistenfamilie in Tripoli. Ihre Mutter, Maryam, hatte ein biographisches Lexikon über Frauen geschrieben, das in den Jahren nach 1870 erschienen war. Im letzten Viertel des neunzehnten Jahrhunderts siedelten sie nach Alexandria über. Dort half Hinds Vater Nasim Nawfal ihr, eine Zeitschrift zu gründen.

Auf achtundvierzig Seiten vereinte *Al-Fatah* Formelemente der europäischen Frauenpresse und der zeitgenössischen arabischen Männerpresse. Das bedeutete: Biographien berühmter arabischer und europäischer Frauen, Nachrichten, Reiseangebote, Buch- und Zeitschriftenanzeigen, Briefe, Gedichte sowie Artikel über Mode, Haushalt, Gesundheit und Moral. Das Blatt berichtete auch von den Debatten über Frauenrechte und Frauenverantwortung, die damals in der Presse weit verbreitet waren.

Al-Fatah erhielt Anerkennung und Unterstützung von Kollegen und Lob aus der literarischen Welt. Unter den Mitarbeitern waren Zainab Fawwaz und Aisha al-Taimuriya. Die Beiträge kamen aus Ägypten, dem Osmanischen Reich, sogar aus dem Mittelmeerraum – Tanta, Alexandria, Kairo, Jaffa, Beirut, Tripoli und Lyon – was von einem weitgefächerten Absatzmarkt, wenn auch von keiner großen Leserschaft zeugt.

In der siebten Ausgabe des ersten Jahrgangs von *Al-Fatah* gab Nasim Nawfal Hinds Verlobung mit Habib Dabanam bekannt. Die Zeitschrift erschien weiter bis zum März 1894; in dieser letzten Ausgabe fand sich die ausführliche Schilderung einer Hochzeit, wahrscheinlich der von Hind. Danach stellte das Blatt sein Erscheinen ein.

Der folgende Text ist die Einleitung zur ersten Ausgabe vom 20. November 1892. Das Original ist sehr blumig, wie es Hinds Schreibart und dem Stil der Zeit entsprach. Obwohl journalistische Prosa gegen Ende des Jahrhunderts nüchterner wurde, war *Al-Fatah* ein Vorbild, als arabische Frauenzeitschriften in großer Zahl und unterschiedlichster Orientierung erschienen.

Der Aufstieg der arabischen Frauenpresse

1892

Der Schöpfer der Welt und der Lebewesen hat die Elemente geschaffen. Er schuf dann aus ihnen eine riesige Welt, bestehend aus zahllosen Sonnen, Monden, Sternen, Sternbildern, Konstellationen. Er füllte das Land mit den verschiedensten Vegetationen und Tierarten, die die höchste Ordnung und weiseste Verteilung darstellten. Und so begann die Wiege des Menschen, der Thron seiner Herrlichkeit und Sitz seiner Macht. Und Gott gab ihm vielversprechende Eigenschaften, vor allem vollkommene Vernunftbegabung, und schuf Mann und Frau, damit sie wachsen und sich entwickeln sollten.

Und Er unterschied den Mann von der Frau durch die Kraft seines Mutes, seines Eifers und seiner Kühnheit; und die Frau vom Mann durch ihre Sanftheit, ihr mitfühlendes Herz und ihre liebliche Sprache. Er verband sie durch natürliche Anziehungskraft und angeborene Liebe, damit einer dem anderen helfe – Geld zu verdienen, den Haushalt zu führen, die Kinder großzuziehen und sich um alles zu kümmern. Er gab ihnen Gelegenheit, Naturwunder und die Geheimnisse des Daseins zu entdecken und band das Glück des einen an das Glück des anderen.

Als die Frau hinter ihrem Schleier hervortrat, vornehm und kultiviert, sah der Mann sie als Engel in menschlichem Gewande. Und die Quelle ihrer berauschenden Schönheit spiegelte sich im Funkeln ihrer Intelligenz und den Strahlen ihrer Wahrnehmung. Dann sagte der Mann: «Gelobt sei Er, der sie in göttliche Wonne hüllte und sie zu einem glänzenden Licht der Gesellschaft machte.»

Wir wissen aus der Geschichte, wie viele tödliche Löwen aus dem Harem hervorgegangen sind und wie viele rotgefärbte Hände die Königreiche beherrschten... Und wie viele Töchter, erzogen durch Reichtum und kultiviert durch Armut, Oberhäupte der Harems wurden und ihre Angelegenheiten regelten. Und wie viele Frauen durch ihre Intelligenz und Vollkommenheit bekannt wurden, deren Bildung nicht von Männern abhing. Wie viele mutige Frauen wie Johanna von Orléans waren, Philosophinnen wie Hypatia und Dichterinnen wie al-Khansa. Und auch, wie viele Tausende von Frauen sich das Denkvermögen zu ihrem Leitfaden machten, Fleiß zu ihrem Motto, Mut zu ihrem Prinzip, Bescheidenheit zu ihrem Meister und Beschaulichkeit zu ihrem Freund. Und es gibt andere, die die verborgenen Juwelen ihrer Gedanken mit der Macht ihrer Sprache zeigten, mit der sie den Schöpfer lobten und verehrten.

Als Beweis dafür verweisen wir auf ihre Schriften und ihre Reden, die ihren Lesern und Hörern ihr Talent verdeutlichen.

Kein Wunder, daß *Al-Fatah* zu diesem Zeitpunkt erscheint! Sie sucht Schatten im Schutze des al-Hamidi-Banners unseres Herrn Sultan Abd al-Hamid Khan al-Ghazi, möge Gott ihm helfen, für immer zu regieren. Das Erscheinen von *Al-Fatah* im ersten Jahr der Herrschaft Seiner Eminenz, unseres großen Khedive Abbas Hilmi II, eines jungen Mannes in der Blüte seiner Jugend, der Ältere an Intelligenz und Gelehrte an Weisheit und Auffassungsgabe überflügelt hat, ist ein Signal für den künftigen Erfolg der Zeitschrift, so Gott will.

Mit Überraschung und Stolz sieht sich *Al-Fatah* auf ägyptischem Boden. Dies ist das Land, in dem ägyptische Frauen aus der Zeit der Pharaonen über zweitausend Jahre außerordentliche Sanftmut und Kultiviertheit an den Tag legten und Leistungen und Vollkommenheit demonstrierten, die westliche Frauen bis heute nicht erreicht haben.

Al-Fatah ist eine wissenschaftliche, historische, literarische, humoristische Zeitschrift, die sich mit dem anderen Geschlecht befaßt, die erste ihrer Art unter dem östlichen Himmel. Sie hat keine Ambitionen in politischer Hinsicht, kein Interesse an religiösen Auseinandersetzungen, kein Verlangen, Themen zu untersuchen, die keinen Nutzen für Frauen bringen, und nur Bedarf an Diskussionen, die für die Kultur von al-Hifa und das Wesen von Al-Hasna relevant sind.

Sie wurde gegründet, um die Anmut der Eleganten und die Schönheit der Jungen zu repräsentieren. Sie wird ihre Seiten mit den Erzeugnissen aus der Feder von Frauen und den gedanklichen Juwelen von Schriftstellerinnen schmücken, mit wissenschaftlichen Themen, historischen Ereignissen, einer literarischen Auswahl und amüsanten Anekdoten. Ihr einziger Grundsatz ist es, die Rechte der Benachteiligten zu verteidigen und auf die fälligen Verpflichtungen aufmerksam zu machen.

Und sie wird in Serie – in aufeinanderfolgenden Ausgaben – die Lage der Frau und ihren natürlichen Platz im Altertum, im Mittelalter und der heutigen Zeit diskutieren, dem Zeitalter der Zivilisation und Kultur. Die Themen umfassen Naturwissenschaft und Literatur, Charakter und Moral, Kleidung und Mode, Kindererziehung und gute Haushaltsführung und alles, was der Frau zum Nähen, Schneidern, Beschriften, Zeichnen, Malen und der Stickerei nützt.

Wir bitten die geschätzten und gelehrten Damen, *Al-Fatah* als ihre Zeitung im Osten zu betrachten. Sie wird ihre Gedanken ausdrücken, erforschen, was sie in der Brust verbergen, ihre Rechte verteidigen, ihre Literatur und ihr Wissen besprechen und mit Stolz ihre besten Arbeiten veröffentlichen. Aber glauben Sie nicht, daß eine Frau, die für eine Zeitschrift schreibt, den Anstand verletzt oder ihre Reinheit und ihr gutes Benehmen aufs Spiel setzt. Nein! Die größten europäischen Frauen aus Wissenschaft und Literatur und die ehrbarsten schreiben für Zeitschriften.

Unter denen, die in Zeitungen veröffentlicht haben, erwähnen wir Mrs. Carver, die für die *Daily News* in Paris schreibt und zu den berühmtesten Journalistinnen zählt...

Es war nicht unsere Absicht, indem wir diese großen Zeitschriften, die für ihr Wissen, ihre Kultur, ihren Wert, ihre Bedeutung und Fähigkeit bekannt sind, erwähnten, *Al-Fatah* auf die gleiche Stufe zu stellen. Vielmehr sollte diese Abschweifung die Leserin wissen lassen, daß *Al-Fatah* mit der Unterstützung der geschätzten und kultivierten Damen, mit dem Segen Gottes, einem jahrelangen Erfolg entgegensehen wird.

Warum sollte sie dies nicht schaffen in Anwesenheit der Rechtschaffenen der Nation, unseres Herrschers, der Mutter unseres Hohen Herrn, von großem Verständnis und hohem Verdienst. Es treibt uns, das Mädchen unserer Zeit in Ägpyten für ihre ehrenhafte Stellung zu erziehen, mit Stolz ihre Errungenschaften zu veröffentlichen und ihre Taten unsterblich zu machen, mit dem, was Semiramis und Bilquis, den Königinnen von Assyrien und Saba, nicht erzählt wurde. Möge Allah ihr Leben und das ihrer Töchter, die die Tugenden der Sittsamkeit besitzen, verlängern. Sie sind eine Sonne im Himmel des Glanzes, von Monden umgeben, im Sternbild der Alawi-Familie. Möge Gott die Wüstenstürme im Himmelskörper des Glücks beschützen und die Nachtigallen, die im Garten der Gnade singen.

Nabawiya Musa

(1890–1951)

Nabawiya Musa wurde in eine ägyptische Familie der Mittelschicht in einem Dorf in der Nähe von Zigzag im östlichen Nil-Delta hineingeboren. Sie ging auf die Saniyya-Schule, das erste pädagogische Institut für Frauen in Ägypten, und war 1907 die erste und letzte ägyptische Frau bis nach der Unabhängigkeitserklärung, die ein Hochschulexamen ablegte. Sie wurde Lehrerin in einer staatlichen Mädchenschule, Schulleiterin und die erste ägyptische Inspektorin im Erziehungsministerium. Nachdem sie den Lehrplan für Mädchen kritisiert hatte, wurde sie entlassen. Sie gründete eine eigene Schule, *Madrasat Banat al-Ashraf*, mit Zweigstellen in Kairo und Alexandria.

1920 veröffentlichte Musa *Al-Mara wa al-Amal* (Frauen und Arbeit), das ein Bild von ihrer lebenslangen Mission entwirft, Bildung und Arbeit für Frauen zu fördern. 1922 gründete sie die Gemeinschaft für den Fortschritt der Frauen, um diese Ziele weiter zu verfolgen. Sie war Gründungsmitglied der Ägyptischen Feministinnenunion und Abgeordnete bei der Internationalen Konferenz der Allianz für Frauenstimmrecht 1923 in Rom, dem ersten internationalen Treffen, an dem ägyptische Frauen teilnahmen. Sie hielt eine Rede über ägyptische Frauen, die ihr Recht auf Bildung geltend machen. Musa gründete eine Zeitschrift namens *Al-Fatah* (Das Mädchen) und gab Frauenseiten für *Al-Balagh al Usbui* und *Al-Mara wa al-Amal* heraus. Ihre Entscheidung, in einer Gesellschaft und zu einer Zeit, als dies selten war, nicht zu heiraten, zeigte ihren Mut und ihre Entschlossenheit, ihr Leben nach ihren eigenen Vorstellungen zu gestalten: Sie widmete sich dem Unterrichten, der Schulorganisation und dem Schreiben. Sie starb 1951.

Die folgenden Auszüge stammen aus Nabawiya Musas Buch *Frauen und Arbeit*, veröffentlicht im Jahre 1920, als die nationale

Revolution im Gange war. Musas feministische Argumentation basiert auf eigenen intensiven Erfahrungen und Beobachtungen der ägyptischen Gesellschaft.

In «Der Unterschied zwischen Männern und Frauen und ihrer Arbeitsfähigkeit» greift Musa den biologischen Determinismus an, indem sie die gesellschaftliche Entwicklung der Geschlechterrollen aufzeigt.

Der Unterschied zwischen Männern und Frauen und ihrer Arbeitsfähigkeit

1920

Männer haben so viel von den Unterschieden zwischen Männern und Frauen geredet, daß sie wie zwei getrennte Gattungen erscheinen. Bei allem Respekt für die Ansichten der Männer möchte ich meine eigenen darlegen, um sie an etwas zu erinnern, das sie vergessen haben mögen. Menschen sind Tiere, die von denselben Naturgesetzen beherrscht werden, was Fortpflanzung, Wachstum, körperlichen Verfall und Tod angeht. Das männliche Tier unterscheidet sich vom weiblichen nur in der Fortpflanzung. Wenn es stimmen würde, daß die Instinkte einer männlichen Katze anders sind als die der weiblichen Katze, dann würde es auch stimmen, daß es einen Unterschied zwischen den geistigen Fähigkeiten bei Mann und Frau gibt. Kein Wissenschaftler hat je behauptet, daß die weibliche Katze gern herumspringt und spielt und Mäuse verschlingt, während die männliche Katze vernünftig und ernst ist und keine Mäuse frißt oder Fleisch stiehlt – männlichen und weiblichen Katzen werden dieselben Eigenschaften zugeschrieben. Ebensowenig hat jemand gesagt, daß der männliche Hund ehrlich und intelligent und der weibliche Hund unehrlich und dumm ist. Männliche Katzen und Hunde haben kräftigere

Muskeln und größere Körper als weibliche Katzen und Hunde, aber sonst gibt es keinen Unterschied.

Was bringt uns dann zu dem Schluß, daß die Frau hinterlistig und verschlagen und der Mann offen und ehrlich ist? Der Mann zitiert Gottes Wort (den Koran): «Das ist ein listiger Anschlag (deines Geschlechts); denn euere List ist groß.»[1] Diesen Vers sprach Gott zu einem bestimmten Fall. In anderen Koran-Versen werden einige Männer als Verschwörer beschrieben: «Sie, die Juden, ersannen Listen, allein Allah überlistete sie, denn Allah übertrifft die Listigen an Klugheit.»[2] Und: «Sie bedienten sich größter List, um sich der Wahrheit zu widersetzen, aber Allah kennt ihre List, und wäre sie auch so groß, Berge damit versetzen zu können.»[3] Die Männer haben diese Verse vergessen, haben nur einen einzigen behalten und haben seine Bedeutung grundsätzlich auf alle Frauen angewandt.

Die Männer haben darauf hingewiesen, daß der Mann einen größeren Körper und kräftigere Muskeln hat als die Frau und daß sein Gehirn größer ist als ihres. Ungeachtet der Naturgesetze haben sie alle möglichen Unterschiede daraus abgeleitet. Der Stier hat einen größeren Körper und ein größeres Herz als die Kuh, aber keine größere Intelligenz. Der Stier kann sich seine Nahrung auch nicht besser beschaffen als die Kuh. Der Hahn ist viel größer und stärker als die Henne. Der Löwe ist größer und stärker als die Löwin. Der männliche Esel ist stärker als der weibliche Esel. Dies sind die Wege der Natur, und sie hängen mit der Fortpflanzung zusammen. Man hat außerdem herausgefunden, daß die Kraft der männlichen Tiere von Tollkühnheit und Anziehung an die Weibchen begleitet ist.

Niemand hat gesagt, der männliche Hund sei, weil er stärker ist als der weibliche Hund, intelligenter. Ebensowenig trifft es zu, daß der Mann intelligenter ist als die Frau, weil sein Körper größer und stärker ist. Wenn dies zuträfe, hätten die Genies und Philosophen dieser Welt den größten Körper gehabt. Tatsächlich trifft wohl das Gegenteil zu.

Daraus könnte man schließen, daß die Frau intelligenter ist als der Mann, wegen ihres kleineren Körpers, aber ich will nicht übertreiben, wie die Männer es tun. Ich möchte nur sagen, daß Frau und Mann gleich sind, so wie die Tiere, wie Wissenschaftler bestätigen. Sie haben nicht behauptet, daß die männliche Maus einer Gattung angehört und die weibliche Maus einer anderen. Niemand hat erklärt, daß die männliche Maus, weil sie stärker ist als die weibliche Maus, ihr Beschützer sein soll. Die weibliche Maus lebt wie die männliche Maus und ist nicht vom Männchen abhängig, denn die Natur hat die weibliche Maus vom Männchen nicht abhängiger gemacht als das Männchen von ihr; sie sind einfach gleich. Dasselbe gilt für den Mann und die Frau. Obwohl sie eine geringere Größe und Kraft besitzt, kann sie für sich selbst sorgen. Sie ist unabhängig von ihm und braucht ihn nicht mehr als er sie. Sie kann alles, was er kann, so wie ein kleiner, schmaler Mann das kann, was ein starker, großer Mann kann. Die Behauptung, daß die Natur die Frau für das Haus ausersehen hat, weil sie schwächer ist als der Mann, ist offenkundig falsch.

Männer behaupten, sie hätten eine höhere Intelligenz, sie sagen, es hätte mehr geniale Männer als Frauen gegeben. Sie vergessen, daß Menschen sich nur dann entwickeln, wenn sie ihre Fähigkeiten nutzen. Daher haben sich arme Männer, die ihr Leben als Köche oder Schneider zubrachten, nicht in den Künsten oder den Wissenschaften hervorgetan. Wie können wir dann erwarten, daß sich Frauen, deren Energien nur darauf ausgerichtet waren, sich um den Haushalt zu kümmern, und deren Wissen auf diesen Bereich beschränkt ist, als geniale Schöpfer hervortun? Wenn eine Frau eine Ausbildung erhält und anderen Beschäftigungen nachgeht, stellt sie die nach der Hochzeit ein und widmet sich ausschließlich dem Haushalt. Doch in Ländern mit solider Ausbildung für Frauen hat sich eine beachtliche Anzahl von Frauen ausgezeichnet und so bewiesen, daß sie mit natürlichen Fähigkeiten nicht schlechter ausgestattet sind als Männer.

Die Frau ist mitfühlender und großmütiger als der Mann, weil sie betroffener ist. Dies überzeugt mich, daß sie weiser ist als er und Dinge besser versteht als er. Verrückte Menschen haben überhaupt keine Gefühle. Eine verrückte Frau würde keinen Schmerz empfinden, wenn man ihr einziges Kind vor ihren Augen in Stücke schnitte. Vielleicht würde sie sogar mit einem Grinsen zuschauen, weil sie die Bedeutung von Mitleid nicht versteht. Wenn sie irgendein Gefühl empfände, würde es sofort verschwinden. Ebenso sind Mitleid und Reue bei Kindern nicht sehr weit entwickelt wegen ihrer kleinen Gehirne, so wie die Wilden früher keine Gefühle empfanden, wenn sie Grausamkeiten sahen, weil ihr Verstand nicht entwickelt war, sich noch nicht geschärft hatte. In ihrer Zartheit hat die Frau die Naturgesetze, die andere Tiere betreffen, nicht verletzt. Die Löwin geht zart mit ihren Jungen um und füttert sie, während der Löwe seinen Nachwuchs möglicherweise nicht erkennt. Dasselbe gilt für die weibliche Katze, die zart ist und ihre Kätzchen beschützt, weil sie fürchtet, daß die männliche Katze sie fressen könnte, obwohl sie seine eigenen Kätzchen sind. Dies ist ein weiterer Beweis dafür, was ich vorher sagte, daß das Weibchen bei den Tieren im allgemeinen schwächer, aber weiser ist als das Männchen. Der Mann ist stärker und tollkühner als die Frau, und daher ist er unsensibler als sie; er hat keine zarten Gefühle, die von Weisheit herrühren. Mit den Gefühlen der Frau meine ich nicht das Schreien und Weinen einfältiger Frauen. Das ist eine Angewohnheit, die mit Dummheit zu tun hat. Gebildete Frauen benehmen sich nicht so. Sie sind unter Umständen gefaßter, wenn eine Katastrophe geschieht; ich spreche von der Zartheit und dem Mitgefühl mit den Schwachen, das Frauen eher als Männer besitzen, als Indiz dafür, daß Frauen sehr vernünftig sind.

Man braucht nur den armen ägyptischen Bauern und seine Frau anzuschauen, um die Ähnlichkeit der natürlichen Fähigkeiten bei Frauen und Männern zu erkennen. Beide haben die gleichen Erfahrungen und das praktische Wissen. Der Mann erkennt oft die besseren Einsichten seiner Frau an und gibt offen zu, daß er nichts wichtiges unternimmt, ohne sie zu konsultieren. Sie arbeitet mit ihm Seite an Seite und weiß über alles Bescheid. Wenn ein Mann stirbt und Kinder und Grundbesitz zurückläßt, vielleicht einen halben *feddan* oder einen *feddan*, übernimmt seine Frau die Führung, und wenn die Kinder erwachsen sind, haben sich ihre Anteile womöglich vervielfacht.

Es ist unfair, den Verstand eines Mannes aus der Stadt mit dem seiner Frau zu vergleichen. Wie kann man den Verstand eines Mannes von Bildung und Erfahrung, der sich entwickelt hat, mit dem einer Frau vergleichen, die seit der Kindheit vernachlässigt wurde. Ihr Verstand rostete durch fehlenden Gebrauch, so wie Eisenwerkzeuge rosten, die nicht benutzt werden. Ihre Fähigkeiten wurden unterdrückt, und sie wurde von jeglicher Lebenserfahrung abgeschirmt, bevor ihr Verstand sich natürlich entwickeln konnte. Sie ist in einer sehr viel schlechteren Situation als die Bauersfrau, die die Widrigkeiten des wirklichen Lebens kennt, obwohl sie keine Bildung hat. Die Stadtfrau ist unwissend, sowohl was Bildung als auch was das Leben angeht. Ihr Leben ist eher wie ein lebendiger Tod. Wenn wir den Verstand einer Stadtfrau mit dem ihres gebildeten und erfahrenen Ehemannes vergleichen, ist es, als würden wir ein altes Baumwolltuch, das in einem staubigen verlassenen Laden herumliegt, mit einem wunderschönen Stück Baumwolle vergleichen, das man wegen seiner hervorragenden Qualität und seiner Schönheit für Seide hält. Würde dieser Vergleich zeigen, daß die Herkunft dieser beiden Baumwollstücke unterschiedlich ist, oder würde es die Naivität der Person beweisen, die den Vergleich anstellt? Wir sollten uns nicht über die angeborenen Fähigkeiten von Männern und Frauen täuschen, wenn wir wissen, wie unterschiedlich sie aufgewachsen sind. Wir müssen sie beide gleich erziehen.

Männer und Frauen, die Partner sind, haben es als vorteilhaft empfunden, die Arbeit zwischen sich aufzuteilen. Beide haben ihre Aufgaben. Menschen können das selbst entscheiden; die Natur hat damit nichts zu tun. Ich habe nichts gegen diese Art der Arbeitsteilung, solange die Frau verheiratet ist. Wenn die Frau jedoch nicht heiraten kann und eine alleinstehende Person bleibt, die ihren eigenen Lebensunterhalt verdienen muß, muß sie darauf früh im Leben vorbereitet werden, damit sie ihren Lebensunterhalt nicht durch minderwertige Tätigkeiten, als Dienerin oder Straßenverkäuferin, verdienen muß. Wir sollten diese offensichtlichen Wahrheiten begreifen. Ist es nicht merkwürdig, daß Männer lange Artikel über die Definition der Frau schreiben, als wäre sie ein schwaches Insekt, über das niemand etwas weiß?

Der angesehene Schriftsteller Farid Effendi Wajdi sagt: «Die Frau ist ein edles Geschöpf, das erschaffen wurde, um die Gattung zu vermehren, und hierin kann der Mann nicht mit ihr konkurrieren.» Ist nur die Frau der Fortpflanzung fähig? Da der Mann mit der Frau gemeinsam zur Schaffung menschlichen Lebens beiträgt, wäre es nicht zutreffender zu sagen, daß Menschen edle Geschöpfe sind, weil sie wie alle anderen Tiere die Gattung vermehren? Versuchen die Männer einfach, Unterschiede zwischen den Geschlechtern herzustellen? Ihre Worte zu diesem Thema ergeben keinen Sinn. Es ist seltsam, von der Unfähigkeit des Mannes zu sprechen, mit der Frau auf dem Gebiet der Fortpflanzung zu konkurrieren. Der Weizen wird zwischen *zwei* Steinen gemahlen. Der eine konkurriert nicht mit dem anderen. Wenn der eine verloren ist, steht der gesamte Vorgang still.

Der Schriftsteller war bestürzt, als er in Amerika Frauen vor Fabriköfen stehen sah. Wie seltsam, daß er solche Dinge in Amerika bemerkt, aber nicht die ägyptischen Händlerinnen sieht, die unter dem schweren Gewicht ihrer Obst- und Gemüsekörbe stöhnen, wenn sie die Straße entlanggehen, wo sie die unverschämten Blicke und Berührungen der Männer erdulden müssen. Sieht er keine moslemischen Frauen, die ihren Lebensunterhalt damit verdienen müssen, Wäsche im Hause anderer Leute oder in ägyptischen und englischen Militärlagern zu waschen – in Situationen, die ihre Keuschheit bedrohen –, harte Knochenarbeit in endlos kochendem Wasser, das ihre Hände bluten läßt? Sieht er keine Arbeiterinnen, die, unter der Last von Erde, Gerüste hochklettern? Sieht er keine Frauen, die in Häusern als Dienerinnen schuften, männlicher Begierde ausgeliefert, während sie ermüdende Arbeit verrichten? Der Schriftsteller verschließt vor all dem seine Augen und bemerkt nur das Los der Arbeiterinnen in Amerika.

Was wir tun, erscheint uns nicht seltsam, bis wir einmal darüber nachdenken. Frauen leiden sehr in Ägypten, aber wir fühlen es nicht, weil wir daran gewöhnt sind; also widmen wir unsere Aufmerksamkeit dem Elend der Frauen in amerikanischen Fabriken, die im Grunde weniger leiden als unsere eigenen Frauen.

Ägyptische Frauen werden nicht daran gehindert, ermüdende, minderwertige Arbeit zu verrichten; sie werden auch gezwungen, langweilige Jobs anzunehmen, die keine Vorbildung erfordern, denn wir bilden sie nicht für bessere Arbeit aus. Ägyptische und amerikanische Arbeiterinnen teilen dieses Unglück. Doch nur hier hindern wir Frauen daran, bessere Arbeit zu bekommen, die Ausbildung und Erfahrung erfordert, wie Schreiben, das Führen von Geschäften und Erziehungseinrichtungen, die Ausübung von medizinischen und juristischen Berufen und die Übernahme von Positionen in höheren Regierungsämtern. Indem wir Frauen nicht erlauben, diese Art von Arbeit zu verrichten, zwingen wir sie zu harter, ermüdender Arbeit, die wenig Geld einbringt. Ist dies Gerechtigkeit, und befürwortet dies ein Mensch, der vorgibt, sich um das Wohlergehen der Frauen zu sorgen?

Wenn jede Frau auf jemanden zählen könnte, der für sie sorgt und sich um ihr Wohlergehen kümmert, damit sie nicht zu arbeiten braucht, wäre ich die erste, die dafür eintreten würde, Frauen vom Arbeiten abzuhalten. Ich sehe Frauen, die aus Notwendigkeit gezwungen sind, eine Arbeit anzunehmen, die sie aufzehrt und die sie sexueller Ausbeutung aussetzt. Aber unsere guten Männer bestehen darauf, daß Frauen nicht für Arbeiten ausgebildet werden sollen, in denen sie ihre Würde und Moral aufrechterhalten könnten. Also verurteilen sie die Frauen zum Elend.

Farid Effendi Wajdi sagt, daß es für moslemische Frauen, die niemanden finden, der für sie sorgt, Wohlfahrtseinrichtungen gibt, die den Bedürftigen helfen. Wo sind diese Wohlfahrtseinrichtungen? Direkt vor unseren Augen laufen Tausende von bedürftigen moslemischen Frauen herum. Gott möge den Männern vergeben, die Erklärungen zu Frauenfragen abgeben, die nicht stimmen.

Hätten sie die Wahrheit gewußt, würden sie einsehen, daß sie eigenhändig die Zukunft von Kindern zerstören. Es gibt viele Mütter von Kindern, die ihre Väter verloren haben. Wenn diese Frauen arbeiten könnten, könnten sie ihren Kindern eine richtige Erziehung geben, damit sie später produktive Menschen werden.

Familien aus wohlhabenden Kreisen Ägyptens und aus der Mittelschicht können ihren Status oft nicht aufrechterhalten, weil sie mit einem Auge sehen – dem des Mannes. Wenn er fehlt, erblindet die Familie, sie ist insgesamt in Gefahr. Die Kinder steigen ab. Die Mutter ist wegen Geldmangel außerstande, sie richtig zu erziehen. Die Kinder werden unfolgsam und eignen sich für keine Arbeit. Die Unwissenheit der Mütter bedingt die Unwissenheit der Kinder, die die zukünftigen Männer der Nation werden. Westliche Familien blicken mit zwei Augen. Wenn ein Auge verloren ist, führt das andere auf dem richtigen Weg weiter. Die Ausbildung der Frau ist ein wichtiges Argument für die Stärkung der Familien einer Nation. In Ägypten ist die Frau, wenn sie verwitwet ist, unfähig, ihre Kinder großzuziehen, also ist beim Tod eines Menschen die ganze Familie verloren. Nicht nur das, die Witwe und ihre Kinder werden außerdem eine Last für ihren Bruder oder andere männliche Verwandte.

Aus Unwissenheit sagen Leute, daß der Islam Frauen nicht erlaubt, zu arbeiten. In den Städten sehen wir Frauen aus Unter- und Mittelschichtsfamilien und Frauen aus Bauernfamilien arbeiten. Nennen wir sie Ungläubige? Unsere Religion läßt das nicht zu. Diese Familien sind das Rückgrat Ägyptens, die Quelle des Wohlstands des Landes, von dem sein Fortschritt abhängt. Wenn die Frauen aus diesen Familien wie die untätigen Frauen aus Oberschichtsfamilien wären, wäre die ganze Nation verloren. Warum hindern wir Frauen aus Oberschichtsfamilien daran, sich für den Fall, daß sie es nötig haben, für eine Arbeit ausbilden zu lassen, die ihrem Status entspricht, während wir armen Frauen aus der Stadt und vom Land erlauben, zu arbeiten? Was hat die Religion mit all dem zu tun? Es ist besser, Religion aus der Sache herauszuhalten.

Wir sollten zugeben, daß es hier um Gewohnheiten geht, damit wir die Situation richtig einschätzen können.

Es ist erstaunlich, daß die Männer, die sich am meisten dagegen sträuben, Frauen auszubilden, in den Dörfern aufgewachsen sind. Sie lehnen ausdrücklich Frauen ab, die anspruchsvollere Arbeiten in den Städten verrichten. Gleichzeitig verrichten ihre eigenen weiblichen Verwandten weiterhin Männerarbeit auf dem Land. Diese Frauen ländlicher Herkunft sind meiner Ansicht nach anständiger als Stadtfrauen, was Kleidung und Verhalten angeht. Warum entfernen sich diese Männer vom Ideal ihrer Mütter? Hatten sie etwas daran auszusetzen, oder folgen sie bloß den städtischen Idealen, indem sie sich zivilisiert und gebildet geben? Dabei übersehen sie den Abgrund, in den sie durch diese korrupte Zivilisation geschleudert werden. Diese Männer veranlassen ihre Frauen, ihre eigene bäuerliche Kleidung und ihren natürlichen Gang abzugeben, die ehrbarer sind als die künstliche Stadtkleidung und der durchsichtige Schleier, der eher für Lügen und Falschheit steht als für Anstand und Einhaltung der Religion. So ersetzen Frauen ländlicher Herkunft ihre natürliche Haltung, die Respekt gebietet, durch die verführerische Erscheinung der Stadtfrau.

Einige hartnäckige Leute sprechen von Korruption in den Dörfern. Ich weiß nicht, ob sie behaupten, daß es keine Korruption in den Städten gibt. Korruption wird nie verschwinden, es sei denn, die Welt verschwindet. Sie ist überall, aber in den Städten ist sie verbreiteter als in den Dörfern. Der Bauer mag ungebildet sein, aber er achtet die Religion und hält sich zumindest äußerlich an sie, auch wenn er innen korrupt ist. In den Dörfern sind die Frauen nicht verschleiert, aber dort sieht man keinen Mann hinter einer Frau herrennen, um mit ihr zu schäkern. Wenn er das täte, würde er auf der Stelle getötet werden. Dorfmänner wissen, daß Frauen außerhalb des Hauses arbeiten, und daß sie rausgehen, um zu arbeiten und nicht, um zu schäkern. Aber Männer in den Städten denken, daß die Frau keine Arbeit außerhalb ihres Hauses hat, und wenn sie eine Frau auf der Straße sehen, denken sie, sie ginge zum Spaß aus. Sie werden durch ihre Kleidung herausgefordert und machen sich an sie heran. Arbeit für Frauen ist ein Weg, Korruption zu bekämpfen und nicht zu stärken.

Wenn Männer dies alles bedächten, sähen sie es als ihre Pflicht an, jedes einzelne Mädchen auszubilden und jede junge Frau, für den Fall, daß sie es braucht, auf eine Arbeit vorzubereiten, die ihrem Status entspricht. Dann brauchten wir nicht intelligente Frauen aus gutem Hause zu verurteilen, die sich gezwungen sehen, ihren Lebensunterhalt durch eine minderwertige Arbeit zu verdienen, wo sie von der Sünde bedroht werden. Eine Berufsausbildung hindert eine Frau nicht daran, eine Ehefrau zu sein, die sich freut, ohne Arbeit zu Hause zu leben, wenn sie einen kompetenten Ehemann findet. Würde irgend jemand, der die Möglichkeit hat, sich auszuruhen, nach etwas anderem streben? Dies wird deutlich in England, der Schweiz, Deutschland und anderen Ländern, wo die Frau bis zur Heirat arbeitet und dann zu Hause bleibt und eine disziplinierte, organisierte Mutter wird, die sich um ihre Kinder kümmert, und eine gute Gefährtin für ihren Mann. Wenn ich davon spreche, daß eine Frau ihr Haus verlassen soll, dann meine ich damit nicht, daß sie in Cafés sitzen oder einfach herumspazieren und ohne bestimmte Absicht mit Männern verkehren soll, denn dagegen bin ich mehr als andere. Aber ich sage, daß die Frau eine Ausbildung erhalten und dazu berechtigt sein sollte. Wenn sie ausgeht, soll das Ziel die Arbeit sein, nicht der Spaß.

Anmerkungen

1 Die Sure von Yusif (12), Vers 29. Übersetzung des Koran von Ludwig Ullmann, München 1959, S. 190

2 Die Sure von Al-Imran (3), Vers 55., S. 57

3 Die Sure von Ibrahim (14), Vers 47., S. 208

Nazira Zain al-Din

(ca. 1905–?)

Nazira Zain al-Din ist im Libanon geboren. Ihr Vater, islamischer Religions- und Rechtsgelehrter und erster Präsident des Obersten Gerichtshofs im Libanon, förderte in hohem Maße die Ausbildung und geistige Entwicklung seiner Tochter einschließlich religiöser Studien. Im Hause ihres Vaters lernte sie Intellektuelle, vor allem Religionsgelehrte, kennen, mit denen sie diskutierte, und die sie durch ihren scharfen Verstand und ihre Bildung beeindruckte.

Nazira Zain al-Din war die erste arabische Frau, die eine längere Abhandlung veröffentlichte. Das Thema der darin enthaltenen Vorträge erscheint im Titel ihres Buches: *Entschleiern und Verschleiern: Vorträge und Ansichten zur Befreiung der Frau und zur sozialen Erneuerung der arabischen Welt.* Das Buch, das ihrem Vater gewidmet ist, prangert die patriarchalische Unterdrückung an, die im Namen des Islam praktiziert wird. Das Buch ist in vier Teile gegliedert: eine Einführung zu Fragen von Freiheit, Wahrheit, Religion und Urteilskraft; rationale Argumente für Entschleierung, Freiheit und Entwicklung; religiöse Argumente zu denselben Themen; und Gegenargumente und Erwiderungen. 1927 beendete sie, gerade Anfang Zwanzig, ihr Buch, das sie erst ein Jahr später veröffentlichen konnte. Im Libanon und dem restlichen Großsyrien war die Verschleierung noch weit verbreitet, obwohl sie in Ägypten schon am Verschwinden war. Ihr Buch rief feindselige Kritik hervor. Salah-Din Hamud behauptet, daß es auch Unterstützung fand, unter anderem bei dem Mufti des Libanon und dem syrischen Erziehungsminister und Direktor der arabischen Akademie.

Die folgenden Auszüge aus dem zweiten Teil enthalten scharfe Anklagen gegen die Verschleierung, beispiellos in ihrer Direktheit und eindringlichen Enthüllung der religiösen Heuchelei von Männern im sozialen Umgang mit Frauen.

Der Aufschrei folgte prompt und heftig. Besonders unverblümt war der Angriff von Scheich Mustafa Al-Ghalaini, dem Autor von *Al-Islam Ruh al-Madaniyya* (Islam, Geist der Zivilisation) und *Nadharat* (Ansichten), der selbst erklärt hatte, der Islam fordere Gesichtsverschleierung nicht. Er beschuldigte sie, das Buch nicht geschrieben zu haben und Fanatismus und kolonialen Einfluß zu nähren. Er behauptete, das Buch sei von Missionaren und ihren Anhängern geschrieben worden, von «Moslems oder Christen, mit oder ohne Turban».

Später, im Jahre 1928, veröffentlichte Nazira Zain al-Din einige der Angriffe gegen sie und ihre Erwiderungen darauf in *Al-Fatah wa al-Shuyukh* (Die junge Frau und die Scheichs).

Entschleiern und Verschleiern: Über die Befreiung der Frau und die soziale Erneuerung der islamischen Welt

1928

Zwei Ansichten: Eine über die entschleierte und die andere über die verschleierte Welt

Meine Damen und Herren, am Anfang habe ich Gegensätze verglichen, die Zahl der Verschleierten und Unverschleierten. Ich fand heraus, daß die Verschleierten nicht mehr als ein paar Millionen Moslems ausmachen, die in den Städten wohnen. Die in den Dörfern der islamischen Welt und über eintausendsiebenhundert Millionen in anderen Nationen sind nicht verschleiert. Sie haben den Schleier abgelegt, den sie früher getragen haben. Ich habe festgestellt, daß die Nationen, die den Schleier abgelegt haben, diejenigen sind, die im geistigen und materiellen Leben vorangekommen sind. Solch ein Vorankommen findet in den verschleierten Nationen nicht seinesgleichen. Die unverschleierten Nationen sind die, die durch Forschung und Studium die Geheimnisse der Natur entdeckt haben und die physikalischen Kräfte zu kontrollieren verstehen, wie Sie sehen und wissen. Aber die verschleierten Nationen haben keine Geheimnisse ausgegraben und keine Elemente bezwungen, sondern besingen lediglich die ruhmreiche Vergangenheit und alte Tradition. Bei solchen Schlafgesängen stagnieren sie.

Ich habe viele Intellektuelle erlebt, die in den Ländern, in denen Frauen noch verschleiert sind, die Entschleierung befürworten, aber ich habe niemanden in den unverschleierten Ländern erlebt, der den Schleier befürwortet oder vorgezogen hätte. Das heißt, ich habe keine Frau erlebt, die die Entschleierung ausprobiert und danach den Schleier vorgezogen hat. Auch wenn einige aus dem Westen in ihrer heuchlerischen Art den Schleier in vorteilhaftem Licht erscheinen lassen, sind sie doch nur angetan von der Schönheit des orientalischen Schleiers, während sie gleichzeitig die Verschleierung der Mutter, der Ehefrau, der Schwestern und Töchter ablehnen würden aufgrund des Unrechts, das der Schleier, den sie anderen empfehlen, zufügt.

Ich kann mir nicht vorstellen, daß die fortschrittlichen Nationen, die die Geheimnisse der Natur entdeckt und ihre Kräfte genutzt haben, die nichts haben vorüberziehen lassen, ohne es vollständig zu untersuchen, wo der Kampf richtig und falsch andauert, bis das Richtige siegreich ist, Nationen, die Werke über soziale Themen hervorgebracht haben, die wir als Meisterwerke der Literatur und Soziologie betrachten, es versäumt haben, sich mit dem Verschleiern und Entschleiern zu beschäftigen, um ihre Vorzüge und Nachteile zu verstehen. Ich kann mir nicht denken, daß unsere eigene Ignoranz uns ein besseres Verständnis von Ehre vermitteln kann, als es die unverschleierten Nationen durch Bildung besitzen; oder daß unser Verhalten ihrem überlegen ist; oder daß die Tatsache, daß ihre Frauen unverschleiert nach draußen gehen und ihre Freiheit genießen, ein Beweis für ihr minderwertiges Verhalten und ihre korrupte Moral ist.

Ja, ich habe das alles untersucht und konnte nicht umhin, es als

Beweis für ihre überlegene Erziehung und ihr erhabenes Verhalten anzusehen. Wenn unsere geschätzten Damen, die einen Schleier tragen, ein westliches Land bereisen, nehmen sie den Schleier ab, und die Männer, die sie begleiten, hindern sie nicht daran, so wie sie es zu Hause oder nach ihrer Rückkehr tun. Wir haben nämlich mehr Vertrauen zum Verhalten der Menschen im Westen als zu unserem eigenen Verhalten. Das Verhalten westlicher Männer wurde durch den Austausch mit Frauen beeinflußt, und daher haben westliche Männer ihre Gewohnheiten und ihre Moral auf Logik und Vernunft aufgebaut, die nach Gewinn und positiven Ergebnissen streben, während unser Verhalten und unsere Moral auf unseren Bräuchen basieren, welche auch immer sie sein mögen.

Ich werde nie vergessen, wie sich einmal ein Mann aus dem Osten, der den Schleier befürwortete, und eine unverschleierte westliche Frau, die ihre Freiheit und Unabhängigkeit genoß, miteinander unterhielten. Der Mann sagte zu der Frau: «Unser Wesen kann eure Bräuche nicht annehmen. Unsere Bräuche sind nobler als eure, und unsere Männer sorgen für unsere Frauen. Der Mann läuft seinem Recht entsprechend vor seiner Frau, aber in eurem Land läuft die Frau vor dem Mann, als sei sie die Versorgerin.»

Die Frau sagte: «Wenn du deine Frau wirklich beschützen willst, dann laß sie doch bitte vorgehen, damit du auf sie achtgeben kannst, wie unsere Männer es tun, anstatt sie hinter dir herlaufen zu lassen, so daß sie ihre Freiheit mißbrauchen und sich verletzen kann.»

Der Mann legte eine Pause ein und sagte: «Stimmt, die Menschen im Westen gründen ihre Bräuche auf Vernunft. Vernunft allein sollte den Brauch bestimmen.»

Es steht uns nicht zu, zu behaupten, daß wir, die wir nur einige Millionen ausmachen, von denen die meisten nicht fortschrittlich sind, ehrenhafter seien als die anderthalb Milliarden (auf der Welt), von denen die meisten fortschrittlicher sind als wir.

Es ist nicht ehrenhaft von uns, unsere Mängel zu leugnen und zu glauben, wir seien perfekt, und zu behaupten, unsere Bräuche seien die besten Bräuche für jede Zeit und jeden Ort. Diese Einbildung und fälschliche Annahme ist ein Hindernis auf unserem Weg zu Reformen. Wenn die Nation ihre Unzulänglichkeiten spürt, ist dies der erste Fortschritt.

Es ist undenkbar, daß wir uns für die Verfechter der Ehre halten, solange der Schleier unser stärkster Schild ist. Wir müssen einsehen, wie sonst alle es tun, daß Ehre im Herzen wurzelt und Keuschheit von innen kommt und nicht von einem Stück durchsichtigen Materials, das übers Gesicht gezogen wird.

Uns muß bewußt werden wie der fortschrittlichen unverschleierten Welt, daß gutes Benehmen und Ehre von solider Erziehung kommt, die aus edlen Prinzipien und Tugenden schöpft. Wir sind kurzsichtig, wenn wir meinen, daß der Schleier das Böse von den Frauen fernhält und daß die restlichen Erdenbewohner, über anderthalb Milliarden, alle im Unrecht sind, während wir im Recht sind.

Wer Unwahrheiten unter den Menschen verbreitet, muß ihnen Beweise liefern

Ich habe das Vorhergehende erwähnt, meine Damen und Herren, in der Befürchtung, daß mir jemand widersprechen würde, der seine Argumente nicht auf Logik und Vernunft aufbaut, sondern sich auf die Unwahrheiten über die fortschrittlichen unverschleierten Nationen verläßt. Er mag sehen, wo die Sünde ist, aber er bemüht sich nicht, herauszufinden, wo die Tugend weilt. Er hat vielleicht ihre primitiveren Frauen gesehen und verallgemeinert den Eindruck, indem er die edlen und ehrenhaften in die Verallgemeinerung miteinbezieht und anklagende Pfeile von Unwahrheiten auf sie abschießt, obwohl Menschen sich nicht wie Fliegen auf die Schwänze (von Tieren) stürzen und ihre Köpfe übersehen sollten.

Er wagt nicht, sich mit wissenschaftlicher und wirtschaftlicher Kenntnis vor den unverschleierten Nationen aufzuspielen, weil dies greifbare Dinge sind. Darum wirft er ihnen Mangel an Moral und sittlichem Verhalten vor, denn diese sind nicht greifbar. So ist er hier unwiderlegbar, obwohl seine Anschuldigungen falsch sind.

Sie wissen, meine Herren, Nationen sind wie Bäume, deren verdorbene Früchte zu Boden fallen, und Schädlinge, Menschen und Tiere, fallen darüber her. Diejenigen, die weise und fortschrittlich sind, halten sich an die guten und reifen Früchte, durch die sich der Baum auszeichnet.

Mein Gegenspieler scheint dies nicht zu wissen, oder er spielt den Unwissenden. Er glaubt, den Baum an den gefallenen Früchten zu erkennen, die darunter liegen. Außerdem will er nicht erkennen, daß es in jeder Nation, wie fortschrittlich auch immer, eine niedere Klasse gibt, die von Korruption heimgesucht wird, deren Moral und Benehmen verfallen, weil sie nicht die Möglichkeit haben, sich zu bilden und zu entwickeln, damit sie eine höhere Stufe innerhalb der Nation erreichen können.

Meine Herren, wir sollten uns alle erdenkliche Mühe geben, damit die Mehrheit in unserer Nation eine Bildung erhält und sich entwickeln kann. Dann wäre es uns möglich, stolz auf unsere Nationen zu sein...

Wir sollten nicht alles glauben, was wir hören, und unsere Anschauungen aus Unwahrheiten beziehen; vor allem Anschauungen, die großes Übel über die Nation bringen, indem sie Reformen verhindern und permanentes Rückwärtsstreben fördern.

Wir sollten uns zurückhalten, andere mit Lügen und Unwahrheiten zu bewerfen, was der Moral und der anständigen Diskussion fremd ist und nur denjenigen schadet, die lügen. Statt dessen sollten wir uns der Wahrheit, solider Argumentation, unvoreingenommener Kenntnis und korrektem Verhalten verpflichtet fühlen. In Übereinstimmung mit dem Willen des allmächtigen Gottes und dem Willen Seines Propheten, möge Gott ihn segnen... (sie zitiert aus dem Koran und Hadith).

Wie Männer für Frauen sorgen sollten

Meine Herren, Sie haben gehört, was die westliche Frau dem Mann aus dem Osten geantwortet hat, der so stolz war, für seine Frau zu sorgen und vor ihr zu laufen. Ja, laßt die Männer prinzipiell für die Frauen sorgen. Jeder Mann sorgt für seine Frau, indem er für sie Geld ausgibt, aber er hat keine Gewalt über irgendeine andere Frau. Dazu wurde eine *aya* aus dem Koran von Gott gesandt, die sich mit Saad ibn al-Rabi aus al-Naqba und seiner Frau Habiba befaßt; die Worte beziehen sich speziell auf das verheiratete Paar. Männer sollten wissen, daß ihre Autorität beschränkt ist gemäß dem Nutzen, der daraus entspringt. Daher sollten Männer eine hohe moralische Entwicklung erreichen, wie Gott es will und die Gesellschaft es erfordert. Dies würde Frauen stark und selbstverantwortlich machen, denn wenn Menschen Tugend, Würde und Ehre besitzen, wenden sie sich vom Bösen ab, nicht aus Angst vor Strafe, sondern weil das Böse häßlich ist und solch ein Mensch sich nicht erlauben würde, niedrig zu handeln.

Der Prophet, Gott segne ihn, sagte: «Ich wurde geschickt, um dir bei der Erlangung der höchsten Moral zu helfen.» Kommt nicht die höchste Moral aus der Seele? Ein Stück Stoff über dem Gesicht soll niemals ein Maßstab für Moral sein.

Der Schleier (hijab) *ist eine Beleidigung für Männer und Frauen*

Es ist Männern und Frauen nicht zuträglich, wenn Männer nur körperlich und finanziell für Frauen sorgen; auch ist es nicht zuträglich, wenn der Mann über die herrscht, über die er laut *Sharia* gar keine Gewalt hat. Es schadet den beiden Geschlechtern sehr, daß der Mann weiterhin seine Mutter, Tochter, Frau und Schwester beleidigt, sie argwöhnisch schlechter Moral beschuldigt und in einen Käfig sperrt, wie der ehrwürdige Qasim Amin sagt: «Mit abgeschnittenen Flügeln, gesenkten Köpfen und geschlossenen Augen. Für ihn (Mann) ist Freiheit und für sie (Frau) Versklavung. Für ihn ist die Bildung und für sie Unwissen. Für ihn ist solide Argumentation und für sie minderwertige Argumentation. Für ihn ist Licht und Freiraum und für sie Dunkelheit und Eingesperrtsein. Für ihn sind Befehle und für sie Gehorsam und Geduld. Für ihn ist alles im Universum und für sie der Teil des Ganzen, den er eingefangen hat.»

Wenn der Schleier *(hijab)* bedeutet, daß die Frau unfähig ist, sich ohne ihn zu schützen, zeigt das leider auch, daß der Mann, egal, wie gut erzogen er sein mag und obwohl er für die Frau sorgt, ein Verräter und Ehrabschneider ist; man sollte seine Bösartigkeit fürchten, und es ist besser, wenn die Frau vor ihm flieht.

Du, Mann, der Versorger

Wenn einige Frauen aufgrund der Unwissenheit, in die du sie gestoßen hast, die Beleidigung, die ihnen und den Männern durch den Schleier widerfährt, nicht erkennen, ist es für dich, den Mann, der Gelegenheit hatte, Vollkommenheit und sittliches Verhalten zu suchen, dann leicht, die Beleidigung zu ertragen, die deiner Mutter, Tochter, Frau und Schwester widerfährt?

Bestätigt die Frau, die vor dir flieht oder sich dir mit dem Schleier über dem Gesicht nähert oder dir den Rücken zukehrt, deine hohe Position, oder ist es eine große Beleidigung? Macht dies den Anstand, die Keuschheit und Sittsamkeit der Frau aus? Wenn dem so ist, dann sollten Männer nicht ohne diese kostbaren Merkmale sein; laßt die Männer Schleier tragen, und laßt sie einander und den Frauen begegnen mit dem Schleier über dem Gesicht, so, wie es Frauen tun.

Die junge Frau und die Scheichs

1928

Dieses Buch widme ich der Frau

Oh, Engel, ich widmete mein erstes Buch, *Entschleiern und Verschleiern*, meinem Vater, aber ich widme Dir mein zweites Buch, weil der Geist der Mutter in dir ist, und weil ich glaube, daß Reformen im Orient auf der Basis Deiner Freiheit und dem Kampf um Gerechtigkeit beruhen.

Sein Licht leuchte über Euch.

Mein Buch wurde der Nation direkt von meinem Zimmer aus übergeben; warum haben die Scheichs es nicht genauso gemacht und diejenigen in der Gesellschaft, die dazu fähig sind, die beiden Bücher beurteilen lassen. Ich weiß, Scheich Ghalaini, daß es ein leichtes ist für jemanden wie Sie, Gefühle anzuheizen gegen ein Buch von einer jungen Frau wie mir, denn ich habe nicht die Möglichkeit, auf der *minbar* (der Moscheenkanzel) zu stehen, auf der Sie standen, und zur Gemeinde zu sprechen, zu der Sie sprachen, um das Richtige zu verdeutlichen oder das Falsche zu verurteilen.

Der edle Mensch ist jemand, der eine Waffe nicht benutzt, die auch der andere nicht anwendet; entweder weil er sie nicht besitzt oder weil er es für unter seiner Würde hält, sie zu benutzen. Es gibt ein Forum, das Frauen und Männern offensteht, in dem die Wahrheit vor wichtigen Männern und Frauen der Nation mit der Feder geklärt werden kann, statt durch falsche Rede einen Aufruhr unter dem Volk zu verursachen.

Scheich, Gott hat Ihnen die Gabe der öffentlichen Rede geschenkt, eine starke Stimme und beredte Zunge. Fürchten Sie Gott und gebrauchen Sie diese Gaben, um dem Islam zu dienen. Gebrauchen Sie sie nicht einfach, wie es Ihnen gerade beliebt oder als Waffe, um andere zu verletzen oder Rache zu üben.

Seien Sie aufrichtig in Worten und Taten. Der Bote Gottes, Friede sei mit ihm, sagte: «Jeder Mensch ist verdammt außer dem Gelehrten, jeder Gelehrte ist verdammt außer dem Ehrgeizigen, und jeder Ehrgeizige ist verdammt außer dem Aufrichtigen.»

Ich erkläre öffentlich, meine Damen und Herren, Moslems, hört mich an, wenn ich erkläre, daß ich mein Buch allein nachts und tagsüber in einem Zimmer geschrieben habe, in dem ich außer Federn und Tintenfässern, Büchern und Papier weder Gesellschaft noch Unterstützung hatte; in dem es kein Licht gab, das nicht von der Elektrizität und vom Koran kam, von der Sunna und dem, was die Imams gesagt haben; in dem ich keinen Missionar empfing und niemand mich besuchte außer meinem Vater, der mich die *Sharia* lehrte, und ab und zu meinem Arabischlehrer, der meine Sprache oder meine Argumentation verbessern half, ohne an dem Buch mitzuschreiben. Niemand schrieb an diesem Buch mit, ob er nun eine *imma*, einen Hut oder einen *tarbush* auf dem Kopf hatte. Auch nicht ein Missionar oder ein Atheist oder ein Lehrer oder ein Anwalt oder ein moslemischer Geograph oder ein Missionsgesandter: Niemand half mir mit einem einzigen Piaster, mein Buch zu schreiben oder zu drucken. Auch gab ich niemandem einen einzigen Piaster – nicht einem Mann mit einer *imma*, einem Hut oder einem *tarbush* noch einem Missionar, einem Laien, einem sunnitischen Moslem, einem schiitischen Moslem, einem Drusen, einem Juden oder einem Christen.

Scheich, Ihre Behauptung ist falsch, und Gott der Allmächtige hat gesagt: «Wenn du die Wahrheit sagst, beweise es.» Kann der Scheich beweisen, was er vorgibt, und öffentlich erklären, daß er keine finanzielle Unterstützung von Leuten erhalten hat, um sein eigenes Buch zu schreiben und zu drucken?

Haben Sie nicht, Scheich, finanzielle Unterstützung von Leuten erhalten und gesagt, Sie würden sie für die Verteidigung der Religion verwenden, und statt dessen haben Sie sie für Rache gegen eine junge moslemische Frau verwandt, und dafür, Moslems zu Unwahrheiten zu verführen. Dies habe ich dem Scheich und anderen aus der Opposition gesagt, während ihre Stimmen riefen: «Die Missionare und diejenigen, die die Missionare gekauft haben, stehen hinter dir.» Sie verbreiten immer noch, was der Scheich sagte, und der Scheich verbreitet noch, was sie gesagt haben.

Meine Herren, die Missionare und missionarischen Leute, die uns angeblich angegriffen haben, kamen nicht nach Beirut, sondern gingen nach Kairo und Jerusalem und kehrten neun Monate bevor ich mein Buch geschrieben hatte und anfing, es drucken zu lassen, nach Hause zurück. Aber wir sahen in den Missionaren in unserer Mitte – ob sie nun Amerikaner oder Engländer, Mönche oder Nonnen, französisch oder nicht französisch waren – nichts als gute Unterrichtsmöglichkeiten für junge Araber, Mädchen und Jungen. Ja, sie waren es, die Schulen in unserem Land gründeten und die größte Bildungseinrichtung. Sie haben uns ausgebildet.

Unsere edlen arabischen Tugenden – besonders die Aufrichtigkeit – verlangen, daß wir ihnen dankbar sind.

Ihr, großmütige Leute – Pfeilschleuderer –, die ihr niemand anders als die aufrichtigen Kinder unserer Nation seid – würdevoll, moralisch, gebildet, kultiviert, reformfreudig und progressiv –, im Namen Gottes, haltet eure Pfeile zurück. Werft sie nicht auf eure nationalistischen Brüder und islamischen Schwestern. Ich sagte dies vergeblich. Die Pfeile kommen immer noch wie schwerer Regen, und der Scheich kämpft immer noch mit Lügen.

Nuha Samara

(*1944)

Nuha Samara ist in Tulkarem in Palästina geboren. 1948 floh ihre Familie nach Beirut. 1962 begann sie, für Beiruter Zeitungen zu schreiben: Viele ihrer Veröffentlichungen waren Kurzgeschichten. 1973 veröffentlichte sie *Fi Madinat al-Mustanga* (In der Sumpfstadt). Während des Bürgerkriegs im Libanon veröffentlichte sie *Al-Tawilat Ashat Akthar min Amin* (Die Tische lebten länger als Amin, 1981). Sie gehört zu den Dezentristen von Beirut. Ende 1975 ging sie von Beirut nach Doha, Katar, und ein Jahr später zog sie nach London, wo sie zwei Jahre blieb. Das Exil führte sie dann nach Paris: 1982 kehrte sie in den Nahen Osten zurück. Jetzt lebt sie in Limassol auf Zypern und ist Redakteurin der Frauenseite der Zeitschrift *Al-Shahid*. Sie hat gerade einen Roman über Libanesen und Araber im Exil beendet. In einem Brief an Miriam Cooke schrieb sie: «Mein Hauptinteresse gilt der arabischen Frau und ihrer Ausdrucksmöglichkeit.»

«Zwei Gesichter, eine Frau», ein Auszug aus *Die Tische lebten länger als Amin*, beschreibt, was mit einer Frau geschieht, wenn ihr Mann, durch den sie die Welt wahrgenommen hat, dem Bürgerkrieg im Libanon den Rücken kehrt und nach Paris geht. Die Toleranz gegenüber Flüchtlingen, die die erste Phase des Krieges charakterisierte, begann abzubröckeln. Die Geschichte verfolgt die Wandlung ihres Bewußtseins, während sie lernt, für sich selbst und auf sich selbst gestellt zu handeln. Der Text ist repräsentativ für die Werke vieler Dezentristen, denen klarwurde, daß es die Männer waren, die fortgingen, und die Frauen, die zurückblieben.

Zwei Gesichter, eine Frau

1980

Ruhig ging sie ins Bad. Sie hatte gelernt, wie man sich Zeit läßt. Wie man Dinge ruhig anfaßt. Sie entkleidete sich langsam. Als sie ihr langes, blondes Haar wusch, erinnerte sie sich an ihn und daran, wie er ihr Haar geliebt und bewundert hatte: «Das Haar eines Wildpferds.» «Es zieht mich an», «An dem Tag, an dem du es abschneidest, verlasse ich dich und geh zu einer anderen.»

Seit Anfang des Krieges hatte sie sich daran gewöhnt, schnell zu baden, denn sie hatte Angst, sie könnte von einer Grantate getroffen und getötet werden, wenn sie nackt war. Ihr Tod würde zu einer lustigen Geschichte werden, die die Nachbarn weitererzählen könnten! Sie bekam Angst... und beschloß, sich schnell fertigzumachen. Warum sollte sie nicht zugeben, daß er es vorgezogen hatte, sie mit ihrem hilflosen Vater im Stich zu lassen!

Sie trocknete ihr Haar gründlich. Und dann, als sie vor dem Spiegel saß, stellte sie einen weiteren hinter sich auf und fing an, ihr Haar zu schneiden. Sie sah die Locken fallen, verspürte aber keine Traurigkeit. Es ist eine Lüge, daß Frauen sich für Männer hübsch machen... Jetzt, da der Mann fort war, konnte sie mit dem Lügen aufhören. Im Spiegel verhärteten sich ihre Züge. Dann hatte sie eine Idee. Sie nahm etwas von dem Bleichmittel, verrührte es zu einer Masse und bürstete es in ihr Haar. Dann wusch sie ihr Haar noch einmal und betrachtete es im Spiegel. Ihre Gesichtszüge waren schärfer geworden; dies blondierte Haar ließ sie wie ein Nazioffizier aussehen. Sie wollte, daß er sie jetzt sah, um ihm das sanfte Bild auszutreiben. Was hatte er sich dabei gedacht, sie in diesem schmutzigen Krieg zurückzulassen, wo das Überleben allein dem Zufall überlassen blieb! Er wußte ganz genau, wie die täglichen Pflichten sie in diesen Kriegszeiten ermüdeten. Und ihr Vater... was für eine ungeheure Verantwortung! Wie konnte sie ihn in seinem Rollstuhl in den Schutzraum hinuntertragen, wenn sie unter heftigem Beschuß standen? Und was war mit den fragenden, nervtötenden Blicken der Nachbarn: «Er hat ihr die Verantwortung für diesen hilflosen alten Mann überlassen!»

Früher hatte ihr Vater bei ihrer Schwester und deren vier Kindern gelebt. *Er* war es, der vorgeschlagen hatte, man solle ihn hierher bringen, um ihrer Schwester die Last der Verpflichtungen etwas zu erleichtern. Er war im Bombenhagel hingefahren und hatte ihren Vater schnell hergebracht, wie ein Eroberer. Genau einen Monat später hatte sein Direktor ihn vor die Wahl gestellt, ob er hierbleiben oder nach Paris versetzt werden wolle... und er hatte letzteres gewählt. Er stotterte viel herum, als er seine Entscheidung verkündete. Sie blieb still, weder ermutigte sie ihn, noch brachte sie ihn davon ab. Er kannte sie gut, sie mischte sich nie in anderer Leute Entscheidungen ein. Sie murmelte kaum hörbar: «Es ist dein gutes Recht, am Leben bleiben zu wollen.»

Sie fragte sich, ob er sich entschlossen hätte, abzureisen, wenn sie nicht vor ein paar Monaten das Baby abgetrieben hätte. Hätte sie ihre Zurückhaltung beibehalten?

Zwei Tage nach seiner Entscheidung teilte er ihr mit, er werde am nächsten Tag abreisen. Während dieser drei Tage bemerkte er, daß sie ihm nicht in die Augen schauen konnte. Sie hatte sogar das Interesse verloren, die Kriegsnachrichten zu verfolgen... Und als das Wohnzimmerfenster zersprang, nachdem eine Granate in der Nähe explodiert war, hielt er sie fest und sagte: «Sei stark in meiner Abwesenheit!»

Und so war sie jetzt... Ihre Gesichtzüge waren die eines Mannes, ihr Auftreten das eines Nazis in Hitlers Armee. Sie ging zur Garderobe und zog Jeans und ein Khakihemd an. Sie sah aus, als würde sie in den Kampf ziehen, nur die Waffen fehlten ihr. Und dann erinnerte sie sich. Sie öffnete einen alten Schrank und nahm seine Pistole heraus. Warum war sie dem Vorschlag seines Freundes Manah nicht gefolgt, in der Nähe des Hauses zu trainieren? Sie konnte das in den frühen Morgenstunden tun, wenn ihr Vater schlief, wenn der Lärm von Granaten und Tod abgeebbt war.

Sie setzt sich sofort mit Manah in Verbindung. Er reagiert schnell und sagt ihr, sie habe da eine hervorragende Entscheidung getroffen. Sie erzählt ihm von Abdallahs Abreise. Er ist überrascht, und dann versteht er und schweigt. Dann hört sie, wie er ihr versichert: «Du hast eine gute Entscheidung getroffen. Morgen früh um sechs, wir erwarten dich dort.»

Am Morgen... war Manah nicht da. Aber er hatte dem Übungsleiter ihren Namen gegeben. Alle Anwesenden waren Männer. Keiner von ihnen sah sie neugierig an, auch nicht bewundernd oder lüstern, wie er es immer getan hatte... War es wegen des Krieges? Oder lag es an ihrem neuen Gesicht, das dem eines Nazioffiziers glich?

Die Übungen waren nicht schwierig. Der Lärm der ersten Kugel, die aus ihrer Pistole schoß, ängstigte oder beunruhigte sie nicht... Sie war verblüfft über ihre Lust zu töten. Als die Kugeln in schneller Abfolge explodierten, wünschte sie, die Attrappen, die fielen, wären Leute gewesen. Als es vorbei war, beglückwünschte sie der Ausbildungsleiter zu ihrem Mut, und sie antwortete: «Ich möchte das Training abschließen. Ich möchte alle Kampftechniken lernen.»

Nachts war der Beschuß stärker, aber sie hatte keine Angst mehr wie früher. Sie hörte die Nachbarn schreien, während sie in den Schutzraum hinunterliefen. Sie beschloß, ihren Vater im Rollstuhl nach unten in den Schutzraum zu tragen, und vergaß nicht, Brot und Käse mitzunehmen. Wohl das Schlimmste an dem Tag waren die Blicke der Nachbarn. Ohh!... Wie sie es haßte, bemitleidet zu werden. Das einzige Mitleid, das sie jemals hatte ertragen können, war seins gewesen, wenn er nach Hause kam und sah, wie sie kochte und saubermachte. Nach einem Unterrichtstag murmelte er immer etwas, das sie nicht begriff: «Ah, das schöne Proletariat!»

Sie fragte ihn nie, was das bedeutete, aber wenn sie in seinem Arbeitszimmer Staub wischte, fielen ihr viele Bücher über Revolution und Wandel auf, in denen es von dem Wort «Proletariat» wimmelte. Sie war überhaupt nicht neugierig auf diese Bücher. Vielleicht hatte sie keine Zeit dazu; aber sie hatte auch nie gesehen, daß er eines davon las. Er unterhielt sich lieber mit Freunden, sog den Duft des Essens ein, das sie kochte, und rauchte eine Wasserpfeife aus Elfenbein, über die sich seine Freunde lustig machten. Irgendwann hatte Manah zu ihm gesagt:

«Nur Worte! Diese Revolution, von der du dauernd sprichst, paßt nicht zu deiner Wasserpfeife da!»

Unten im Schutzraum wurde sie schrecklich hungrig. Sie gab ihrem Vater ein wenig Brot und Käse. Mit Einsetzen des Granatenbeschusses fing er an, daran zu nagen. Sie haßte Kaugeräusche. Das einzige, was von den Menschen im Krieg übrigblieb, waren gierige Mäuler, die nichts taten als kauen. Der Schutzraum war wie der Tag der Auferstehung mit all den schreienden Kindern. Sie fühlte nach ihrem Unterleib, wo sich der Embryo an dem Tag befunden hatte, an dem sie ihn erleichtert losgeworden war. Hatte sie schon damals gewußt, daß ihre Beziehung das nicht aushielt?

Eine Nachbarin fragte sie scheinheilig: «Wo ist Abdallah?»

«Er ist fort.»

«Wo?»

«In Paris.»

«Warum?»

«Er wurde versetzt.»

Sie erzählte ihr nicht, daß seine Firma ihm die Wahl gelassen hatte, zu bleiben oder fortzugehen, damit die Frau sie nicht noch mehr bemitleidete.

«Hat er gesehen, was Sie mit ihrem Haar gemacht haben?»

«Ja.»

Sie mußte lügen. Warum sollte jeder wissen, was sie durchgemacht hatte. Die Nachbarin redete weiter:

«Es überrascht mich nicht, daß Abdallah gegangen ist. Ich habe zufällig mitgekriegt, wie er neulich hier im Schutzraum mit meinem Mann redete und sagte, er hielte es nicht mehr aus. Vergessen Sie nicht, es sind jetzt schon anderthalb Jahre! Aber warum hat er Sie nicht mitgenommen?»

«Wie könnte ich meinen Vater verlassen? Meine Schwester muß sich schon um Mann und Kinder kümmern.»

Die Nachbarin schüttelte den Kopf; es schien ihr nicht einzuleuchten. Dann zeigte sie auf ihren Vater und sagte: «Möge Gott Ihnen bei dieser Verantwortung beistehen.»

Sie wandte sich ihrer Verantwortung zu. Er nagte so begierig an Brot und Käse wie jemand, der sein letztes Mahl zu sich nimmt. All seine Bedürfnisse im Leben hatten sich aufs Essen reduziert. Jeden Tag fragte er sie, was es zu essen gäbe und ob sie genug Geld dafür hätten.

Er hatte ihr sein ganzes Gehalt hinterlassen, bevor er ging, und wie immer hatte er das Geld auf den Tisch gelegt. Er wußte, daß sie das Geld nicht aus seiner Hand nehmen mochte. Er bemerkte, daß sie das Geld nicht versteckt hatte und tadelte sie: «Sei vorsichtig! Jeder ist zum Dieb geworden!»

Und als die Zeit für ihn gekommen war, stand er verlegen da. Er hätte sie gern geküßt, aber er sagte: «Paß gut auf dich auf. Wenn du irgend etwas brauchst, geh zu meinem Bruder oder Onkel. Ich melde mich über meinen Onkel.»

Worte... Worte!!

Die meisten Menschen im Schutzraum schliefen völlig erschöpft. Sie hatten sich ein Lager zurechtgemacht und waren eingeschlafen. Sogar ihr Vater schlief in seinem Rollstuhl. Sie deckte ihn zu und ging dann ruhig in die Wohnung hoch. Der Beschuß draußen ging hartnäckig weiter, der Himmel leuchtete auf und erlosch, die Geschosse blitzten auf und verschwanden, wie rote und grüne Ampeln. Sie erinnerte sich an Friedenszeiten, als die Ampeln noch funktioniert hatten.

Sie verspürte eine große Ruhe, sobald sie mit sich allein war. Seit ihrer Geburt war sie nie wirklich allein gewesen. Ihre Familie und Geschwister waren immer dagewesen. Nach der Heirat waren entweder er oder seine Abwesenheit dagewesen. Aber jetzt war sie vollkommen allein mit der Nacht. Sie saß vor dem Spiegel in ihrem Flur, wo es die sichersten Ecken gab. Plötzlich hatte sie Lust, sich auszuziehen. Sie betrachtete ihren Körper im Spiegel, er sah immer noch blendend aus. Sie fing an, ihn zu berühren, wie verhext, als bemerke sie ihn zum erstenmal. Sie hatte den Wunsch, ihn zu besitzen, und sie berührte sich bis zum Orgasmus. Dann dachte sie: Ich brauche einen Liebhaber!

Sie dachte an die Männer, die sie kannte, und die sie fast alle durch Abdallah kannte. Sie hatte keinen von ihnen bisher jemals als Mann wahrgenommen. Sie hatten andere Stimmen. Sie konnte sich an ihre Stimmen erinnern, aber nicht an ihre Gesichtszüge, ihre Größe oder ihre Gestalt. Sie sah sie durch ihn. Wen er gemocht hatte, den hatte sie gemocht. Und er hatte Manah wirklich gemocht und sie in seiner Gegenwart gepriesen! Manah... Vielleicht war er derjenige, auf den sie sich einlassen sollte? Er war sein bester Freund gewesen, und sein Gesicht war das einzige, das sie deutlich vor sich sah. Er war der Mann. Er war fast primitiv mit seinen hervortretenden Muskeln, seiner behaarten Brust unter dem offenen Hemd und seinen schwarzen, durchdringenden, fesselnden Augen...

Manah. Warum nicht? Sie beschloß, am nächsten Morgen mit ihm zu reden.

Es war ihr ein wenig peinlich, als sie ihn auf dem Übungsgelände sah. Er kam auf sie zu und fragte sie schüchtern, wie es ihr gehe. Ob sie in Abdallahs Abwesenheit irgend etwas bräuchte. Sie zögerte nicht, ihn zu fragen, ob er ein Krankenhaus für ihren Vater finden könne, wo sie sicher sein konnte, daß man gut für ihn sorgen würde. Er versprach, so bald wie möglich etwas in die Wege zu leiten.

Sie erzählte ihm von ihrer Angst um ihren Vater während der Bombenangriffe. Manchmal konnte sie keinen Arzt für ihn finden, wenn er einen Rückfall hatte. Er lobte ihre vernünftige Entscheidung. Dann sagte er, bevor er ging: «Ich melde mich, sobald ich etwas Passendes gefunden habe.»

Manah brauchte nicht lange. Eines Morgens erzählte er ihr von einem geeigneten, sicheren Pflegeheim und versprach, einen Krankenwagen für den Transport zu besorgen. Dann fragte er: «Wie geht es ihm?»

Sie bemerkte, daß er es vermied, den Namen ihres Mannes zu erwähnen. Sie antwortete kurz, er habe sich bei seinem Onkel nach ihr erkundigt und zögernd gefragt, ob sie etwas brauche.

Als Manah gegangen war, eilte sie zu ihrem Vater, um ihm von ihrem Plan zu erzählen. Sie versicherte ihm etwas schroff und energisch, dies sei das beste, solange der Krieg andauere, und daß seine Sicherheit und seine Verpflegung dort weniger gefährdet seien als bei ihr. Er wirkte gequält und traurig und schüttelte viel den Kopf, denn das Sprechen bereitete ihm Schwierigkeiten. Schließlich versicherte sie ihm, es sei nur für die Dauer des Krieges, danach solle er zu ihr zurückkehren.

Sie lief hinaus, um nicht in Tränen auszubrechen. In ihrem Zimmer fing sie an, sich auszuziehen. Manahs Gesicht tauchte schlagartig vor ihr auf. Warum erwachten in ihrem Körper plötzlich Begierden, die sie nicht gespürt hatte, als sie mit ihm zusammen war? Kam das von Abdallahs Abwesenheit? Oder von den wiederholten Berichten vom Tod? Er hatte ihr Frigidität vorgeworfen, und sie hatte nie reagiert, weil sie nicht die richtigen Schlüssel zu ihrem Körper gehabt hatte.

Als er während des Krieges beharrlich mit ihr schlief, hatte sie ihn ausgefragt, und er hatte zuversichtlich geantwortet:

«Wenn man ständig vom Tod hört, wird das Verlangen stärker. Vor allem in Kriegen. Nach zwei Kriegen war Europa moralisch am Tiefpunkt.» Und er fuhr fort: «Angesichts des Todes gehen alle Werte über Bord. Was bleibt, sind die Grenzen des Körpers und das Pulsieren der Gefühle und Instinkte.»

Ein anderes Mal hatte er etwas gesagt, das sie kaum vergessen konnte: «Die wichtigste Folge dieses Krieges ist, daß unsere Arbeit sowie unser Streben nach gesellschaftlichen Kontakten und lächerlicher, fehlgeleiteter Ehrgeiz abgenommen haben. Der Krieg hat uns auf Lebensgröße reduziert... Aber wenn er andauert, verlieren wir uns vielleicht erneut, aber auf andere Weise...»

Wie oft hatte sie an ihr Leben mit ihm vor dem Krieg zurückgedacht. Ihre Ehe war ein hastiges Hin und Her zwischen ihrer Arbeit als Lehrerin und als Ehefrau gewesen. Er legte viel Wert auf seine Kleidung, sein Essen und Sauberkeit im Haus. Er war oft vor Wut explodiert, hatte geflucht und Türen zugeschlagen, wenn er etwas nicht genau so vorfand, wie er es haben wollte. Sie war daran gewöhnt, denn ihr Vater war genauso gewesen. Und sie hatte auf diese Ausbrüche genauso reagiert wie ihre Mutter... mit Schweigen. Sie fühlte lediglich Abwehr in sich aufsteigen, nachdem er gegangen war. Der einzige Unterschied zwischen ihr und ihrer Mutter war, daß sie außerhalb des Hauses arbeitete. Der einzige Unterschied zwischen ihm und ihrem Vater war, daß er nichts dagegen hatte, wenn sie mit seinen Freunden zusammensaß, wenn sie vorbeikamen, und daß er sich nicht schämte, seine Gefühle für sie offen auszusprechen. Wohingegen sie nie gehört hatte, daß ihr Vater ihre Mutter vor anderen lobte. Ihr Vater war ein Mann: nicht ein einziges Mal hatte er seine Familie verlassen, und er hatte seine Verpflichtungen getragen, bis er zwei Jahre nach dem Tod ihrer Mutter gelähmt war.

Wie peinlich ihr seine Offenheit vor seinen Freunden gewesen war! Er hatte übertrieben, als wolle er, daß sie mit ihren Frauen unzufrieden wurden. Aber wenn sie gegangen waren, nahm er sich eine alte Zeitung vor, als hätte er nicht Sekunden vorher all diese leidenschaftlichen Dinge gesagt. Zuerst verstand sie diesen Wandel nicht, konnte ihn sich nicht erklären. Sie hatte Launenhaftigkeit darin gesehen, weil er oft gesagt hatte, er sei launisch, unbeständig.

Sie hatte gerade an Manah gedacht, als sie ihm die Tür öffnete. Sie hatte mit ihrem Vater eine Nacht, in der draußen ständig geschossen wurde, im Schutzraum verbracht. Manah wirkte ein wenig verstört.

«Hast du die Sachen deines Vaters bereit? Der Krieg könnte noch lange dauern.»

«Meinst du?»

«Wahrscheinlich. Dein Übungleiter hat dir eine Eins gegeben. Er sagt, du schießt erstaunlich geschickt, was er bei Männern selten findet. Triffst du all deine Ziele, frage ich mich?»

«Ja. Und besonders jetzt, wo er fort ist!»

Er unterbrach sie: «Wo ist dein Vater?»

«Im Schlafzimmer... Hier.»

Das Gesicht ihres Vaters war angespannt, als sei er auf dem Weg zum Galgen. Es gefiel ihr, wie Manah sein müdes Gesicht streichelte und die Hand ihres Vaters hielt. Er sagte:

«Hör zu, Onkel. Dies alles ist zu deinem Besten. Diese unmenschlichen Bedingungen haben uns gezwungen, dich in ein Krankenhaus zu bringen, wo alle sich um dich kümmern werden. Im Krankenhaus werden sie dich vor diesem verdammten Krieg beschützen. Du wirst zu Essen und zu Trinken bekommen. Schutz, Elektrizität und Arznei haben. Ich werde immer dafür sorgen, daß es dir gut geht... und deine Tochter auch. Wenn du irgend etwas brauchst, laß es mich wissen...»

«Und jetzt?»

Er trug ihren Vater vom Bett zum Rollstuhl. Er bedeutete ihr, sie solle seinen Koffer tragen und ihm folgen. Glücklicherweise funktionierte an diesem Tag der Fahrstuhl. Sie lief hinter ihnen her, und sie stiegen in den Krankenwagen.

Als sie nach einer schweigsamen Fahrt am Krankenhaus ankamen, spiegelten sich im Gesicht ihres Vaters all die Strapazen des Krieges. Sie folgte ihnen ins Krankenhaus. Sie versuchte, nicht durch die zum Teil offenen Türen der Zimmer zu schauen, in denen die Verwundeten und Verstümmelten des Krieges lagen. Manah beruhigte sie:

«Er kommt auf die Altenstation, nicht hierher...»

Sie entspannte sich, als sie sah, wie sauber es dort war, und als sie feststellte, daß er in ein sonniges Einzelzimmer gelegt wurde. Sie küßte ihn. Nicht eine Träne. Der Krieg war hart. Manah nahm ihre Hand. Sie zitterte, und er mußte es gespürt haben.

Sie hörte, wie er sagte: «Ich habe mein Auto am Eingang geparkt, also können wir zusammen zurückfahren.» Sie folgte ihm wie unter einem Bann.

Als sie neben ihm saß, war sie so ruhig und entspannt, als sei sie seine Frau. Er sagte:

«Du hattest keine andere Wahl. Stell dir vor, was passiert wäre, wenn euer Haus getroffen worden wäre, oder wenn du während der Bombenangriffe einen Arzt gebraucht hättest. Was hättest du gemacht?»

Schweigen. Dann hörte sie ihn sagen: «Er ist jetzt richtig untergebracht.»

Als sie bei ihrem Haus ankamen, fragte sie ihn, ob er einen Kaffee trinken wolle, und seine schwarzen Augen lachten, als er antwortete: «Ich hätte gern eine Tasse von deinem berühmten Kaffee!»

Im Fahrstuhl starrte er schweigend auf die Lichter, die den ersten Stock anzeigten, den zweiten... den fünften, dann den siebten...

Sie war sehr unsicher, als sie allein waren, ohne *seinen* Schatten oder den Schatten ihres Vaters. Sie eilte in die Küche, um Kaffee zu machen. Dieses Schweigen erregte sie. Absichtlich ließ sie das Geschirr klirren. Als sie ins Wohnzimmer kam, hatte er die Augen geschlossen, und er wirkte erschöpft. Er spürte, daß sie im Raum umherging, und sagte schnell:

«Stell dir das vor! Ich wäre beinahe eingeschlafen. Die letzten drei Nächte habe ich fast nicht geschlafen.»

Er stand auf und fragte sie sanft: «Deprimiert es dich, jetzt allein zu sein?»

«Nein. Es tut mir gut, allein zu sein.»

«Du bist merkwürdig... Die meisten Frauen, die allein leben, beklagen sich darüber.»

«Ich nicht.»

«Darum war er glücklich mit dir.»

«Wer sagt, daß er glücklich war?»

«Das hat er uns zu verstehen gegeben.»

Sie reichte ihm den Kaffee, und er fing an, über den Krieg zu reden, und analysierte die Gründe für die Wiederaufnahme und die Intensivierung der Kämpfe. Dann stand er auf und sagte: «Ich werde oft vorbeikommen. Es tut gut, mit dir zu reden.»

«Finde ich auch.»

Als er die Tür hinter sich geschlossen hatte, war die Luft erfüllt von seinem Geruch und dem traurigen Gesicht ihres Vaters, und sie beschloß, anzurufen und zu fragen, wie es ihm gehe.

Nachdem sie ihren Vater ins Krankenhaus gebracht hatte, dachte sie nicht mal mehr daran, in den Schutzraum hinunterzugehen. Die meisten Leute bestanden darauf, daß sie hinunterging. Aber sie tat es nicht.

Allein in der Wohnung konnte sie viel von Manah träumen und ein bißchen von der Zukunft.

Was würde sie tun, wenn der Krieg zu Ende ginge und das Leben wieder seinen normalen Lauf nähme und er zurückkäme. Und die Schule und die blöden Gesichter und endlosen Besuche seiner Freunde und seiner Familie, und seine Wut und seine Launen wegen Dinge, die er wollte oder nicht wollte. Nach dem heutigen Tag fühlte sie sich außerstande, ihn zu berühren. Früher war sie mit ihm ausgekommen und hatte sich seinen Launen unterworfen. Aber heute war das Gleichgewicht gestört worden. Er war einfach nach Paris geflohen. Was empfand er, wenn er diese schönen, eleganten Pariser Frauen sah, die sich amüsierten, während sie eine Gefangene ihrer Verantwortung, ihrer Einsamkeit und ihres Todes war? Würde ihn der Vergleich nicht verwirren? Wen hielt er nachts in den Armen? Sie wußte sehr wohl, daß er ohne eine Frau nicht leben konnte, ohne Berührungen, besonders nach dem zweiten Glas Alkohol. Kaum waren seine revolutionären Freunde gegangen, hatte er immer an ihr geschnüffelt und geleckt. Einmal war sie eingeschlafen, während er ihren Körper küßte, zufrieden wie ein Kind, und sie hörte ihn unbändig reden: «Du gehörst mir... mir... tausendmal mir.»

An jenem Tag wurde ihr klar, daß er, sosehr sie sich ihm auch unterwarf, nie ganz sicher war, daß sie ihm gehörte. Er hatte einmal zu ihr gesagt, sie lasse es ihn spüren, daß sie ihm gehöre, sie sei wie das Glück: erst spürbar, nachdem es fort ist.

Der Lärm der Granaten und Explosionen kehrte zurück, diese Decke, die die Bewohner der Stadt täglich einhüllte wie die Kleider eine Bauersfrau. Sie begann, den warmen Pulsschlag ihres neuen Lebens zu spüren. Der weiße Raum der vor ihr liegenden Zeit gehörte ihr, sie konnte ihn betrachten. Wieder zog sie vor dem Spiegel im Flur ihre Kleider aus. Sie sah Manahs Gesicht, und sie war verlegen, als sie sich berührte, als schaue er tatsächlich zu. Sie fühlte ein furchtbares Verlangen nach ihm. Sie kannte seine Telefonnummer. Warum sollte sie ihn nicht anrufen und all ihre weiblichen Tricks und Kniffe einsetzen? Ihm erzählen, sie habe Angst. Und er würde vorbeikommen und sie die Nacht hindurch in den Armen halten. Und sie würde in Liebe in seinem Körper ertrinken. Aber wenn das passieren würde, wie schwierig würde es sein, zu dem fernen Reisenden zurückzukehren. Sie wußte, daß sie nicht Beziehungen zu zwei Männern gleichzeitig unterhalten konnte. Sie erinnerte sich, daß sein Onkel ihr vor zwei Tagen einen Brief von ihm gebracht hatte, und sie hatte noch keinen Blick darauf geworfen. Seine Handschrift war wie sein Körper: gefühlvoll, geschmeidig und voller Rundungen... eine Handschrift zu lesen ist wie mit dem Absender zu schlafen.

«Mein Schatz, hier, so weit weg, ist es schwer zu vergessen, und schwer, sich zu erinnern... Ich lebe wie jemand, der sein Leben aufschiebt. Beirut hat uns keinen Raum für Erwartungen und Hoffnungen gelassen. Und doch. Ich lebe dieses Leben. Meine Zeit und mein Raum sind von Beirut bestimmt, auch wenn ich weit weg in Paris bin...

Beirut in Friedenszeiten ist nicht so schön und leidenschaftlich wie das kriegsgebeutelte Beirut. Seinetwegen werden wir lasterhaft, verliebt in das Laster und zu Mystikern, verliebt in die Mystik. Ich bin erfüllt von Einsamkeit, Sehnsucht und Warten. Ich erinnere mich an das Gesicht der Stadt, und Deines, und spüre, daß ich immer noch eng mit ihr und mit Dir verbunden bin. Ich fühle, daß meine Amputation eine Art von Verrat war. Mein Schatz, ich schwebe zwischen Leben und Tod. Jeden Morgen bin ich erstaunt, daß ich weitermachen kann. Wenn ich aus der Verwirrung meiner Träume erwache, vergesse ich, wo ich bin, aber mich erfüllt die alte Freude, wahrscheinlich ein Teil meiner Kindheit. Diese Freude treibt mich aus dem Bett, ich wasche mir das Gesicht, rasiere mich und ziehe mich an. Und während ich durch die Straßen zur Arbeit gehe, merke ich, daß diese Freude eine Täuschung war, und frage mich warum, und ich finde die Antwort in Beirut und in Deinem

Gesicht. Beides beherrscht mich so, daß ich fast daran ersticke. Ich wandere durch die Straßen wie ein verlorenes Kind und weiß nicht, wohin der Weg führt.

Die Frauen in Paris sind schön, und sie erinnern mich an einen Satz von Byron: Wenn alle Frauen der Welt nur einen Mund hätten, ich hätte ihn geküßt und wäre glücklich. Wie ich Deinen Mund vermisse, Dein langes Haar, meine Ecke vor dem Fernseher, meine Platten, mein Bett, den Geruch des Essens, wenn ich von der Arbeit nach Hause komme. Wie ich mich nach der vergangenen Wärme sehne! Ich komme zurück, wenn der Krieg vorbei ist, das hat mir mein Chef versprochen, als er merkte, wie sehr ich leide. Heute sagte er lachend zu mir: Ihr Beiruter, ihr seid wie Fische im Trockenen. Ich möchte nicht, daß Sie wie ein Fisch sterben!

Bete um Frieden, damit ich zu Dir zurückkehren kann... In ewiger Liebe, Abdallah.»

Seine letzten Worte belebten ihre ganze Wut über sein Fortgehen. War er nur in Zeiten des Friedens, der Liebe, des Essens, der warmen Betten an ihrer Seite? Sie eilte zum Telefon und wählte Manahs Nummer. Er war nicht da. Sie würde es morgen versuchen und den Tag darauf und sogar, wenn der Krieg zu Ende wäre... Und sogar, wenn *er* aus Paris zurückkäme...

Chaibia

(*1929)

Die Malerin Chaibia ist in Marrakesch (Marokko) geboren. Im Alter von dreizehn Jahren wurde sie verheiratet. Ihre erste Ausstellung hatte sie 1969 im Goethe-Institut in Casablanca. Sie war damals vierzig. Im gleichen Jahr stellte sie auch in Paris aus. Danach hatte sie mindestens eine Ausstellung pro Jahr in Frankreich, meist in Paris. Weitere Ausstellungen wurden in Dänemark (1969, 1980), Deutschland (1969), Spanien (1974, 1985) und den USA (1987) organisiert. Zweimal hat sie an dem Kulturfestival teilgenommen, das jeden Sommer in Asila stattfindet. Ihre mächtigen Wandgemälde in Asila haben Aufmerksamkeit erregt und auch zu Kontroversen Anlaß gegeben.

Dieser Text basiert auf einem Interview, das Fatima Mernissi im Januar 1985 in Casablanca geführt hat. Chaibia tritt für eine Schwesterlichkeit ein, in der privilegierte Frauen anderen helfen, die nicht vom Schicksal begünstigt wurden.

Mein Leben

1985

Mit fünfzehn war ich Witwe... ich konnte nicht lesen.

Sie hatten mein Geburtsdatum geändert, damit die Hochzeit stattfinden konnte. Ich war dreizehn. Dann bekam ich einen Sohn. Mein Mann starb durch einen Unfall. Ich war seine siebte Frau. Ich mußte überleben. Ich schickte meinen Sohn zur Schule. Das kostete mich sechzig Rial. Verstehst du, ich konnte nicht lesen. Mein Sohn mußte dem entkommen. Ich fing an, mit Wolle zu arbeiten, ich kaufte sie, wusch sie, spann sie und gab sie einer Freundin, die sie für mich verkaufte. Ich hätte natürlich heiraten können, ich bekam viele Angebote. Aber ich hatte Angst, daß es jemand sein könnte, der das Kind mißhandeln würde, und ich wollte in Freiheit leben.

Du wirst das alles in meinen Bildern finden

Hör zu! Vergiß nicht, daß ich eine Bäuerin bin... aber das ist nicht alles. Du mußt auch den Rest wissen, sonst kannst du meinen Erfolg nicht verstehen. Du mußt wissen, daß ich, als ich klein war, ungewöhnliche Dinge getan habe. Ich habe Blumenkränze geflochten und sie getragen... kein anderes Mädchen hat das getan... niemand in der *choutka* hat das je getan. Sie behandelten mich wie eine Verrückte. Ich war verrückt nach rotem Mohn und Gänseblümchen. Sie fanden mich merkwürdig, sie sagten: Du bist sonderbar, wie eine *nasranya* (das heißt christlich, anders, der Feind).

Du mußt verstehen, es ist wichtig, keine Angst vor dem Anderssein zu haben. Vergiß nicht, daß die Leute damals vor Nsara (Christen, d. h. den Franzosen, die die Besatzer waren) Angst hatten. Sie rannten davon, sobald sich die Nsara näherten. Ich nicht. Ich beobachtete sie, wenn sie kamen, um am Meer zu angeln. Am Meer baute ich gerne Häuser aus Steinen und Muscheln. Ich gab ihnen Fenster und Türen. Wir lebten in einem Zelt. Aber ich, ich malte sie, bevor ich sie überhaupt sah. Ich malte Häuser im Sand. Mein Vater nahm mich einmal mit in die Stadt, ich war sechs Jahre alt, ich war fasziniert von der Schönheit der Verzierungen an den Wänden... die Uhren... alles, was man an eine Wand hängen kann... Ich sammelte Papierstücke, und aus diesem Papier machte ich Vögel und Tiere. Tiere haben mich immer fasziniert. Weißt du, wie viele Schildkröten ich in diesem Garten habe, mitten in Casablanca? Fünf oder sechs, wer weiß, niemand zählt sie mehr. Ich liebe auch Vögel, sehr sogar. Aber es war nicht diese Liebe, die die Leute beunruhigte. Es war die Tatsache, daß ich mich mit Blumen schmückte. Meine Familie versuchte, das zu unterbinden. Sie schlugen mich. Ich rannte davon. Ich verschwand unter Heuhaufen. Du weißt nicht, wie das ist, sich in einem Heuhaufen zu verstecken, wenn frischer Regen fällt. Dies alles findest du in meinen Bildern. Wie bin ich Künstlerin geworden? Weißt du, jeder von uns hat einen vorgezeichneten Weg.

Bevor ich malte, haben verschiedene Ereignisse meine Zukunft bestimmt: ein Treffen in einer *zawiyya*, ein Gefühl und ein Traum. Eines Tages besuchte ich die Moulay Bouchaib *zawiyya*. Ein Geistlicher sah mich und sagte: «Du, du bist *mbouhla* (von einem anderen Planeten), du wirst uns *baraka* (Segen) bringen. Bete für uns.»

Dann, im Tempel, freute ich mich an den verzierten Säulen und Wänden. Dann kam eine Frau auf mich zu… sie trug einen *haik* (ein weißes Gewand, das Frauen trugen, bevor sie zur *djellaba* wechselten, ursprünglich Männerkleidung. Der Übergang vom *haik* zur *djellaba* entspricht bei den europäischen Frauen dem vom Kleid zur Hose.) Diese Frau war taubstumm. Sie teilte sich durch Gesten mit, sie malte an die Wand. Ich verstand, was sie sagte. Sie sagte, ich hätte Talent, könnte was erreichen, schaffen…

Ich träumte von einem blauen Himmel voller Farben

Ich träumte, genau da in dem kleinen Zimmer neben dem Garten. Ich war zu Hause, der Himmel war blau, voller Farben, die im Wind aufblitzten, wie ein Sturm. Vom Schlafzimmer bis zur Tür, durch den Garten, standen brennende Kerzen. Die Tür war offen. Männer in weiß kamen herein. Sie brachten mir Pinsel und Leinwand. Es waren viele junge Männer und zwei alte Männer mit langen Bärten. Sie sagten zu mir: Dies ist dein Broterwerb. Womit könnte eine Frau, die nicht lesen kann, ihr Geld verdienen, was glaubst du? Ich war ein Dienstmädchen, eine Hausangestellte. Ich machte Häuser sauber und Fußböden… Ich dachte, ich müßte irgend etwas machen. Ich erzählte meiner Schwester von dem Traum, es mußte passieren. Zwei Tage später ging ich in die Stadt und kaufte Farbe, die Sorte, mit der man Türen streicht, aber das war nicht wichtig.

Mein Sohn Talal hatte ein Atelier, ich sah ihm beim Malen zu. Ich beschwerte mich immer, wenn er mit Farbe bekleckert nach Hause kam. Eines Tages fand er *mich* mit Farbe bekleckert. Er fragte mich, was ich täte. Ich sagte ihm, daß ich male. Er meinte, ich solle weitermachen. Eines Tages kam Pierre Gaudibert, der Direktor des Museums für moderne Kunst in Paris, mit Cherkaoui, einem marokkanischen Künstler, zu uns nach Hause. Es gefiel ihnen, was ich malte. Sie forderten mich auf, ihnen den Rest zu zeigen.

Am 8. März 1984 wurden wir eingeladen, das Jahr der Frau im Kulturministerium zu feiern. Ich ging hin, aber niemand beachtete mich. Im gleichen Jahr wurde ich nach Frankreich eingeladen. Einhundertundsieben Frauen aus aller Welt wurden als Künstlerinnen eingeladen. Sie wählten eines meiner Bilder für das Plakat aus. (Das war für die Ausstellung über Frauenrechte, die im März 1984 von der städtischen Galerie in Vitry-sur-Seine organisiert worden war, mit dem Thema: «Eine Frauenrolle in der zeitgenössischen Kunst».)

Das berührte mich zutiefst. Eine Künstlerin wie ich braucht so etwas.

Gebildete Frauen müssen sich um uns, die wir keine Ausbildung haben, kümmern

Es muß eine gemeinsame Verantwortung geben zwischen Frauen, die das Glück hatten, zur Schule gehen zu können, und denen, die das Glück nicht hatten. Eine gebildete Frau muß anderen helfen, wie können wir sonst die Gesellschaft verändern. Marokko wird sich nicht entwickeln, wenn diejenigen, die Privilegien haben, die anderen vergessen. Jedes Mal, wenn ich ein Bild verkaufe, gebe ich einen Teil meiner Einnahmen den Armen. Gott sieht alles, aber ich sehe, daß es zwischen Frauen keine gemeinsame Verantwortung gibt. Die Gebildeten beachten die Analphabeten nicht. Was tun sie für sie? Wir müssen teilen, um vorwärts zu kommen. Ich fand es schön, als eine gebildete Frau versuchte, mich zu unterrichten, etwas mit mir zu teilen versuchte. Ich möchte lernen, und wenn man nicht zur Schule gegangen ist, wird es zur Obsession. Als ich ein kleines Mädchen war, hockte ich vorm Radio. Ich wollte, daß Leute ruhig waren, wenn ein Lehrer, ein Minister, ein König sprach. Zu Hause konnte niemand ruhig sein, wenn jemand anders sprach. Ich sagte immer: ‹Seid ihr verrückt? Wollt ihr nicht eure Unwissenheit überwinden?›

Die moslemischen Schwestern haben unrecht

Ich war schon immer Mystikerin. Sogar als ich sehr jung war, habe ich gebetet. Aber ich wollte auch modern sein. Ich ging umher, war auf alles neugierig. Ich wollte französisch lernen, um das Leben zu verstehen. Ich blieb nicht in der Ecke stehen wie die moslemischen Schwestern von heute. Die Religion hilft, das Leben zu organisieren, darf aber nicht falsch interpretiert werden. Neulich traf ich auf dem Markt eine moslemische Schwester; sie konnte nicht atmen, weil ihr Gesicht von unzähligen Schals bedeckt war. Ich sagte zu ihr: «Möchtest du eine neue Religion schaffen? Möchtest du die Botschaft des Propheten ändern? Er wollte Bildung für arabische Frauen. Mit dem Schleier sind wir wie Esel. Die Franzosen besetzten das Land, und die Frauen bemerkten nicht, was passierte. Der Schleier und die Wände machten sie zu *hmarat* (Eseln). Unsere Mütter waren Dienstmädchen für die Franzosen.

Muhammed V. (der Vater des regierenden König Hassan II.) änderte das. Er gab uns Bildung und Würde, und ihr moslemischen Schwestern, ihr wollt uns ins dunkle Zeitalter zurückbringen. Jetzt, da marokkanische Frauen Ärztinnen, Anwältinnen sind und wir angefangen haben, stolz auf uns zu sein, wollt ihr uns den *hijab* geben. Mohammed wollte das nicht. Er wurde böse, wenn jemand eine Frau erniedrigte.»

Sufi Abdallah

(*1925)

Sufi Abdallah ist in al-Faium (Ägypten) geboren. Seit sie sieben Jahre alt war, hatte sie einen arabischen Privatlehrer, und später besuchte sie englische, französische und italienische Mädchenschulen. 1942 fing sie an, Kurzgeschichten zu schreiben, und 1947 gewann sie den ersten Preis für Literatur der Kulturbehörde des Erziehungsministeriums. Von 1948 bis 1975 arbeitete sie als Redakteurin einer Reihe von Zeitschriften, für die sie auch Kurzgeschichten schrieb. Gleichzeitig veröffentlichte sie Zusammenfassungen fremdsprachiger Romane und Theaterstücke in der Monatsschrift *Al-Hilal.* Zwischen 1955 und 1975 schrieb sie Kurzgeschichten und leitete die Rubrik «Ihr Problem» in der Frauenzeitschrift *Hawa.* 1951 wurde ihr Theaterstück *Kasabna al-Brimu* (Wir haben den ersten Preis) aufgeführt. Sie hat zwölf Kurzgeschichtenbände herausgebracht, darunter *Kulluhuna Aisha* (Alle sind Aisha), Kairo 1956, *Baqaya Rajul* (Die Überreste eines Mannes), Beirut 1958, *Madrasat al-Banat* (Die Mädchenschule), Kairo 1959, *Nisf Imraa* (Eine halbe Frau), Kairo 1962, *Layalin laha Thaman* (Nächte mit einem Preis), 1964, *Arbaat Rijal Wafata* (Vier Männer und ein Mädchen), 1973, *Shay Aqwa Minha* (Etwas, das stärker ist als sie), 1975. Zu ihren fünf Romanen gehören *Nefertiti*, Kairo 1952, *Lanat al-Jased* (Der Fluch des Körpers), 1957, *Asifa fi al-Qalb* (Ein Sturm im Herzen), 1961. Sie hat außerdem zwei Bände mit Frauenbiographien veröffentlicht: *Nisa Muharibat* (Kämpfende Frauen), 1951, und *Nawabigh al-Nisa* (Vorbildliche Frauen), 1964.

«Acht Augen» ist ihrer Sammlung *Etwas, das stärker ist als sie* entnommen. Die Erzählung ist eine feministische Reaktion auf die Stammesfehde. Eine Mutter bringt ihrem Sohn Werte bei, die es ihm nicht erlauben, die Wege seiner Vorfahren zu beschreiten. Seine Unfähigkeit, seine familiäre Stammespflicht auszuführen, nämlich den Mord an seinem Vater zu rächen, ist ein Beweis für den Erfolg ihrer Erziehung, die die patriarchalischen Normen untergräbt.

Acht Augen

1975

Es wurde Nacht. In ihrer fesselnden Stille gab sich Ismail einem Schlummer hin. Minuten. Wer weiß? Vielleicht Sekunden. Ein paar Sekunden. Dann öffnete er die Augen und keuchte, als sei er gejagt worden. Doch er war ein friedliebender Mann. Er hatte sein Leben weit weg vom Dorf in einer riesigen Stadt verbracht, wo er zur Schule und auf die Universität gegangen war... Und jetzt wartete er auf die Ernennungsrede.

Er wälzte sich im Bett, der Schweiß feucht auf seiner Stirn... seine Gliedmaßen eisig, die Atmosphäre erdrückend. Seine Gedanken waren fieberhaft, während er dort hellwach lag. Das Zimmer war pechschwarz, nicht der kleinste Schimmer durchbrach die Strenge dieses furchterregenden Dämons, der seinen Schatten über alles um ihn herum warf.

Alles vor ihm nahm Gestalt an. Die Nacht war schwarz, gnadenlos. Die Leere des Raumes verwandelte sich in Augen. Blöde Augen, die ihn neugierig, fragend, anklagend anstarrten.

Worauf wartete er? Zwanzig Jahre waren vergangen... zwanzig Jahre verlängerten Wartens. Worauf wartete er? Es wäre besser gewesen, wenn er die Sache hinter sich gebracht hätte, sobald er ein Mann geworden war und mit Waffen umgehen konnte.

Hinter sich fühlte er Augen wie Dolche auf seinen schmalen Rücken niedergehen, wie um zu sagen: Dieser junge Mann hat kein Rückgrat. Eine Stadtausbildung. Hassanain hatte keinen Sohn. Er hatte zwei Töchter: Haniya und Ismail. Deine Jugend war verschwendet, Hassanain.

Das sagten die verächtlichen, schrecklichen Augen, die ihn in der Stille anschauten. So hatte ihn der Mann angeschaut, als er ihn nach seiner Rückkehr mit seiner Mutter zusammensitzen sah. Sie hatten das merkwürdigste Gespräch, nachdem seine Mutter den Mann als Mahrus den Kurden vorgestellt hatte. Seine Augen blitzten, als er sagte: «Das Dorf wartet auf dich, Ismail...»

Er sprach leise, doch das Gewicht dieser Worte entging Ismail nicht.

Seine Beine waren wie festgenagelt, als er sich schwerfällig von dem Mann zu seiner Mutter und von ihr zu ihm drehte. Sie saß da wie eine kleine arme Maus vor einer Wildkatze. Ihre Hände waren in völliger Unterwerfung im Schoß gefaltet. Ihre Augen fixierten eine Stelle auf dem Teppich mit den verzierten Rändern.

Mahrus der Kurde. Der Cousin seines Vaters. Er hatte ihn nur einmal in seinem Leben gesehen. Das war, bevor er mit seiner Mutter das Dorf verlassen hatte, um in die Stadt zu gehen, und nachdem sein Vater in einer Stammesfehde getötet worden war. Er trug ihn auf seiner Schulter und warf ihm einen Blick zu, der ihn die ganzen Jahre hindurch verfolgte. Worte wie Feuer kamen aus seinem Mund: «Ismail, eines Tages wirst du ins Dorf zurückkehren, um deinen Vater zu rächen!»

Danach erklärte seine Mutter nicht ein einziges Mal, warum sein Vater getötet worden war. Wann immer er die Angelegenheit ansprach, wechselte sie schnell das Thema. Nach dem Mord an ihrem Mann kehrte sie mit ihrem Sohn Ismail und ihrer Tochter Haniya in die Hauptstadt der Region zurück, um bei ihrer Familie zu leben.

Aber eine Stammesfehde ist eine Stammesfehde, und die Oberägypter vergeben keine Feigheit. Ein Sohn kann das Blut seines Vaters nicht ungesühnt lassen. Die Rede des Mannes brannte, als er mit ihnen zu Mittag aß. Am Nachmittag kamen andere Männer hinzu. Drei. Drei der Starken. Was sie sagten, hörte sich ungeheuer fremd an für den jungen Mann aus der Hauptstadt, der seit seiner Kindheit keinen Fuß mehr auf oberägyptische Erde gesetzt hatte. Sie einigten sich mit ihm auf das genaue Datum, an dem er ins Dorf gehen sollte. Sie würden alles für ihn vorbereiten: die Waffen und den Umhang und alles, was er brauchte. Aber zuerst würden sie ihm das Opfer vorstellen, die Person, die man ausgewählt hatte. Das würde während eines Abendempfangs vonstatten gehen, den man ihm zu Ehren gab. Sie würden sich um die ganze Angelegenheit kümmern, sie würden den Mann so lange festhalten, bis seine Begleitung gegangen war. Dann, wenn er ginge, würde Ismail im Kornfeld auf ihn warten. Er würde ihn mit einem Gewehr erschießen und sofort zurückkommen, und der rote *jinn* würde es nicht herausbekommen.

«Mit anderen Worten, es besteht keine Feindschaft zwischen euch und der Person, für die ihr das Fest abhaltet und auf die die Wahl gefallen ist. Wie ich ist er ein Opfer einer alten Fehde, über die niemand etwas weiß.»

Die acht Augen waren auf ihn gerichtet, Augen, die Feuer spien, als würden sie sein Gesicht peitschen. Mahrus rief:

«Sollen wir aus deinen Worten schließen, daß du dich vor der Rache für deinen Vater drückst?»

Er antwortete zögernd: «Hat die Gerechtigkeit nicht ihren Lauf genommen?»

Auf einmal erzitterte der Boden, als die vier Männer gleichzeitig aufsprangen. Der Boden zitterte unter ihren festen Füßen. Sie hüllten sich in ihre Decken, mit denen sie teilweise ihre Gesichter verdeckt hatten. Dann folgten sie einander hinaus, ohne die Mutter oder ihren Sohn anzuschauen oder anzusprechen. Vielmehr blickten sie mit herausforderndem Schweigen durch sie hindurch. Sie stampften aus dem großen Zimmer und die Steinstufen hinunter.

Was für eine dunkle Nacht, und die acht Augen hätten ihn mit ihren brennenden Blicken fast versengt.

Er wälzte sich hin und her, versuchte, den Teufel zu verjagen und zu schlafen. Er versuchte es. Aber schließlich sprang er aus dem Bett, zog sich schnell an, öffnete die Tür zur Straße und stahl sich hinaus, um seine Mutter nicht zu stören.

Im Dorf warteten sie auf ihn. Sie stellten ihm das Opfer vor. Er war ein sanfter junger Mann. Er spürte einen Schauder, der bald verflog und ihm einen Mut einflößte, den er nie zuvor gespürt hatte. Auf ein Signal von Mahrus hin verschwand er, ohne daß jemand es bemerkte. Er versteckte sich im Kornfeld und wartete auf seinen Rivalen. Er hatte einen Schal um den Turban gebunden und hatte ein Gewehr in der Hand.

Im ersten Licht der Morgendämmerung hörte er Schritte. Er bereitete sich vor, öffnete die Augen weit, nahm seinen Mut zusammen, und dann erschien sein Rivale. Er drückte ab und streckte ihn zu Boden.

Das Opfer stieß einen Schrei aus, der Ismail das Blut in den Adern gefrieren ließ. Er nahm seine ganze Kraft zusammen und flog davon, als sei der Teufel hinter ihm her. Er stieß auf irgend etwas; es tat weh, und er konnte einen Schmerzensschrei nicht unterdrücken.

Er beugte sich über sein Bein, um es sich anzusehen. Zitternd vor Angst ließ er seine erschrockenen Augen durch die Dunkelheit schweifen. Das Metallbein des Bettes – daran hatte er sich gestoßen. Er setzte sich auf und rieb sich die Augen. Schweißüberströmt blickte er nochmals um sich.

Tief aus seinem Innern kam ein Seufzer der Erleichterung. Wütend spuckte er die Bitterkeit, die sich in seinem Mund angesammelt hatte, aus, als versuche er, das Feuer in den acht Augen zu löschen.

Die Tür öffente sich, und seine Mutter stand da mit zerzaustem Haar. Sie machte das Licht an und streckte die Arme in Besorgnis und Kummer nach ihm aus.

«Ismail, was ist los? Du hast geschrien.»

Er rollte sich zusammen, um ihr auf der Bettkante Platz zu machen.

«Nichts, Mutter. Ich hatte einen schrecklichen Traum, einen ganz schrecklichen!»

Sie sah ihn fragend an, und ihr Stirnrunzeln vertiefte sich.

«Seine Augen waren unschuldig, zahm wie zwei Tauben. Doch die acht Augen jagten mich weiter und durchbohrten meine Brust mit ihren Blicken: Sei ein Mann, Ismail. Sei ein Mann! Also habe ich abgedrückt. Mutter, ich weiß nicht, wer am lautesten geschrien hat, er oder ich...»

Er schloß die Augen. Schweigend streckte sie ihre sehnige Hand aus, um sein Knie zu streicheln.

«Mutter, warum hat Gott mich zum Mann erschaffen?»

Ihr Blick wechselte von Zuneigung zu Vorwurf, in dem auch Schmerz erkennbar wurde.

«Ich habe deine Erziehung vertan, Ismail. Ich habe mein Leben vertan, indem ich versuchte, aus dir einen Führer zu machen.»

Er sah sie ängstlich und verwirrt an.

«Ein Führer, Mutter? Sieh doch, wie ich schwitze bei einem Traum, in dem ich zu tun versuchte, was Männer tun!»

Sie sah ihn mit noch größerem Vorwurf an, als hätte man ihr eine heimtückische Wunde zugefügt.

«Ich habe geschwiegen, Ismail, um dir die Freiheit der Wahl und der Tat zu lassen. Ich hoffte, du würdest selbst die Wahrheit erkennen. Und daß ich dich nicht umsonst erzogen hätte. Aber es scheint, daß du noch immer nicht begreifst.»

Ihre Hand schloß sich fester um sein Knie, als wolle sie ihre Finger mit ihren Worten in sein Fleisch graben.

«Der Mensch ist eine Sache, und Tiere eine andere. Der Unterschied zwischen ihnen ist der Unterschied zwischen Gewissen und Barbarei. Der Unterschied zwischen ihnen zeigt sich in dem Angstschweiß angesichts der Barbarei der Tiere, die sie dir im Namen der Männlichkeit aufzwingen wollten. Aber ich – die Mutter –, ich wußte mehr über Männlichkeit als sie. Ich habe dich dazu erzogen, den Gesetzen des Dschungels den Rücken zu kehren.»

Er warf ihr einen langen, erleichterten Blick zu, dann lächelte er langsam.

Huda Shaarawi

(1879–1947)

1944 eröffnete der Arabische Feministinnenkongreß in Kairo ein Forum, bei dem panarabische feministische Ansichten und Forderungen eingehend erörtert wurden. Es kamen Abgesandte aus Ägypten, Irak, Libanon, Palästina, Syrien und Transjordanien. Unter ihnen waren Lehrerinnen, Journalistinnen und Regierungsangestellte. Die Konferenz verabschiedete einundfünfzig Resolutionen mit politischen, sozialen und ökonomischen Zielen, mit besonderer Betonung der Gleichberechtigung der Geschlechter in der panarabischen Einheit. Eine Resolution, die darauf abzielte, geschlechtsspezifische Unterschiede in der Sprache abzuschaffen, indem man die weiblichen Endungen arabischer Wörter wegfallen läßt (was zu jener Zeit zu einigem Spott führte), nahm neuere Versuche in anderen Sprachen, wie z. B. Englisch, vorweg, gegen Sexismus in der Sprache anzugehen. 1945 wurde die Arabische Feministinnenunion ins Leben gerufen, vor der Gründung der Arabischen Liga, wie die Frauen deutlich machten. Die Union rief *Die Zeitschrift der arabischen Frau* ins Leben, mit Amina Said, der Schriftführerin der Organisation, als Herausgeberin.

Die folgende Auswahl, der wir den Titel ‹Panarabischer Feminismus› gegeben haben, stammt aus den Eröffnungs- und Schlußreden von Huda Shaarawi, der Präsidentin der ägyptischen Feministinnenunion, die die Gastgeberin des Kongresses war.

Panarabischer Feminismus

1944

Huda Shaarawi

Eröffnungsrede

Meine Damen und Herren, die arabische Frau, die dem Mann bezüglich Pflichten und Zwängen gleichgestellt ist, wird im zwanzigsten Jahrhundert die Unterschiede zwischen den Geschlechtern, die die fortschrittlichen Länder schon hinter sich gelassen haben, nicht hinnehmen. Die arabische Frau lehnt es ab, hinsichtlich der Rechte ihres Landes und der Zukunft ihrer Kinder in Sklaverei angekettet zu sein und für die Fehler der Männer zu bezahlen. Die Frau verlangt außerdem mit ihrer lautesten Stimme, daß ihre politischen Rechte wiederhergestellt werden, Rechte, die ihr von der *Sharia* zuerkannt und von den Erfordernissen der Gegenwart aufgetragen wurden. Die fortschrittlichen Nationen haben erkannt, daß der Mann und die Frau füreinander das sind, was Hirn und Herz für den Körper sind; wenn das Verhältnis zwischen diesen beiden Organen gestört ist, ist das körperliche Gleichgewicht gestört. Ebenso wird sich die Nation auflösen und auseinanderbrechen, wenn das Gleichgewicht der beiden Geschlechter gestört ist. Nach sorgfältiger Prüfung dieser Angelegenheit glauben die fortschrittlichen Nationen inzwischen an die Gleichberechtigung der Geschlechter hinsichtlich aller Rechte, obwohl ihre religiösen und weltlichen Gesetze, was Gerechtigkeit für die Frau angeht, noch nicht den Stand des Islam erreicht haben. Der Islam hat ihr das Recht gegeben, das Oberhaupt zu wählen, und hat ihr erlaubt, ihre Meinung zu Fragen der Rechtsprechung und der Religion zu äußern. Die Frau, die vom Schöpfer das Recht bekam, den Nachfolger des Propheten zu wählen, wurde von einem (männlichen) Wesen, das Gott erschaffen hat, des Rechts beraubt, einen Abgeordneten in Bezirkswahlen zu wählen.

Gleichzeitig wird dieses Recht von einem Mann wahrgenommen, der möglicherweise weniger Bildung und Erfahrung hat als die Frau. Und sie ist die Mutter, die dem Mann das Leben schenkte, ihn großzog und führte. Die *Sharia* hat ihr das Recht einer Ausbildung gegeben, das Recht, an der *hijra* teilzunehmen (dies bezieht sich auf die Zeit des Propheten Mohammed und seine Flucht von Mekka nach Medina), und in den Reihen der Krieger zu kämpfen, und hat sie hinsichtlich aller Rechte und Verantwortungen dem Mann ebenbürtig gemacht, sogar hinsichtlich der Verbrechen, die beide Geschlechter begehen können. Doch der Mann, der allein die Rechte verteilt, hat sich das Recht vorbehalten, Gesetze zu schaffen und zu regieren, und hat großzügig seiner Partnerin seinen Teil der Verantwortungen und Zwänge übertragen, ohne ihre Meinung zu dieser Aufteilung zu erfragen. Die Frau von heute verlangt die Rückgabe ihres Anteils an Rechten, die man ihr genommen hat, und gibt dem Mann die Verantwortung und Zwänge zurück, die er ihr gegeben hat. Meine Herren, dies ist Gerechtigkeit, und ich glaube nicht, daß der arabische Mann, der verlangt, daß die anderen ihm seine widerrechtlich angeeigneten Rechte zurückgeben mögen, geizig wäre und der Frau nicht ihre gesetzmäßigen Rechte geben würde, zumal er selbst die Bitterkeit von Entbehrung und gestohlenen Rechten geschmeckt hat.

Immer wenn die Frau ihre Rechte der Gesetzgebung und Regierung gefordert hat, um mit dem Mann an allen Dingen teilzunehmen, die der Nation und ihren Kindern guttun und nützen, behauptet er, er wolle der Frau die Gefahren des Wahlkampfes ersparen, und vergißt dabei, daß sie bei der Wahl der Abgeordneten eifriger ist als der Mann und daß sie bereits an Wahlkämpfen teilnimmt und ziemlich oft die Ergebnisse beeinflußt. Es ist merkwürdig, daß sie in diesen Fällen das Objekt seines Respekts und seiner Freundlichkeit wird, er ihr aber nach Beendigung des Wahlkampfes vorenthält, was sie erreicht hat.

Wenn der Mann aufrichtig meint, was er sagt, soll er dies erst mal dadurch beweisen, daß er der Frau ihre politischen Rechte gibt, ohne daß sie grausame politische Kämpfe zu bestehen hat. In unserem parlamentarischen Leben gibt es vielfältige Möglichkeiten dafür, in den Wahlen der Gouverneurs- und Stadträte und der Räte für Familienangelegehenheiten, und als gewähltes Senatsmitglied. Meine Herren, ich erteile den Konferenzteilnehmern das Wort, damit sie die Rechte der Frau in allen Bereichen verteidigen können.

Die Schlußrede

Bitte erlauben Sie mir in dieser letzten Konferenzsitzung, in meinem Namen und dem der Organisatorinnen, Ihnen für die Ehre Ihrer ausdauernden Anwesenheit während dieser vier Tage zu danken, trotz der Länge der Sitzungen, die sich mit Themen befaßten, die Männern oft unangenehm sind. Ich danke Ihnen für das Interesse, das Sie für diese Themen gezeigt, und die Aufmerksamkeit, die Sie unseren Zielen entgegengebracht haben, ein erfolgreicher Schritt auf dem Weg zur Verwirklichung unserer Forderungen. Wir sind stolz auf diesen Schritt, der, Gott sei gedankt, signalisiert, daß wir das Vertrauen männlicher Intellektueller und Reformer in die erwiesenen Fähigkeiten von Frauen gewonnen haben, wirkungsvoll verschiedene Arten der Arbeit im Dienste des Landes und der Nation auszuführen. Es gibt immer noch welche, die zögern, uns dieses Vertrauen auszusprechen, und die nicht verstehen, daß es für die Nation von Nutzen ist, wenn Frauen ihre politischen Rechte wahrnehmen. Andere fürchten, daß die Frauen mit ihnen bei der Arbeit konkurrieren werden. Ich versichere Ihnen, wenn es dem Land nützen oder die Rechte der Männer vermehren würde, die Frauen ihrer politischen und bürgerlichen Rechte zu berauben, die sie fordern und die ihnen die Männer verweigern, wir würden sie mit Freuden aufgeben; aber leider wären es verlorene Rechte, die Männer weder für sich noch das Land nutzen könnten. Diese Rechte, lebendig begraben, sind kein Nutzen für die Gesellschaft. Jeder Frau, die sich nicht für ihre legitimen Rechte einsetzt, wird nachgesagt werden, daß sie sich nicht für die Rechte ihres Landes und die Zukunft ihrer Kinder und der

Gesellschaft einsetzt. Jeder Mann, den sein Egoismus dazu treibt, die legitimen Rechte der Frau zu beschneiden, raubt die Rechte anderer und schadet seinem Land. Er ist ein Hindernis, das das Land davon abhält, von den Fähigkeiten und Leistungen der halben Nation oder mehr zu profitieren. Er erschwert den Fortschritt seines Landes und hindert es daran, die Stellung einzunehmen, die es verdient – unter den fortschrittlichen Nationen, deren Zivilisation auf den Schultern von Frauen und Männern gemeinsam ruht, so, wie die arabische Zivilisation zu Beginn des Islam auf der Zusammenarbeit und Gleichberechtigung beider Geschlechter beruhte. Jetzt, nach diesem Feministinnenkongreß und nachdem wir das Anliegen der Frauen der Öffentlichkeit vorgelegt und die Dokumente einem historischen Archiv zugeführt haben, obliegt es dem Mann, seinerseits historisches Zeugnis von dem abzulegen, was ihm zur Ehre gereichen und seine Position vor Gott, der Nation und künftigen Generationen rechtfertigen wird.

Amina Said

(*1914)

Amina Said ist in Asyut (Ägypten) geboren. Während der Revolution 1919 nahm ihre Mutter, mit Hilfe ihrer weiblichen Hausangestellten, an Sabotageakten gegen die Briten in Asyut teil. Später brachte ihr Vater die Familie nach Kairo, um seinen Töchtern eine gute Schulausbildung zu ermöglichen. Amina besuchte die Shubra-Mädchenschule in Kairo, die erste staatliche Schule, die Mädchen eine Schulbildung bot, die der für Jungen ebenbürtig war. In der Schule lernte sie Huda Shaarawi kennen, die sie aufforderte, eine Rede vor der ägyptischen Feministinnenunion zu halten. Sie schloß sich später der Jugendgruppe der ägyptischen Feministinnenunion, Shaqiqat, an, und wurde die arabische Schriftführerin. 1931 schrieb sie sich an der Universität von Kairo ein (dem dritten Jahr, in dem Frauen zugelassen waren). 1945 wurde sie Herausgeberin von *Al-Mara al-Arabiyya* (Die Arabische Frauenzeitschrift), dem kurzlebigen Organ der neugegründeten arabischen Feministinnenunion. Said war die erste Frau in Ägypten, die lebenslang ganztägig berufstätig war – als Journalistin. Sie arbeitete für *Al-Mussawar* und gründete 1954 *Hawa*, eine auflagenstarke Zeitschrift für Frauen, die sich auch an eine männliche Leserschaft wandte. 1954 war Said Mitglied des Ausschusses des Presseverbandes, 1959 Vizepräsidentin und wurde schließlich die erste Frau im Vorstand des Verlags *Dar al-Hilal*. 1975 wurde sie dort Präsidentin des Verwaltungsrates, eine Stellung, die sie bis zu ihrem Rückzug aus dem Berufsleben 1981 innehatte. Said hat zwei Romane veröffentlich: *Al-Jamiha* (Die Widerspenstige), 1946, und *Akhir al-Tariq* (Das Ende der Straße); und *Wujuh fi al-Zalam* (Profile in der Dunkelheit), eine Sammlung von Artikeln aus ihrer Kolumne für Frauen. Sie hat außerdem Kindergeschichten geschrieben und Kiplings *Dschungelbuch* sowie Louisa May Alcotts *Kleine Frauen* übersetzt.

Amina Saids Leitartikel in *Hawa* erreichten von 1954 bis 1981 eine breite Leserschaft in Ägypten und anderen Teilen der arabischen Welt. Ihre provokanten Aufsätze inspirierten viele und widerstrebten vielen. Die beiden folgenden Leitartikel wurden in den siebziger Jahren veröffentlicht, als Konservativismus und religiöser Fundamentalismus in Ägypten im Aufwind waren. Im ersten Artikel erinnert Said an den fünfzigsten Jahrestag der ägyptischen Feministinnenunion und an den Tag, an dem Huda Shaarawi und Saiza Nabarawi den Schleier ablegten. In einer Zeit, in der der Schleier zurückkehrte, nannte sie ihn das größte Hindernis für den Fortschritt der Frauen und bedauerte das fehlende Engagement der derzeitigen Generation. Im zweiten Artikel, der drei Jahre später erschien, nimmt sie zu einem prominenten religiösen Führer Stellung, der sie in der Presse angegriffen hatte, als ihre Veröffentlichungen die neuen religiösen Konservativen zunehmend beunruhigten.

Fest der Entschleierung, Fest der Renaissance

1973

Am Ende dieser Woche feiert Ägypten den fünfzigsten Jahrestag der Huda-Shaarawi-Gesellschaft für die feministische Renaissance. Dies ist die gleiche Gesellschaft, die über vierzig Jahre lang ‹Die Ägyptische Feministinnenunion› hieß. Die Umstände verlangten, daß der Gesellschaft der Name dieser unsterblichen Frau gegeben wird, zu Ehren unserer geliebten Führerin, der mehr als allen anderen das Verdienst zukommt, die Stellung der moslemischen Frau geändert und die feministische Renaissance begründet zu haben, deren Früchte wir heute ernten.

Der Jahrestag der Huda-Shaarawi-Gesellschaft erinnert an das wichtigste Ereignis in der Geschichte der arabischen Frau. In der gleichen Woche des Jahres 1923 repräsentierten Huda Shaarawi und zwei ihrer Kolleginnen, Saiza Nabarawi und die verstorbene Nabawiya Musa, zum erstenmal Ägypten auf einen internationalen Feministinnenkongreß in Rom, der Hauptstadt Italiens. Kongreßteilnehmerinnen, die aus der gesamten fortschrittlichen Welt kamen, stellten erstaunt fest, daß sich die drei ägyptischen Frauen auf dem höchsten Niveau der Kultur, des Bewußtseins, des Engagements und der Zivilisation bewegten. Das Bild, das sich die westliche Frau von der Araberin machte, war das einer rückwärtsgewandten Frau, die hinter Haremsmauern lebt, unwissend, verschleiert, eingeschränkt in Leistung und Bewegung, völlig unfähig, irgendeine Rolle im Dienste ihres Landes einzunehmen. Aber Huda Shaarawi, Saiza Nabarawi und Nabawiya Musa schafften es, durch ihre Anwesenheit bei dieser wichtigen feministischen kulturellen und politischen Zusammenkunft das verachtenswerte alte Bild von der arabischen Frau in den Köpfen der Westler zu brechen. Sie schafften es durch ihr Wissen, ihre Bildung und Intelligenz, mit ihren Schwestern aus England, Frankreich, den Vereinigten Staaten, Österreich, Italien und der Schweiz auf einer Stufe zu stehen. Ihre Leistungen und politischen Reden trugen ihnen eine Bewunderung ein, die sich in der internationalen Presse widerspiegelte. Diese Neuigkeiten erreichten Ägypten und weckten Ägypter aus ihrem Schlaf, damit sie ihre Aufmerksamkeit den Fähigkeiten der Töchter ihres Landes schenkten, der Nation Nutzen zu bringen, wenn sie die Chance dazu erhielten.

Eine von Hudas hervorstechendsten Eigenschaften war ihre moralische Beherztheit, eigene Ansichten zu äußern, sowie ihre Standhaftigkeit bei der Unterstützung der Reform. Sie schreckte nicht vor dem Zorn der Reaktionäre zurück, wie einige Frauen von heute. Sie überließ es nicht anderen, kulturelle Schlachten zu schlagen, wie wir es in vielen arabischen Feministenkreisen sehen, die die moderne Frau unserer Zeit repräsentieren.

Das größte Hindernis
Nach ihrer Erfahrung auf der Konferenz in Rom sah sie ein, daß der Schleier das größte Hindernis auf dem Weg des Fortschritts der moslemisch-arabischen Frau ist. Daher mußte der Schleier fallen, damit die Hochburgen der Reaktionäre, die Frauen daran hinderten, sich zu bilden und am öffentlichen Leben teilzunehmen, fallen würden. Dieser fundamentalen Einsicht folgend beschloß sie mit ihren Kolleginnen, die ersten zu sein, die sich entschleierten. Bei ihrer Ankunft am Bahnhof der Hauptstadt begegneten sie denen, die sich zu ihrer Begrüßung versammelt hatten, mit unverschleierten Gesichtern. Als Zeichen der Mißbilligung in der Menge sichtbar wurden, unterstützten Frauen in der Menge die unverschleierten Frauen spontan, indem sie ebenfalls die Schleier von ihren Gesichtern entfernten und sie zu Boden warfen. Das war der größte Sieg in der Geschichte der arabischen Frau.

Der Schleier begann, mit großer Geschwindigkeit, in unserem Land zu verschwinden. In nur wenigen Jahren hatte sich die Entschleierung über das ganze Land verbreitet, und die Mauern der Reaktionäre, die Männer und Frauen trennten und die Hälfte des arabischen Volkes bei jeglichen Anstrengungen im Dienste des Landes behinderten, zerfielen.

Als die Mauern der Reaktionäre zerbröckelten und die Frau unverschleiert ihr Haus verließ, gab es nichts mehr, was sie von einer Ausbildung fernhielt. 1925 wurde die erste höhere Mädchenschule eröffnet, die sie auf den allgemeinen Abschluß vorbereitete und genau dem gleichen Lehrplan folgte wie dem für Jungen. Nur wenige Jahre vergingen, bis die Universität den Frauen ihre Tore öffneten. Die erste Gruppe, die sich einschrieb, wurde zu den Fachbereichen der Geisteswissenschaften, Jura und Medizin zugelassen. Jahr für Jahr schrieben sich mehr Frauen ein, und sie bestanden mit Auszeichnung und marschierten auf Stellen in der Regierung und dem privaten Sektor zu, bis sie alle Bereiche erobert hatte, wie wir heute sehen, und auf allen Stufen präsent waren und sogar Sitze in der Abgeordnetenkammer und im Kabinett innehatten.

Es ist wichtig zu erwähnen, daß die Entschleierungsbewegung, die das Leben in unserem Land veränderte, auf unsere arabischen Schwesterländer übergriff. Im Libanon tauchte eine ähnlich mutige Führerin wie Huda Shaarawi auf, die moslemische Führerin Ibtihaj Kaddura. Sie hob den Schleier wie Huda Shaarawi und wurde so zum ersten Vorbild für ihr eigenes Volk. Gleichzeitig tauchte in Syrien Adila Abd al-Qadir al-Jazairi auf und führte die Frauen ihres Landes aus der Dunkelheit des Harems zum Licht des Fortschritts.

Ein gutes Vorbild

Diese Geschichte, die ich euch am fünfzigsten Jahrestag der Huda-Shaarawi-Gesellschaft erzähle, ist das Geschenk, das ich den Töchtern der neuen Generation in der gesamten arabischen Welt als ein gutes Vorbild darbiete. Nicht nur das, sondern auch, um deutlich zu machen, daß die Verschleierung der größte Feind von Zivilisation und Fortschritt ist, und daß Nationalismus Erwähnung und Respekt nicht verdient, wenn er nicht in Form mutiger und konstruktiver Taten existiert, die sich auf den Glauben an Werte und Moral stützt. Es ist wichtig, daß jede gute Bürgerin diese Taten vollbringt, wenn sie es als ihre Pflicht erachtet, ihrem Land zu dienen, damit die Araber ihre frühere Würde wiedererlangen, die leider im Zuge starrer Denkstrukturen, die Köpfe der ungebildeten Mehrheit dominierten, verlorenging und bewirkte, daß wir uns rückwärts von der vordersten Reihe der Welt nach hinten bewegten. Dadurch wurden wir, die wir die beste und zivilisierteste Religion der Welt haben, von unseren Feinden verachtet und von unseren Freunden bemitleidet.

Ich richte meine Worte besonders an die jungen Frauen der modernen arabischen Generation. Während wir in Ägypten den goldenen Jahrestag der Befreiung der Frau feiern, möchte ich, daß sie und wir uns fragen, was wir den Bemühungen unserer feministischen Vorkämpferinnen hinzugefügt haben. Entschleierung und Ausbildung auf verschiedenen Ebenen wurden durch die Bemühungen der vorigen Generationen erreicht. Arbeit (für Frauen) auf verschiedenen Ebenen wurde gleichfalls durch die Bemühungen und den Kampf der ersten Vorhut verwirklicht. Sogar die politischen Rechte, die Frauen in einigen arabischen Ländern genießen, sind das späte Resultat des frühen feministischen Kampfes und der wichtigen Rollen, die ägyptische, syrische und libanesische Frauen in den nationalen Befreiungskämpfen gegen fremde Kolonialherrschaft spielten.

Ich glaube, daß die moderne arabische Frau erkennen wird, wenn sie sich bei diesem großartigen historischen Anlaß ehrlich befragt, daß sie den Bemühungen derer, die vor ihr kamen, nichts hinzugefügt hat, und daß sie an keinen nennenswerten Bemühungen teilgenommen hat, die feministische Befreiungsbewegung voranzutreiben, trotz des breiten Horizonts, der sich vor der Frau von heute erstreckt, dem Überfluß an Möglichkeiten, dem Fortschritt sozialen Denkens und der Entwicklung des Lebens außerhalb unseres Gebietes.

Die moderne Frau von heute kann mit ihren eigenen Händen Wunder vollbringen. Sie kann Gewinne machen und einen passenden Status in der Welt der Zivilisation, Bildung, Freiheit und des Fortschritts erreichen, aber sie zieht es vor, stehenzubleiben, zufrieden mit dem bißchen, was andere für sie verwirklicht haben, in der Vorstellung, daß sie alles erreicht hat, während sie trotz der frühen Siege nicht mehr als die Brosamen vom Tisch der Männer erhalten hat. In allen arabischen Ländern ist sie verschleiert, unterentwickelt und unqualifiziert, nationale Rollen einzunehmen, um beim Wiederaufbau ihrer Gesellschaft mitzuhelfen. Sogar in den Ländern, wo der Schleier verschwunden ist, kann die große Mehrheit der Frauen nicht lesen. Wir bleiben im Zeitalter der Hebamme, während andere Nationen im Weltraumzeitalter leben und auf dem Mond spazierengehen.

Das ist unser größtes Leiden. Wie lange wird es dauern?

Warum, Ehrwürdiger Scheich?

1976

Am Freitagmorgen des 6. Januar 1976 las ich ein Interview mit Faraj al-Sanhuri in *Al-Ahram.* Um zu beschreiben, wie ich mich danach gefühlt habe, muß ich zumindest sagen, daß ich äußerst traurig und bekümmert war. Wenn der Sprecher eine unbedeutende Person gewesen wäre, hätten wir uns womöglich die Mühe sparen können, das Gesagte zu diskutieren und seine Angriffe und Beschuldigungen zurückzuweisen. Aber der Ehrwürdige Scheich ist überhaupt nicht unbedeutend. Im Gegenteil, er ist eine angesehene Gestalt unter den ägyptischen Religionsführern. *Al-Ahram* nannte ihn den «Scheich aller Scheichs» wegen seiner langen Geschichte als Scheich, sechzig von fünfundachtzig Jahren. Die Worte eines solchen Mannes können nie auf die leichte Schulter genommen werden. Seine Stellung, Bildung und sein Alter bringen es mit sich, daß er verantwortlich gemacht werden muß für das, was er in der Öffentlichkeit sagt. Wir finden es angemessen, daß er bestraft wird für den «Mist», den er in der Öffentlichkeit sagt. Wir sehen uns daher gezwungen, seine beleidigenden Anschuldigungen ehrbarer Leute zu diskutieren, oder zumindest soweit wir betroffen sind.

Das Interwiev hat eine ganze Menge Leute und Institutionen beleidigt, zum Beispiel das Institut für Islamkunde, das der «Scheich aller Scheiche» zum Tode verurteilte, als er der Öffentlichkeit auf den Seiten der meistverbreiteten arabischen Zeitung verkündete, daß seine Mitglieder für ihre Positionen nicht ausreichend qualifiziert seien. Damit wurde angedeutet, daß ihre Urteile nicht ernst genommen werden sollten. Dieser Angriff auf das Institut für Islamkunde war ein Schlag für eine wichtige Institution, in die wir unsere Hoffnungen für eine Umwandlung islamischen Denkens von der Dunkelheit des Starrsinns und der Stagnation zum Licht der Flexibilität und des Fortschritts gesetzt hatten. Wir sind enttäuscht über seine Verurteilung, aber wir werden uns nicht mit seiner Verteidigung befassen. Dies muß den Mitgliedern überlassen bleiben, deren religiöser Ruf schwer geschädigt worden ist.

Das Institut für Islamkunde war nicht das einzige Opfer des Interviews mit dem «Scheich aller Scheichs». Er sprach auch über einen früheren Würdenträger, den Mufti von Ägypten, und sagte, daß er Beschwerdebriefe über seine Frau an den Imam al-Shafai in seinem Schrein geschrieben habe. Die Geschichte soll ganz offensichtlich die religiöse Integrität des Mannes aufs Spiel setzen. Der Mufti ist jetzt schon einige Jahre tot und wurde immer bewundert, nicht nur in Ägypten, sondern in den moslemischen Gemeinden aller Länder. Ich habe auch von einem vertrauenswürdigen Mann gehört, daß der Mufti ein Lehrer des «Scheichs aller Scheichs» gewesen war und ihn in rechtlichen Angelegenheiten beraten hat; dieser Mann erfuhr nach seinem Tod solch eine Behandlung durch seinen Schüler. Doch auch diese Angelegenheit werden wir denjenigen unter den *ulama* überlassen, die die Beiträge ihres Meisters zum islamischen Gedankengut kennen.

Was uns beschäftigt, ist das Thema Familienrecht, dem der Scheich mindestens die Hälfte seiner Rede widmete und bei dem er leider alles andere als erfolgreich war mit dem, was er sagte. Ich möchte klarstellen, daß ich nichts gegen die Einwände von Scheich Sanhuri oder irgend jemand anderem zu unserer Forderung habe, einige der Gesetze, die wir als überkommen und als Überbleibsel vergangener Zeitalter der Arbeitsverteilung betrachten, zu ändern. Wir verwehren ihm oder irgend jemand anders nicht das Recht, das gesetzgebende Komitee zu verteidigen, dem er selbst vorsitzt, obwohl wir in diesem Vorhaben keinen großen Sinn sehen.

Freiheit der Meinungsäußerung und der Diskussion öffentlicher Angelegenheiten ist ein Recht aller Beteiligten. Es ist der demokratischste Weg zu entscheiden, was richtig ist, und je mehr Meinungen geäußert werden, desto größer die Chance, die Wahrheit zu erlangen. Es steht also Scheich Faraj al-Sanhuri frei, über das Familienrecht zu sagen, was er möchte, und uns steht es frei, eine Änderung dessen zu fordern, was wir als schädlich für das allgemeine Wohlergehen betrachten. Doch der Ehrwürdige

Scheich hat absolut kein Recht, ehrbare Leute mit seinem ‹Mist› zu beleidigen oder zu verletzen. Dies ist nicht nur eine Verletzung der grundlegenden Lehre des Islam, ein schändliches Verfahren eines Mannes der Religion, sondern auch ein ziviles Vergehen, das gesetzlich strafbar ist.

Bevor ich zum zentralen Thema komme, möchte ich auf einen weiteren Punkt eingehen, der im Interview aufkam, das von vorn bis hinten ein Fehlschlag war. Dr. Sanhuri erwähnte bei seinem Versuch, die Feministinnen zu verunglimpfen, daß sie immer noch die gleichen Dinge forderten, wie Huda Shaarawi am Ende des neunzehnten Jahrhunderts forderte; ich glaube, diese Bemerkung wurde gemacht, ohne darüber nachzudenken, was sie bedeutet. Der Scheich wurde selber im neunzehnten Jahrhundert geboren und lebt immer noch – möge Gott ihm ein langes Leben gewähren – als geachteter moslemischer *alim* in der arabischen Welt. Warum wirft er dann den Feministinnen vor, daß sie – solange er lebt – weiterhin sagen, was sie zur Zeit von Huda Shaarawi gesagt haben, solange ihre Forderungen nicht erfüllt werden und solange Mißstände, die die moralischen Prinzipien unserer Gesellschaft zerstören, noch existieren. Unser Beharren auf denselben Forderungen seit dem neunzehnten Jahrhundert ist lediglich ein Anzeichen für die Krise, die wir durchleben, die sich durch intellektuelle Erstarrung auszeichnet und die Unfähigkeit der Intellektuellen zur Erneuerung. Uns fehlt die Fähigkeit, dem Islam durch die Modernisierung seiner Lehre und Gesetze zu dienen, die seinem Volk aufgedrückt werden ungeachtet der Widersprüche im Geist des Islam, einer Religion, die flexibel genug sein soll, um auf die Änderungen im Lebensstil und seinen Anforderungen zu reagieren. Diese Bemerkung widerlegt daher den Scheich und unterstützt ihn nicht, aber wie ich schon sagte, ist dies nur ein weiterer Punkt, mit dem wir uns gar nicht abgegeben hätten, wäre da nicht später die schwerere Beleidigung durch den Scheich gewesen, als er über die Frauen sprach, die eine Änderung des Familienrechts fordern.

Der Scheich erzählte dem Reporter, daß er jeder von ihnen einen Titel verpaßt. Die eine nennt er «Oma», eine andere nennt er

«Tante» und eine dritte nennt er etwas, das sich, wie er sagt, nicht zum Abdruck eignet. Man stelle sich vor, wie bösartig seine Worte sind und wie sie die islamische Ethik verletzen. Wir werden seinen Sarkasmus übersehen, mit dem er Worte wie «Oma» und «Tante» benutzt, und dies als trivial erachten und uns auf die Frage des undruckbaren Wortes konzentrieren.

Wir alle wissen, daß, was sich nicht zum Abdruck eignet, extrem beleidigend sein muß – eine Verleumdung, die strafbar ist. Ich frage mich, welche von unseren feministischen Führerinnen, die die besten Jahre ihres Lebens im Dienst ihrer Nation verbracht haben, hat solch eine Schmähung verdient?

Dies ist in der Tat ein grober Schnitzer, der jeden Moslem erniedrigen würde, auch wenn er ein unterdurchschnittliches Individuum wäre, aber besonders für eine wichtige islamische Figur. Wie konnte einer, der den Koran gelesen hat und die koranische Strafe für solch einen Mißgriff kennt, sich zu so etwas hinreißen lassen? Falls der «Scheich aller Scheichs» es vergessen hat, erinnern wir ihn daran, daß der Koran sagt: «Die es lieben, von den Gläubigen Schändliches (Unkeusches) zu verbreiten, erhalten in diesem und in dem zukünftigen Leben schwere Strafe.» Und: «Wer eine ehrbare Frau des Ehebruchs beschuldigt und dies nicht durch vier Zeugen beweisen kann, den geißelt mit achtzig Schlägen und nehmt dessen Zeugnis nie mehr an, denn er ist ein Bösewicht.» (Sure des Lichts.) Dies ist die klar formulierte Strafe, die er verdient. Wir werden jedoch seine schlechte Gesundheit, sein hohes Alter und frühere Verdienste in Betracht ziehen und die Forderung fallenlassen, dem Scheich eine körperliche Strafe zuzufügen.

Wir überlassen ihn der strengeren Strafe durch Gott. Wir bedauern ihn wegen der Folgen solcher Fehltritte, andere Leute ohne Gewißheit oder Beweise zu diffamieren. Leider scheint dies eine Charaktereigenschaft zu sein. Vor ein paar Jahren beleidigte er uns auf den Seiten von *Al-Ahram*, und danach, als wir auf seine Anschuldigungen reagierten, schickte er uns einen Entschuldigungsbrief, den er uns bat, vertraulich zu behandeln.

Es war großzügig genug, eine vertrauliche Entschuldigung für eine öffentliche Beleidigung zu akzeptieren; wir hatten gehofft, dies wäre der letzte Fehltritt des «Scheichs aller Scheichs». Ich scheine zu optimistisch gewesen zu sein, denn er ist zu seiner alten Gewohnheit zurückgekehrt, und diesmal ist er in seinen Verletzungen und Beleidigungen zu weit gegangen. Möge Gott unsere früheren Scheichs, Muhammed Abduh, Al-Magharghi und Shaltut, segnen, und möge Gott allen Moslems helfen.

Amatalrauf al-Sharki

(*1958)

Amatalrauf al-Sharki ist in Ibb, einer Stadt im Nordjemen, geboren. 1967 zog ihre Familie nach Sanaa. Ihr Leben ist eng mit den Medien im Jemen verbunden: Radio, Fernsehen und Journalismus, und sie ist im Jemen und im Ausland unter ihrem Radio- und Fernsehnamen Raufa Hassan bekannt. Sie fing bei einer Kindersendung an und hatte mit zwölf Jahren ihr eigenes Programm. Mit dem Fernsehen begann sie, als es 1975 in den Jemen kam, nach ihrem ersten Jahr an der Universität. Sie war führend an der Neugründung der jemenitischen Frauenvereinigung beteiligt, die von islamischen Fundamentalisten Mitte der siebziger Jahre abgeschafft worden war. 1979 wurde sie Präsidentin der Vereinigung. Ihr Publizistik-Studium an der Universität von Norwich, USA, schloß sie 1984 mit dem Magister ab. Jetzt arbeitet sie an ihrer Doktorarbeit in Kommunikationswissenschaft an der Universität von Paris. Ihre Artikel, zum Teil Ausschnitte aus ihren Radio- und Fernsehsendungen, sind in jemenitischen Zeitungen und Zeitschriften erschienen, wie *Al-Thaura*, der größten Tageszeitung, bei der sie zwei Jahre lang eine Kolumne für Frauen herausgab, und *Al-Taawun*, jetzt in *Al-Majalis al-Mahaliyya* umbenannt.

1988 erzählte Amatalrauf al-Sharki in Kairo Margot Badran von ihrem Leben. Sie hatten zusammen am zweiten Kongreß der Arabischen Frauensolidaritätsvereinigung über zeitgenössisches arabisches Gedankengut und die Frau in Kairo teilgenommen. Beide hatten früher im Jemen zusammengearbeitet, wo sie Gemeindezentren für Frauen in mehreren Städten planten.

Der folgende Auszug aus al-Sharkis Lebenserinnerungen ist eine ergreifende Schilderung der Entwicklung von feministischem Bewußtsein und Aktivismus; er beschreibt, wie sie auf ihrem Weg durch die gesellschaftlichen Barrieren schlüpfte, wobei sie den

Aufstieg und die Verbreitung neuer Medien nützte, besonders Radio und Fernsehen. Sie wagte es, den Preis für ihre feministischen Überzeugungen in einem liberalen Moment in der Geschichte Jemens zu zahlen, als Männer in der Regierung und in den staatlich kontrollierten Medien bereit waren, eine begabte und mutige junge Frau zu unterstützen.

Eine unverschleierte Stimme

1988

Ich habe eine Familie, die mir schließlich half, das zu werden, was ich heute bin. Aber nicht am Anfang. Am Anfang mußte ich mich ihnen gegenüber bewähren, damit sie akzeptierten, daß ich anders war, als sie mich haben wollten. Wir sind sechs Geschwister – vier Mädchen. Ich bin die Älteste. Ich komme aus einer Familie von *qadis* auf beiden Seiten. *Qadi* ist ein Beruf, aber bezeichnet auch eine bestimmte Klasse. Die Stellungen sind erblich.

Weil Amatalrauf schwer auszusprechen ist, kannten mich die Leute als Raufa, nachdem ich angefangen hatte, beim Radio zu arbeiten. Aber ich habe meinen Namen nicht wirklich geändert, damit man ihn leichter aussprechen kann, sondern damit meine Familie nicht erfuhr, daß ich beim Radio arbeite. In der Schule und bei der Arbeit war mein Name offiziell Amatalrauf al-Sharki. Aber im Radio wurde ich den Leuten als Raufa Hassan vorgestellt.

Ich habe zuerst in einer Kindersendung im Radio gesungen. Die Namen derjenigen, die sangen oder Geschichten erzählten, wurden nicht angesagt. Die Sendung wurde von Baba Abdul Rahman Mutahar geleitet, der immer noch Sendungen für Kinder und manchmal für Frauen macht. Er brachte mich zum Radio. Ich war in der sechsten Klasse. Sie gaben mir Taschengeld dafür. Es hat Spaß gemacht. Ich freute mich über das Geld und hab Sachen unternommen. Eines Tages fragten sie mich, ob ich eine Sendung moderieren wolle – eigentlich nur zufällig. Ich machte die Kindersendung, als ein Moderator nicht kam und sie jemanden brauchten, der ihn auf der Stelle ersetzte. Also kam einer der Moderatoren auf mich zu und bat mich, es zu tun. Er war sich nicht sicher, ob ich es konnte – ich schon. Ich ahmte die Moderatoren der BBC nach (die BBC hat ein umfangreiches Programm in arabischer Sprache). Es hat hervorragend geklappt. Sie meinten, sie hätten eine Stimme entdeckt. Also sprachen sie alle davon, mich als Moderatorin einzustellen. Damals war ich zwölf, beinahe dreizehn. Die Sendung, die ich übernahm, hieß «Jaula fi Alam al-Tarikh» (Eine Reise durch die Welt der Geschichte).

Als ich die Sendung gut machte, überlegten sie, mich als offizielle Moderatorin einzustellen. Spontan sagte ich ihnen, mein Vater würde das nicht zulassen. Ich käme aus einer bestimmten Art von Familie, und mein Vater wäre wütend, wenn er erführe, daß ich beim Radio arbeite. Sie dachten sich, die Lösung wäre, meinen Namen zu ändern und eine neue Sendung ins Leben zu rufen. Also sagte ich zu ihnen: «Ich sollte jedenfalls meine Mutter fragen.» Ich erzählte es ihr. Meine Mutter meinte, wenn niemand es erführe, wäre es kein Problem, und ich würde mein eigenes Gehalt bekommen. Also fand sie es in Ordnung und meinte, es solle ein Geheimnis bleiben. Wir hätten nie gedacht, daß es ein Beruf oder ein wichtiger Teil meines Lebens werden würde.

Auf den Namen hatten wir uns am Tag des Angebots noch nicht geeinigt. Nach den ersten paar Wochen nahm mich die Vorsitzende des jemenitischen Frauenvereins, Hurriya al-Muayid, mit zum Informationsminister. Sie war eine Freundin von mir, trotz des Altersunterschieds – sie war die erste jemenitische Frau mit Universitätsabschluß. Der Informationsminister war Abdallah Humran, ein Dichter. Ich erinnere mich, daß er damals sehr nett zu mir war. Er schlug den Namen vor. Es war ein Teil meines Namens, aber anders, also würde ihn niemand erkennen. Statt Amatalrauf würde es Raufa sein, und statt Hussain, dem Namen meines Vaters, Hassan (Hussain ist die Verkleinerungsform von

Hassan). Dies würde mein beruflicher Name sein. Niemand würde wissen, aus welcher Familie ich kam.

Die ersten sechs Monate ging alles glatt. Nach der Schule ging ich zur Radiostation, um die Sendungen aufzunehmen, und dann ging ich nach Hause. Eines Tages sagte der Moderator einer anderen Sendung live an: «Wir haben eine neue Stimme, Raufa Hassan», und aus Versehen fügte er hinzu, «Al-Sharki». Da fing der Ärger an. Es war ein Skandal für die Familie. Alle kamen, um mit meinem Vater zu sprechen. Einige Leute waren ziemlich feindselig, also ging ich zu meinem Großvater. Er liebte mich sehr. Ich war sein Liebling. Ich kam weinend zu ihm und wurde von ihm getröstet. Er sagte zu mir, ich könne tun, was ich wollte, und niemand könne mich herumschubsen. Er sagte, wenn ich Moderatorin sein wolle, könne ich Moderatorin sein. Ich sei frei.

Mein Vater, ein ziviler *qadi*, plante unterdessen, mich vom Radio zu entfernen und mir nicht zu erlauben, so einen Skandal weiterzuführen. Die ganze Familie war beteiligt. Aber eines Tages geschah etwas Unvorhergesehenes. Einer dieser Verwandten kam zu meinem Vater und sagte: «Wenn deine Tochter beim Radio arbeitet, weil sie das Geld braucht, erkläre ich mich bereit, ihr jeden Monat ein Gehalt zu zahlen, damit sie zu Hause bleiben kann.» Das machte meinen Vater wütend. Er sagte: «Das geht dich nichts an. Meine Tochter arbeitet nicht wegen des Gehalts. Sie braucht dein Geld nicht, und sie wird so lange arbeiten, wie es dir nicht paßt.» Das half mir also. Mein Vater meinte, daß niemand das Recht hätte, solche Sachen für mich zu entscheiden und ihn zu beleidigen. Ich überlegte. Ich arbeitete weiterhin beim Radio.

Aber es gab da ein Geheimnis. Ich arbeitete, und ich war verschleiert. Beim Radio nahm ich den Schleier für die Aufnahmen ab, weil eine Stimme durch den Schleier gedämpft klingt. Jeder beim Radio verstand, daß niemand wissen durfte, daß ich bei den Aufnahmen mein Gesicht zeigte. Die einzigen, die anwesend sein durften, waren der Produzent der Sendung und der Aufnahmeleiter. Irgend jemand hielt immer Wache, um zu sehen, ob jemand kam, denn es gab noch andere Studios, und jemand konnte vorbeikommen und mich sehen und es weitererzählen, und meine Familie würde es erfahren. Das ging ungefähr fünf Jahre so. Es ist erstaunlich, daß all diese Leute mich schützten und keiner ein Wort sagte. Ich denke bis heute daran und bin immer noch erstaunt. Ich trage wirklich eine Menge Anerkennung für diese Leute und ihre Solidarität in meinem Herzen. Sie taten dies alles unbewußt, nicht weil sie das Gefühl hatten, daß das, was geschah, richtig oder falsch war, sondern weil sie gern mit mir zusammen arbeiteten und nicht wollten, daß mir etwas passiert. Bis zum heutigen Tag glauben mein Vater und meine Mutter wohl immer noch, daß ich völlig verschleiert war, wenn ich diese Sendungen aufnahm, aber wir haben nie darüber gesprochen.

Innerlich mochte ich den Schleier nicht mehr. Er fühlte sich an wie eine große Lüge. Ich haßte die Vorstellung und hasse sie immer noch, eine Lügnerin zu sein. Ich wollte ich selbst sein. Einfach ich selbst, akzeptiert so, wie ich war. Aber ich tat etwas und versteckte es. Ich war nicht überzeugt davon, daß das Tragen des Schleiers richtig war. Zugleich war ich nicht vollständig überzeugt, daß ich den Schleier nicht tragen sollte. Das war um 1973, als ich noch dachte, daß Frauen den Schleier tragen sollten und daß das nun mal so war.

Es gab jemanden, der mit uns beim Radio arbeitete, der war ein Linker. Er sagte immer abschätzige Dinge über den Schleier. Ich verstand nicht wirklich, was er sagte, als er mir erzählte, daß ich mich in etwas verstecke, das noch nicht mal islamisch ist. Ich verstand ihn nicht, aber ich wollte es. Ich fing an zu lesen, um ihn zu verstehen, nicht sosehr, um den Schleier zu verstehen. Ich interessierte mich für den Mann, weil er anders war. Niemand zuvor hatte mir solche Sachen gesagt. Er interessierte sich für mich und hielt um meine Hand an, und meine Familie willigte ein. Die Verlobung wurde bekanntgegeben, weil er zum Studium in die Sowjetunion ging. Wir sollten heiraten, wenn er fertig war und zurückkam. Aber ich überlegte es mir anders, während er fort war.

Ich fing an zu lesen. Dieser Mann stellte mir jemanden vor, der mit der Kommunistischen Partei in Verbindung stand, was ich erst einige Zeit später herausfand. Man machte mich mit jemandem bekannt, der mich bei meiner Lektüre beraten konnte. Diese Person gab mir Bücher und diskutierte Bücher und Gedanken mit mir. Wir hatten feste Termine für unsere Treffen, und das ging ein Jahr lang so weiter, bis er eines Tages ins Gefängnis kam, oder so, und danach nahm niemand den Kontakt zu mir wieder auf. Ich hatte immer viel gelesen, das war mein Hobby, aber durch das Lesen dieser anderen Art von Büchern fing ich an zu begreifen, daß der Schleier bloß etwas war, was mich im Leben zurückhalten sollte, das nicht wirklich zu meinem Vorteil war. Seitdem tobte es in mir. Ich wollte etwas anderes tun, mich selbst unter Beweis stellen, obwohl ich den Schleier trug. Ich mußte ein anderer Mensch werden. Zu der Zeit trat ich einer Theatergruppe bei. Wir führten Theaterstücke im Kino auf, das eine Bühne hatte, denn es gab im Jemen keine Theater. Ich spielte mit Schleier. Einmal spielte ich die Rolle einer Mutter in ihrem Haus und mußte die Stimme einer älteren Frau nachahmen. Wir spielten vier Stücke in dem Kinotheater. Das ärgerte meinen Vater. Er sagte, Radio sei in Ordnung, weil mich niemand sehen könne, aber Theater sei nicht in Ordnung. Als wir dann ein Stück zum Muttertag spielten, bat ich ihn, als Zuschauer zu kommen. Das Stück handelte vom Gehorsam von Kindern ihren Eltern gegenüber und solchen Sachen. Er fand das Stück gut und sah, daß ich angemessen gekleidet war. Danach sagte er nichts mehr.

Aber einige männliche Verwandte stießen Drohungen aus, und die Frauen klatschten. Der Druck fing an, meine Mutter zu belasten. Manchmal kam sie wütend nach Hause, manchmal traurig wegen der Dinge, die sie bei den nachmittäglichen Frauenzusammenkünften gehört hatte. Manchmal war sie wütend auf mich. Ihr war klar, daß ich nichts Falsches tat. Aber sie war verletzt, weil sie sagten, daß ein Mädchen, das beim Radio arbeitet und in Theaterstücken mitspielt, einen schlechten Ruf hat. Sie wußte, daß das nicht stimmte, daß ich nicht unmoralisch war, aber der Klatsch tat ihr weh. Sie kam dann immer zu mir und besprach das mit mir. Wir redeten viel und waren uns sehr nah. Zwischen uns liegen nur dreizehn Jahre. Also konnten wir Dinge besprechen, und sie konnte meine Position verstehen und sah bald ein, wie unabhängig ich geworden war. Ich bat sie nie um Geld. Ich gab ihr Geld. Ich hatte nicht die Probleme, die ich eigentlich haben sollte. Ich machte meine Hausaufgaben. Ich war gut in der Schule. Meine Zensuren waren gut. Ich machte meine Arbeit gut und hatte eine Radiosendung für Frauen. Ihr gefiel, was ich Frauen erzählte.

Um die Zeit gab es vier von uns, die anfingen zu begreifen, daß unser Ruf zu Unrecht ruiniert wurde, nicht wegen irgend etwas, das wir getan hätten, sondern nur weil wir bekannt geworden waren. Eine Frau arbeitete im Erziehungsministerium und war Mitglied der jemenitischen Frauenvereinigung. Sie tat, was sie konnte, um die Ziele und Vorstellungen der JFV bekannt zu machen. Die zweite, Fathiya Jirafi, hatte Sendungen fürs Radio gemacht. Sie ist eine Verwandte von mir und jetzt die Frau eines unserer sehr berühmten Dichter, Abdallah al-Baraduni. Eine andere Frau, Fathiya al-Nidari, arbeitete im Erziehungsministerium und ist jetzt in den Vereinigten Arabischen Emiraten. Sie nahm die Staatsbürgerschaft an und arbeitet dort für die Frauenvereinigung. Sie hielt es nicht lange im Jemen aus. Wir waren drei und Hurriya al-Muayid, die Vorsitzende der jemenitischen Frauenvereinigung, die, wie ich schon sagte, die erste jemenitische Frau mit einem Hochschulabschluß war. Sie hat jetzt psychische Störungen, beinahe geistige Störungen. Sie ist nicht mehr in Sanaa, sondern in einem Dorf in der Nähe. Sie war verheiratet, ist jetzt aber geschieden. Sie hat eine Tochter, die jetzt zwölf Jahre alt ist. Sie hatte so viele Probleme, weil sie aus einer haschemitischen Familie kommt (die ihren Ursprung zum Propheten Mohammed zurückverfolgt). Sie weigerten sich, den Kontakt zu ihr aufrechtzuerhalten, weil sie die Vorsitzende der jemenitischen Frauenvereinigung war und weil sie mit jemandem verheiratet war, der nicht aus ihrer Schicht stammte. Außerdem weil sie sich für Dinge einsetzte, die sie aus religiösen Gründen ablehnten – sie waren eine sehr religiöse Familie. Sie war nicht verschleiert, hatte neue Ideen, reiste allein, fuhr zu Kongressen – solche Sachen. Sie war noch ein Opfer.

Wir vier fingen an, Pläne für die Mädchen und Frauen zu machen, die bloß in ihren Häusern saßen und über uns sprachen. Gegen Ende des Jahres 1973 gründeten wir eine Schule, um ihnen Leseunterricht zu geben. Wir gaben freiwillig unsere Zeit her und bauten die Schule aus. Dann wurde eines der Mädchen, das meine Schülerin gewesen war, Leiterin der Schule. Sie absolvierte das Gymnasium und wollte an der Universität studieren, aber ihr Bruder drohte der Familie, wenn sie auf die Universität ginge, würde er aufhören zu studieren. Also bat die Familie sie, zu Hause zu bleiben. Sie blieb nicht wirklich zu Hause, sondern arbeitete in der Schule.

Damals spielte ich Theater, arbeitete beim Radio, ging aufs Gymnasium und gab Leseunterricht an der Schule, also hatte ich keine Zeit, irgend jemanden zu treffen. Ich mußte meiner Mutter nicht beweisen, daß ich keine Zeit hatte, mich mit Männern zu treffen. Leute klatschen, weil sie glauben, daß ein Mädchen, das gebildet und unabhängig ist, ein Mädchen ist, das sich mit Männern trifft und Dinge tut, die sie nicht als gut erachten.

Ich hatte damals eine Sendung zu Familienfragen. Sie lief drei Jahre sehr erfolgreich in den Städten, aber später wurde mir klar, daß wir die Leute in den Dörfern nicht wirklich erreichten. Wir wußten nicht, wie wir mit ihnen reden sollten. Aber wir bekamen eine Menge Reaktionen von allen möglichen verschiedenen Leuten aus den Städten. Ihnen brachte die Sendung sehr viel. Ich versuchte, Männer, Frauen und Kinder zu erreichen. Ich versuchte, zu ihnen allen zu sprechen, indem ich ihnen erzählte, daß Familienangelegenheiten nicht nur etwas für Frauen sei. Ich sagte, daß sowohl der Mann als auch die Frau für die Familie verantwortlich seien. Ich frage mich, wo ich zu jener Zeit dieses Bewußtsein her hatte. Ich ging zu einer Besprechung mit einem Minister, sagen wir dem Gesundheitsminister, und erzählte ihm, daß ich mit Männern und mit Frauen geredet hätte und daß sie und ihre Familien von den Programmen im Ministerium betroffen seien, und dann besprachen wir konkrete Anliegen. Die typische Sendung über Familienangelegenheiten behandelte sonst Verschönerung des Hauses, die Verantwortung der Frau für das Heim, wie eine Frau ihren Mann anlächeln und es ihm bequem machen sollte – solche Sachen. Das war nicht das Ziel meiner Sendung, obwohl ich manchmal von der Verantwortung der Ehefrau gegenüber ihrem Mann redete und von ihr als einer von ihrem Mann abhängigen sprach, nicht von ihren unabhängigen Rollen. Ich tat das unbewußt. Es war normal. Wenn ich jetzt an meine Sendungen zurückdenke, nachdem mein eigenes Denken sich verändert hat, sind mir gewisse Dinge klar, die mir damals nicht klar waren. Ich arbeitete auch in der jemenitischen Frauenvereinigung, ohne wirklich zu wissen, was ich tat. Dann kam das Jahr 1975 und das Schulende und mein Wunsch, woanders hinzugehen, um meine Studien fortzusetzen.

Die siebziger Jahre waren im Jemen die liberalste Zeit in der Geschichte des Landes. Von 1962 bis 1967 herrschte Bürgerkrieg, bei dem die Ägypter die Republikaner und die Saudis die Royalisten unterstützten. Der Krieg war hart für alle. Jedes Haus war in Republikaner und Royalisten gespalten. Auf beiden Seiten wurden Leute getötet. Dann kam der Kompromiß oder der Ausgleich, ich weiß nicht, wie es genannt wurde. Das war nach dem Rückzug der Ägypter aus dem Jemen 1967. Da war die Belagerung von Sanaa, die die Belagerung der siebzig Tage genannt wurde, durch die Royalisten, die kurz davor waren, die Stadt einzunehmen, aber die Linken und andere, die die Hauptstadt verteidigten, schafften es, die Belagerung zu durchbrechen, und die Republikaner gewannen. Wir waren damals in Sanaa, meine Familie und ich. Ich war in Ibb aufgewachsen, einer Stadt in dem Teil Jemens, den wir ‹die grüne Provinz› nennen.

Wir hatten damals eine liberale Regierung – offener und bereit, Neues auszuprobieren. Um 1971 und 1972 hatte eine Gruppe von uns Mädchen eine dreiwöchige Militärausbildung, die uns auf die Parade am Revolutionstag während der Feierlichkeiten für die Revolution vorbereiten sollte. Während der Militärübungen, die im Hauptquartier der jemenitischen Frauenvereinigung stattfanden, lernten wir zu marschieren, uns zu bewegen und Waffen zu tragen. Die Übungen wurden von dem Mann geleitet, der jetzt Gesundheitsminister ist. Es war das erste und letzte Mal in der Geschichte Jemens, daß Frauen marschierten. Einige von uns waren verschleiert und andere nicht. Ein anderes Mädchen und ich, die verschleiert waren, trugen Uniformen unter unseren *sharshafs*. Wir marschierten in der Militärparade unter dem Banner der jemenitischen Frauenvereinigung. Hinter uns waren drei Mädchen, die in der Schule ein Jahr über mir waren. Sie marschierten unverschleiert in Militäruniformen und trugen ein Gewehr. Sie kamen aus Familien, die ihnen erlaubten, unverschleiert zu sein. Es gab damals sehr wenige unverschleierte Frauen. Hinter ihnen waren riesige Lastwagen voll Frauen. Einige waren verschleiert – halb-verschleiert oder ganz. Eine der letzteren war meine Mutter. Sie war verschleiert, sie akzeptierte das. Sie und einige ihrer Freundinnen hielten Stifte und Bücher in den Händen, um zu zeigen, daß sie in der Leseschule der jemenitischen Frauenvereinigung waren. Einige trugen Banner und die Flaggen der Republik. Hurriya al-Muayid, die Vorsitzende der Vereinigung, beteiligte sich an den Vorbereitungen für die Parade, war aber selbst nicht dabei.

Doch Ende 1973 wurde die jemenitische Frauenvereinigung von einer religiösen Gruppierung abgeschafft, die die Gebäude schloß und mit roten Wachs versiegelte. Sie plünderten und zerstörten alles darin. Sie nahmen alle Bücher. Sie zertrümmerten die Nähmaschinen. Was ich erst später herausfand – damals war mir nicht klar, was vorging – war, daß der Mann, der unser Training geleitet hatte, ein Linker war und die Vereinigung von Linken unterstützt wurde. Um 1973 begannen die islamischen Kräfte zurückzukehren. Nach der gewaltsamen Schließung der Vereinigung wurde sie erst wieder geöffnet, als ich sie selbst 1977 erneut ins Leben rief.

Eine andere Vereinigung, der ich nicht angehörte, wurde unter einem anderen Namen, Jamiya Nahda al-Mara al-Yamaniya, die Gesellschaft für die Renaissance der jemenitischen Frau, gegründet, unter dem Vorsitz der Frau des damaligen Premierministers. Die Regierung war jedoch nicht direkt an dem, was mit den Frauenorganisationen passierte, beteiligt – weder mit der Abschaffung der ersten noch der Gründung der zweiten. Die Frauen der

Vereinigung stammten aus der Oberschicht und waren nicht sehr interessiert an einer Frauenbewegung im wirklichen Sinne. Ich kannte die Frau des Premierministers und ihren Wunsch, etwas für Frauen zu tun, aber ihre Bildung und ihre Ideen waren begrenzt, sie hatte nur ihren Willen. Außerdem hatte ihr Mann Probleme wegen ihrer Aktionen. Sie war nicht verschleiert, und jemand machte ein Foto von ihrem Gesicht und verteilte es auf der Straße, um zu zeigen, daß die Frau des Premierministers nicht verschleiert war, was andeuten sollte, daß sie keine gute Frau war. Ihr Mann war ein Liberaler, der sein Studium in Frankreich abgeschlossen hatte. Seine Ausbildung machte ihn offener, aber es ließ ihn trotzdem nicht unberührt. Sie ist jetzt wieder verschleiert.

Nach dem Gymnasium in Sanaa wollte ich in Kairo studieren. Um nach Ägypten gehen zu können, mußte ich weitere Probleme durchstehen. Meine Familie weigerte sich, mich ohne einen *mahram*, einen männlichen Verwandten als Beschützer, gehen zu lassen. Das war eine Zeit schwerer Kämpfe mit meiner Familie. Sie sagten nein, und ich bestand darauf. Also fing ich an, an der Universität von Sanaa Betriebswirtschaft zu studieren. Ich blieb fast anderthalb Monate, aber ich konnte es nicht ertragen. Das war nicht ich. Das war nicht das Fach, das ich studieren wollte. Also ging ich wieder zu meiner Mutter und weinte. Ich ging zu meinem Großvater, der angesichts meiner Tränen dahinschmolz. Er sagte, er würde mich unterstützen. Ich ging zu meinem Vater, und er sagte nein. Also drohte ich meinem Vater und sagte: «Gut, ich werde diesen Mann heiraten, der in der Sowjetunion ist, und ich werde Kommunistin wie er, in dem Land, in dem er ist, und werde Gott immer bitten, dich zu bestrafen, weil du mich gezwungen hast, einen Mann zu heiraten, den ich gar nicht wollte.» Natürlich dachte er darüber nach. Er dachte, ich würde es vielleicht tun, und obwohl er den Mann mochte, gefiel ihm die Vorstellung nicht, daß ich Kommunistin werden und in dem Land leben würde.

Das andere Problem kam vom Ministerium. Ich ging zum Erziehungsministerium und bekam ein Stipendium. Doch der Mann, der die Stipendien bearbeitete, war mit einer Cousine verheiratet und setzte alles daran, mir jedes erdenkliche Hindernis in den Weg zu legen, um meine Reise praktisch unmöglich zu machen. Er versuchte mich daran zu hindern, mein Stipendium zu bekommen und nach Ägypten zu gehen, um den Ruf der Familie zu schützen. Ich sollte zu Hause bleiben, nicht ohne einen *mahram* ins Ausland gehen. Derselbe Mann hat jetzt drei Töchter auf der Universität, von denen eine bald Ärztin ist. Ich hatte also Schwierigkeiten, ging aber nach all den Tränen und Drohungen nach Ägypten. Das war dem Einfluß meines Großvaters zu verdanken, und weil sie eine Lösung fanden. Es gab einen Nachbarn, der mit seinen Töchtern in Ägypten lebte. Eine seiner Frauen hatte mich als Kind gestillt, also war sie meine «Mutter», das heißt Milch-Mutter *(umm biritha).* Also konnte ich bei ihnen wohnen, weil sie meine Familie waren. So stellten sie es sich vor. Also sagten sie: «Du kannst nach Ägypten gehen, aber du mußt direkt zu dieser Familie gehen. Sie werden sich um dich kümmern.» Natürlich trat ich mit der Frau und ihrer Familie nicht in Kontakt. Ich hatte beschlossen, mich von niemandem bewachen zu lassen. Sie wußten nicht, daß ich kam. Die Briefe und Papiere an sie hatte ich bei mir, und ich behielt sie bei mir. Ungefähr zu der Zeit fand in Libyen ein Arbeiterkongreß statt, und sie brauchten jemanden, der die jemenitischen Frauen repräsentierte. Also schlug der Minister vor, ich sollte hingehen, und auf dem Rückweg könne ich mich in Ägypten niederlassen. Das löste das Problem der Reisekosten, die vom Ministerium für Arbeit und Soziales bezahlt wurden. Auf dem Weg nach Libyen hatten wir drei Tage Aufenthalt in Ägypten. Während dieser Zeit wurde ich einer Familie vorgestellt, die sehr nett zu mir war. Sie hatten ein ungefähr zehnjähriges Mädchen und zwei Jungen. Also fragte ich sie: «Kann ich bei euch wohnen?» Sie sagten: «Ja, und wenn du etwas zahlen möchtest, das spielt keine Rolle.» Also wohnte ich nach meiner Rückkehr aus Libyen bei ihnen. Es gab viele Schwierigkeiten in dem Jahr. Der Mann, der im Jemen die Stipendien bearbeitete, beschloß, mir mein Leben in Ägypten zur Hölle zu machen, um mich zur Rückkehr zu zwingen. Er sperrte mein Stipendium. Ich bekam mein Geld erst ein Jahr später. In dieser Zeit schickte mir meine Mutter, die dachte, ich könnte in Ägypten ein bißchen *mehr* gebrauchen, Geld, ohne zu wissen, daß ich es brauchte, um davon zu *leben*. Das erste Jahr war sehr hart. Dann kam zufällig der Präsident des Jemen, al-Hamadi, nach Ägypten. Damals war der Versorgungsminister in Ägypten. Er war ein Freund von mir – ich kannte ihn durch meine Familien-Sendung, und er erzählte mir, daß der Präsident käme und er ihm von meinem Stipendium erzählen würde. Der Präsident ordnete an, daß das Stipendium direkt vom Präsidentenamt kommen sollte, und so war das Geldproblem gelöst.

Am Ende des akademischen Jahres kehrte ich in den Jemen zurück. Ich wußte, daß ich den Schleier nicht mehr wollte. Nicht nur das; Leute, die den Schleier propagieren, können böse Dinge tun. Ich dachte, sieh dir an, was sie tun. Sie haben mich verletzt, sie haben mein Stipendium gesperrt. Sie tun all diese Sachen im Namen der Religion, und das ist nicht die Religion. Also war das eine Art Reaktion auf all die Schwierigkeiten, die ich in dem Jahr gehabt hatte. Während ich in Ägypten war, hatte ich Fotos nach Hause geschickt, auf denen ich mit Freunden aus dem Jemen und andern Ländern zu sehen war, und wie ich in Ägypten lebte. Ich erwartete einen Kommentar. Aber niemand sagte etwas, und so dachte ich, das bedeute Zustimmung. Ich hatte niemandem meinen Ankunftstag genannt, also war niemand da, um mich abzuholen. Ich ging die Straße entlang, und niemand erkannte mich. Sie sahen mich an, als sei ich eine Fremde. Sie dachten wahrscheinlich, ich sei eine Frau aus Aden, denn damals waren die Mädchen aus Aden unverschleiert. Ein Mann, den ich kannte, ging die Straße entlang, einer unserer Nachbarn, also sagte ich «Guten Morgen». Er antwortete mir mit Überraschung in den Augen. Dann sagte ich: «Kennen Sie mich nicht?» Er sagte: «Nein.» Dann bedeckte ich Nase und Mund mit der Hand und ließ nur die Augen frei. Er erkannte mich sofort und sagte: «Raufa, das ist unmöglich.» Ich sagte: «Ja, ich bins's.» Er antwortete: «Wie war die Reise?», und so weiter. Er erzählte allen, daß ich zurück sei und sagte sich natürlich in seinem

Herzen – sie ist zurück ohne ihren Schleier; schau an, was mit Mädchen passiert, die ins Ausland gehen.

Ich kam zu unserem Haus, und meine Mutter öffnete die Tür. Ah, was für ein Schock. Sie war glücklich, mich zu sehen. Sie umarmte mich, aber sie war schockiert, mich ohne Schleier zu sehen. Sie versuchte zu verhindern, daß mein Vater es bemerkte, aber er hatte mich reinkommen sehen. Alle kamen ins Haus, um mich zu sehen und mich zu begrüßen. Meine Eltern schoben es bis später auf, darüber zu reden. An dem Tag sollten wir bei meinem Großvater zu Mittag essen. Meine Mutter gab mir einen *sharshaf.* Als ich ihn sah, sagte ich: «Was ist das?», sie sagte: «Du wirst ihn tragen, denn wir gehen zu deinem Großvater.» Ich sagte: «Nein, das werde ich nicht, es tut mir leid, ich werde ihn nicht tragen.» Sie sagte: «Du tust, was ich sage.» Und ich sagte: «Nein. Ich muß die Dinge klarstellen. Ich habe meine Rückfahrkarte dabei. So bin ich in Ägypten, und so werde ich im Jemen sein. Wenn du mich akzeptierst, ist das in Ordnung. Wenn nicht, werde ich nach Ägypten zurückgehen und nie mehr wiederkommen.» Es war ein Drama. Meine Mutter weinte. Mein Vater wurde wütend. Ich ging ohne meinen *sharshaf* zu meinem Großvater, und zum erstenmal in meinem Leben war mein Großvater, der mich mehr als jeden anderen auf der Welt liebte, sehr wütend. Er sagte: «Ich habe dir geholfen, nach Ägypten zu gehen. Ich war es, der alle zwang, dir die Freiheit zu geben, zu gehen. Aber du hättest den Schleier nicht ablegen sollen.» Ich sprach über die Sprüche des Propheten Mohammed und die Geschichten über ihn und seine Ansichten. Ich sagte, daß Frauen an Kriegen teilgenommen und viele andere Dinge getan hätten, und daß sie diese Dinge nicht in einem *sharshaf* hätten machen können. Ich sagte, der *sharshaf* sei türkisch. Wir hatten eine lange Diskussion, aber er sah es nicht ein. Ich sagte zu ihm: «Na gut, du bist nicht überzeugt. Für mich ist die Sache klar. Entweder trage ich den Schleier im Jemen nicht, oder ich kehre nicht in dieses Land zurück. Wenn du wirklich religiös bist, würdest du mir nicht erlauben, in Ägypten unverschleiert zu sein, denn der Islam existiert in allen moslemischen Ländern, nicht bloß an einigen Orten und an anderen nicht.» Er sagte: «Du benimmst dich so, wie die Leute dort sich benehmen.» Ich sagte: «Gut, das heißt, daß es keine Frage der Religion ist.» Es war eine lange Diskussion. Er war mir weiterhin böse, aber ich blieb über Nacht in seinem Haus, denn obwohl er böse war, war er weniger feindselig als alle anderen. So redeten wir weiter, und er versuchte, mich zu überzeugen, weil er mich respektierte. Er hielt mich für intelligent und dachte, er könne mich überzeugen. Es war ein Versuch. Er brachte mir Bücher, und ich diskutierte über sie. Mein Vater sagte nur: «Nein, ich akzeptiere es nicht» – Ende der Diskussion.

Nach den Sommerferien 1975 verschlimmerte sich die Lage. Zu der Zeit hatte das Fernsehen gerade Einzug ins Land gehalten. Sie wollten das Radioteam fürs Fernsehen benutzen. Im Fernsehen zu erscheinen war das Schlimmste, das ich meiner Familie antun konnte. Alle, die bis dahin noch nicht wußten, daß ich den Schleier bereits abgelegt hatte, würden es wissen, wenn sie mich sahen.

Meine Familie sah meine erste Sendung und verkündete, es sei ein Skandal. Wiederum kamen alle, um mit meinem Vater, meiner Mutter und meinem Großvater zu reden. Ich glaube, es wurde sogar ein Fall für die ganze Stadt. Dann sagten mein Vater und meine Mutter: «Na gut. Wir finden uns damit ab, daß du unverschleiert bist und daß unsere Nachbarn dich sehen, aber warum sollte das ganze Land dich sehen?» Ich sagte zu ihnen: «Ich studiere Kommunikationswissenschaft, und dies ist meine Arbeit. Ich werde sie tun. Ich tue nichts Unrechtes. Ich bedecke mein Haar. Ich zeige nur mein Gesicht.» Es machte ihnen wirklich zu schaffen, aber meine Mutter hatte aus der ersten Erfahrung gelernt, daß Leute am Anfang klatschen und viel Wirbel machen, und daß es sich dann legt. Leute respektieren einen, solange man konsequent ist. Sie hatte diese Lektion gelernt. Sie sagte dauernd zu meinem Vater und meinem Großvater: «Das wird sich alles legen. Laßt euer Leben nicht von anderen beherrschen. Unsere Tochter tut, was sie will. Sie ist nicht schlecht. Sie ist gut, und niemand spricht schlecht über sie, und niemand hat sie etwas Schlechtes tun sehen.» Sie verteidigte mich. Aber wenn wir allein waren, sagte sie zu mir: «Du hast unrecht, aber ich muß dir zur Seite stehen.» Ich sagte ihr: «Nein, ich habe nicht unrecht.» Ich wollte, daß sie glaubte, daß ich das Richtige tat. Aber sie sagte: «Nein, du handelst zu aggressiv für die Leute, und uns fügst du Schaden zu.» Ich sagte ihr, es gebe keinen Schaden. Ich verließ den Jemen, um in Ägypten weiterzustudieren.

Glossar

abu Vater (gefolgt von einem Namen: Vater von X)
afrit Teufel, Kobold
alim Religionslehrer oder Gelehrter: Plural, ulama
asalam alaikum Gruß («Friede sei mit dir»)
aya Vers
baraka Segen
bismallah «Im Namen Allahs». Erste Zeile aller Kapitel des Korans, mit einer Ausnahme.
bulgar geschroteter Weizen
djellaba Männergewand
gallabiya langes, loses, hemdähnliches Kleidungsstück
Hajj jährliche Pilgerfahrt nach Mekka
harem Frauenunterkunft: Frau oder Frauen eines Mannes
hijab Schleier: bedeckt Kopf und Nacken und in manchen Fällen auch das Gesicht
Hijra Mohammeds Auswanderung von Mekka nach Medina. Dieses Ereignis markiert den Beginn des moslemischen Kalenders
imam religiöser Beamter
imma Turban eines Scheichs
jinn ein Geist
kishk oberägyptisches Gericht aus Joghurt und geschrotetem Weizen
mahram ein Mann, der als Beschützer einer Frau agiert, meist ein männlicher Verwandter
maazun vom *qadi* autorisierter Beamter, für zivilrechtliche Ehen und Scheidungen zuständig
medina Altstadt (oft ummauert)
milaya schwarzer Umhang, den ägyptische Frauen tragen
minbar Moscheenkanzel
muezzin einer, der die Gläubigen vom Minarett zum Gebet ruft

nabi Prophet
narghile Wasserpfeife
nasranya christlich, zufällig, anders, der Feind
niqab Schleier (der das Gesicht bedeckt)
nushuz islamisches Gesetz: Verletzung ehelicher Pflichten
oke Gewichtseinheit in Ägypten
qadi islamischer Richter, Magistrat
Ramadan mohammedanischer Fastenmonat
Rasul Allah Bote Gottes, d. h. Mohammed
sayyid Herr; siehe *sharif*
sharif Nachfahre des Propheten Mohammed
shaikh / a Dorf- / Klan- / Stammesführer (männlich und weiblich): Ausdruck des Respekts
Sharia kanonisches Gesetz im Islam
Sunna Sprüche und Taten des Propheten, später als rechtsgültige Tradition etabliert
sharshaf Gewand der jemenitischen Frauen
suffragi Kellner, Küchenmeister
sufi moslemischer Mystiker
Sure ein Kapitel im Koran
tarbush Kopfbedeckung eines Herrn, auch Fez genannt
umm Mutter (gefolgt von einem Namen: Mutter von X)
ulama Religionsführer / Gelehrter
zar rituelle Teufelsaustreibung, bei der ein Mensch (meistens eine Frau) durch frenetischen Tanz von einem bösen Geist befreit werden soll, begleitet von Gesängen und den Koran-Versen.

Unterhaltung

Rosamunde Pilcher
Karussell des Lebens *Roman*
(rororo 12972)
Statt sich um einen vielversprechenden Heiratskandidaten zu kümmern, fährt Prue Shackleton, jung, schön und eigenwillig, zu ihrer Tante ans Meer, um an einsamen Buchten Ruhe und Abstand zu gewinnen. Doch damit ist es vorbei, als sie Daniel begegnet.

Diane Pearson
Der Sommer der Barschinskys
Roman
(rororo 12540)
Die Erfolgsautorin von «Csárdás» hat mit ihrem neuen Roman wieder eines jener seltenen Bücher geschrieben, die eigentlich keine letzte Seite haben dürften.

Barbara Chase-Riboud
Die Frau aus Virginia *Roman*
(rororo 5574)
Die mitreißende Liebesgeschichte des amerikanischen Präsidenten Thomas Jefferson und der schönen Mulattin Sally Hemings.

Irène Frain
Die Paradiesvögel *Roman*
(rororo 12247)
Im Pariser Paradies der Tangobars vor dem Ersten Weltkrieg, der exquisiten Seidenroben und kubistischer Malerei feiern Küntler, Adlige und zwei blutjunge Frauen ein ewigwährendes Fest der Schönheit.

Marga Berck
Sommer in Lesmona
(rororo 1818)
Diese Briefe der Jahrhundertwende, geschrieben von einem jungen Mädchen aus reichem Hanseatenhaus, fügen sich zu einem meisterhaften Roman zum unerschöpflichen Thema erste Liebe.

rowohlts rotations romane

Jorge Amado
Gabriela wie Zimt und Nelken
Roman
(rororo 838)
Die bezaubernde Romanze der Mulattin Gabriela, das der Barbesitzer Nacib in sein Haus nimmt und schließlich heiratet. Liebe und Treulosigkeit, lodernde Leidenschaften und brutale Gewalttaten bestimmen das dramatische Geschehen dieses üppig fabulierten Romans des berühmtesten Erzählers Brasiliens.

3287/1

Historische Romane

Dorothy Dunnett
Die Farben des Reichtums Der Aufstieg des Hauses Niccolò *Roman*
(rororo 12855)
«Dieser rasante Roman aus der Renaissance ist ein kunstvoll aufgebauter, abenteuerreicher Schmöker über den Aufsteig eines armen Färberlehrlings aus Brügge zum international anerkannten Handelsherrn – einer der schönsten historischen Romane seit langem.» Brigitte

Josef Nyáry
Ich, Aras, habe erlebt... *Ein Roman aus archaischer Zeit*
(rororo 5420)
Aus historischen Tatsachen und alten Legenden erzählt dieser Roman das abenteuerliche Schicksal des Diomedes, König von Argos und Held vor Trojas Mauern.

Pauline Gedge
Pharao *Roman*
(rororo 12335)
«Das heiße Klima, der allgegenwärtige Nil und die faszinierend fremdartigen Rituale prägen die Atmosphäre diese farbenfrohen Romans der Autorin des Welterfolgs ‹Die Herrin vom Nil›.» The New York Times

Pierre Montlaur
Imhotep. Arzt der Pharaonen
Roman
(rororo 12792)
Ägypten, 2600 Jahre vor Beginn unserer Zeitrechnung. Die Zeit der Sphinx und der Pharaonen. Und die Zeit des legendären Arztes und Baumeisters Imhotep. Ein prachtvolles Zeit- und Sittengemälde der frühen Hochkultur des Niltals.

rororo Unterhaltung

T. Coraghessan Boyle
Wassermusik *Roman*
(rororo 12580)
Ein wüster, unverschämter, barocker Kultroman über die Entdeckungsreisen des Schotten Mungo Park nach Afrika um 1800. «Eine Scheherazade, in der auch schon mal ein Krokodil Harfe spielt, weil ihm nach Verspeisen des Harfinisten das Instrument in den Zähnen klemmt, oder ein ärgerlich gewordener Kumpan fein verschnürt wie ein Kapaun den Menschenfressern geschenkt wird. Eine unendliche Schnurre.» Fritz J. Raddatz in «Die Zeit»

John Hooker
Wind und Sterne *Roman*
(rororo 12725)
Der abenteuerliche Roman über den großen Seefahrer und Entdecker James Cook.

3288/1